ASTROLOGÍA

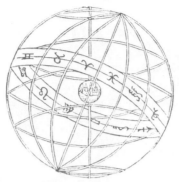

ASTROLOGÍA

HISTORIA, FUNDAMENTOS,
ASTRÓLOGOS CÉLEBRES, PREDICCIONES
Y FUTURO DE UNA DISCIPLINA
TAN ANTIGUA COMO SORPRENDENTE

♈ ♉ ♊ ♋ ♌ ♍ ♎ ♏ ♐ ♑ ♒ ♓

Editorial Arcopress • Colección Enigma
Edición: Ana Belén Valverde Elices
Diseño, maquetación y documentación gráfica: Fernando de Miguel

Síguenos en @AlmuzaraLibros

Imprime: Gráficas La Paz
ISBN: ISBN: 978-84-11311-18-2
Depósito Legal: CO-846-2022
Hecho e impreso en España - *Made and printed in Spain*

A mis antecesores, que han hecho
posible levantar este edificio en
construcción que es la astrología.

Índice

Cúpula sobre el altar de la Sacristía Vieja de la Basílica de San Lorenzo en Florencia (c. 1442), obra de Giuliano d'Arrigo, conocido como Pesello. La bóveda representa la posición de los astros en el cielo en julio de 1442, posiblemente con motivo de la llegada de Renato d'Angiò a Florencia (Ilustración de cubierta)

«Considero mi papel en la astrología como un fideicomiso. No pido necesariamente lo mismo de los demás. No juzgo a aquellos que continúan tomando prestado de la astrología sin pensar en dar algo a cambio. A cada uno lo suyo. No pretendo haber recibido ningún tipo de llamada especial de la astrología. Pero, sin embargo, acudí. Estoy aquí. Soy lo que soy. Debo, tanto como pueda, ser fiel a mí mismo».

Sydney Omarr.[1]
My World of Astrology

---

1 Sydney Omarr (1926-2003) fue un astrólogo y escritor estadounidense muy popular en la segunda mitad del siglo xx. Gran divulgador de este saber a través de sus libros y en programas de radio y televisión.

NON BENE QVIS SAPIET SI NON
DOMINABITVR ASTRIS.

Non bene quis sapiat si non dominabitur astris (Quien no se deja guiar por las estrellas no es realmente sabio). Ilustración del libro *Las cien fábulas morales* (*Cento Favole Morali dei più illustri antichi, e moderni autori Greci, e Latini*), de Giovanni Mario Verdizotti, Venecia, 1575

Prefacio

En noviembre de 2021 apareció en la revista científica *Scientific Reports*[2], e inmediatamente después en la prensa internacional, una noticia que pasó desapercibida para la inmensa mayoría de lectores de periódicos de papel o por Internet: se había descubierto[3] en la cueva de Stajnia (Polonia) una suerte de colgante u objeto aparentemente decorativo y simbólico prehistórico. La datación por radiocarbono de este artefacto del Paleolítico estima su antigüedad en 41.500 años. Al parecer, este objeto labrado en marfil es una de las joyas u objetos decorativos más antiguos encontrados hasta ahora en Eurasia. Pero no es una simple joya prehistórica: su inscripción, parece ser que puramente funcional, es lo que la hace especial.

El colgante de Stajnia (Polonia)

---

2 «A 41.500-year-old decorated ivory pendant from Stajnia Cave (Poland)», AA. VV. Artículo número 22.078 (2021), *Scientific Reports*.

3 El hallazgo parece ser que se produjo unos años atrás, pero hasta entonces no pudo confirmarse su antigüedad.

Con respecto a su grabado y función, se cree que no es exclusivamente decorativa u ornamental. Una de las hipótesis que se barajan es que los orificios marcados en su superficie obedecen al ciclo mensual de la Luna o, menos probable, al recorrido periódico del Sol. Aparentemente, el dibujo inscrito en el marfil es un analema[4] lunar. Esto es altamente probable, pues se ha aceptado por la comunidad científica que representaciones similares[5], grabadas en marfil o hueso y fechadas en una época paleolítica relativamente cercana a esta, eran verdaderos calendarios lunares (para la altura de la Luna sobre el horizonte o bien representando las fases lunares). Si estamos en lo cierto, el artilugio hallado en la cueva de Stajnia es el vestigio astrológico más antiguo encontrado hasta la fecha. Y digo astrológico porque, como veremos más adelante, estos objetos tenían una función calendárica, con una base astronómica, y eran utilizados por el hombre de las cavernas para programar sus salidas en busca de caza o pesca. No en vano habían descubierto ya la influencia de la Luna en los animales y plantas, que variaban su comportamiento según las fases lunares. De acuerdo con todo ello, este analema lunar supone el asignar a la astrología[6] el privilegio de ser el conocimiento humano práctico más antiguo. Porque, querido lector, ¿existe otro saber que haya perdurado hasta nuestros días desde el hombre de las cavernas? ¿Tenemos alguna prueba de otra disciplina que iguale o supere a la astrología en sus casi 42.000 años de historia? No. Este es el principio conocido de una ciencia-arte que ha acompañado a mujeres y hombres a través de largos milenios y siglos, hasta hoy. Y también es el comienzo del fascinante viaje por la astrología que les propongo, a través de la historia…

---

4   Curva que describe en el cielo la posición de la Luna, el Sol u otro astro si se observa cada día a la misma hora y desde el mismo punto geográfico.

5   Como ejemplo, tenemos la llamada *Placa de Blanchard*, encontrada en Abri Blanchard (Francia), cuya antigüedad se remonta a unos 25.000 años atrás.

6   La astrología es la disciplina que estudia la relación existente entre las posiciones y movimientos de los cuerpos celestes y nuestra realidad terrestre, en todos los sentidos, y tanto a nivel individual como colectivo. Desde la influencia en nuestra personalidad y destino, hasta su repercusión en el mismo reino vegetal, entre otros muchos campos en los que su efecto es evidente. Esta es una primera definición que sirve como avanzadilla para la presente obra.

Introducción

Ste libro intenta recorrer la historia de la astrología. En él encontrarán datos, información, hipótesis, etc., que no se encuentran en una obra monográfica acerca del recorrido histórico de este conocimiento. De hecho, ni el lector ni yo queremos ver a este libro convertido en otra historia de la astrología.[7] Una obra así, llena de fechas y datos concretos más o menos desarrollados, solo puede interesar a unos pocos. Incluso para un astrólogo como yo puede resultar aburrida. En verdad, no solo he leído unas cuantas de ellas —no hay tantas, es cierto—, sino que llegué a escribir y publicar una allá por el año 2000.[8] No, lo que les propongo es diferente: entender desde la raíz la cuestión astrológica, abarcando lo más importante de este conocimiento. Y lo digo así porque es este un tema controvertido, con defensores a ultranza y con agrios detractores de un saber que nos supera a todos, que sobrevive a civilizaciones enteras y que diluye en la mediocridad al talento intelectual más pintado. Es así. Esta obra no está pensada para conseguir más adeptos para la astrología, ni para divulgar o divertir —si consigo esto, mejor—, sino para informar, que es diferente. Para la inmensa mayoría, lo que conocen de la astrología no es la realidad, es solo la punta del iceberg; un pico no helado, sino caliente por la polémica y ensuciado por la desinformación y por la ignorancia. Y, por desgracia, eso incluye a todos los perfiles

---

7 De las muchas obras monográficas que he leído, y en varios idiomas, me quedo con la *Introducción a la historia de la astrología*, de Demetrio Santos, y con *A History of Horoscopic Astrology*, de James H. Holden. Pero el lector puede y debe explorar otros muchos títulos de ayer y hoy sobre el tema si quiere profundizar en la historia de la astrología, un tema tan interesante como inabarcable.

8 *Cronología de la Astrología* era su título, y la escribí al alimón con el autor uruguayo Boris Cristoff.

intelectuales: desde consumidores de telebasura a académicos. Porque es lamentable, por no decir despreciable, que personas inteligentes e incluso cultas opinen en contra de la astrología sin saber nada de ella. Yo pregunto: si no sabemos nada de arte, porque nunca hemos estudiado historia del arte ni hemos visitado un solo museo y ni siquiera hemos pintado una acuarela, ¿se nos ocurriría opinar en contra del arte mismo, o sobre una corriente o un estilo pictórico en concreto? No. Es absurdo. Pues eso ocurre a diario en nuestro campo. Es sano y democrático respetar las inclinaciones culturales de cada cual, pero más inteligente es el no opinar sin conocimiento. Para hablar de algo hay que saber de lo que se habla, o todo se convierte en una charla de barbería o de café. Dicen que cuando Edmund Halley, el científico descubridor del cometa homónimo, le reprochó a Isaac Newton que dedicara parte de su tiempo a la astrología, este le respondió algo así: «Mr. Halley, yo estudié la materia, usted no…».[9] Pues bien, si queremos opinar con conocimiento de causa, por decirlo así, adentrémonos en este conocimiento por la senda correcta, estudiemos la materia y probemos para constatar si detrás de ella se esconde algo de verdad o no. Si no tenemos tiempo ni nos apetece incursionar en la misma, no critiquemos por inercia, tradición o pasión. Porque no es científico hacerlo, esa es la paradoja, ya que tanto se habla de ciencia y astrología. Pero he de advertir al lector que entrar en la astrología por la puerta principal, valga la metáfora, es peligroso. Uno puede venir de visita, por curiosidad intelectual o para obtener argumentos en su contra, y puede quedarse en sus dominios para siempre, atrapado en sus redes, fascinado por la validez, la utilidad y la belleza de este conocimiento universal. Sé de lo que hablo…

En suma, en esta obra aprenderemos mucho más de lo que no estaba en nuestro libro de historia de la astrología: conoceremos lo principal, lo esencial de la historia de la astrología y con nuevos datos sorprendentes, se presentarán astrólogos de todos los tiempos, aprenderemos cómo interpreta y predice un astrólogo con este saber, sabremos de predicciones históricas del pasado y, como astrólogo, compartiré con el lector algunas de mis previsiones para el futuro… y mucho más.

Barcelona, marzo de 2022.

---

9 Es conocido y está documentado el interés de Newton por todo tipo de materias más o menos heterodoxas, ajenas a las que oficialmente profesaba.

Cronología astrológica

El hombre prehistórico, ante el espectáculo nocturno de los cielos estrellados, donde la Luna, los astros y demás fenómenos astronómicos eran protagonistas, no tardó en descubrir el reflejo celeste en la realidad terrestre. Sin la contaminación lumínica y atmosférica de hoy, el cielo se presentaba limpio, evidenciando a diario los cambios celestes que acompañaban a todo lo que ocurría en el mundo sublunar. Los ciclos lunares, las estaciones y el ritmo de la naturaleza invitaban a encontrar una relación entre el cielo y la Tierra. En ese momento nace la astrología tal y como la entendemos, aunque no sea en la forma en que la conocemos.

42.000 a. C. Como se ha sugerido anteriormente, el vestigio astrológico más antiguo que se conoce hoy probablemente sea el *Colgante de Stajnia* (Polonia), al que se le calcula una antigüedad de casi 42.000 años.

25.000 a. C. Le sigue en el tiempo, posiblemente, la llamada *Placa de Blanchard*, encontrada en Abri Blanchard (Francia), con una antigüedad que ronda los 25.000 años.

Se trata de un hueso que tiene una serie de incisiones que parecen representar el movimiento cíclico de la Luna en el cielo, una especie de rudimentario calendario lunar. No es el único registro que tenemos, pues existen piezas

Placa de Blanchard

17

similares de una época más o menos cercana. La hipótesis del calendario lunar la cimentó el arqueólogo Alexander Marshack (1918-2004) a principios de los setenta del pasado siglo XX, y a nivel general ha sido aceptada por la comunidad científica. El uso de estos registros lunares por parte del hombre prehistórico puede relacionarse con la caza (las marcas de caza de Marshack) e incluso la pesca, pues el comportamiento de los animales está influido por las fases de la Luna. Pero también la respuesta de las plantas[10] o los fenómenos atmosféricos pueden haber sido objeto de la atención del hombre de ayer. Así, el programar sus actividades adelantándose a los ciclos de la naturaleza puede haber sido una necesidad para sobrevivir en un medio hostil. El inicio de la astrología, aun de forma muy rudimentaria y limitada, no queda muy lejos de esos primeros registros lunares. Por otro lado, si reflexionamos, nos podemos preguntar: ¿descubriríamos[11] hoy el influjo celeste en nuestro mundo? La contaminación lumínica, la polución, la acelerada vida urbana en bloques de edificios, de espaldas a la naturaleza y desconectada de todo lo celeste, quizá no lo permitiría. O quizá descubriríamos la astrología por otra vía diferente, quién sabe.

+ **20.000-10.000 a. C.** Aunque no podemos afirmarlo con seguridad, el primer calendario solar podría encontrarse en Jinmium (Australia). Se trata del controvertido descubrimiento del Dr. Richard Fullagar de hace unos años, llamado *Pecked rock markings*.
Miles de pequeños círculos grabados en piedra, dispuestos de una forma lógica y ordenada, a modo de soles, podrían representar un verdadero calendario del Sol. Si esto es así, ¿tuvo una finalidad astrológica por parte de los aborígenes australianos? Es muy probable.

+ **15.000 a. C.** Primeras esvásticas, fechadas entre el 15.000 y el 5000 a. C. y localizadas en Francia, Noruega e Italia, entre otros enclaves de Europa, aunque también se han descubierto en otros puntos de Asia y de América. Las esvásticas son unas de las primeras representaciones celestes de las que tenemos noticia. Muchos investigadores relacionan la esvástica con la representación del Sol en

---

10 El siguiente paso en la aplicación de la astrología lunar, aunque en verdad hubo un importante salto en el tiempo, fue la agricultura.
11 La astrología se descubrió, no se inventó, que es muy diferente.

El Dr. Fullagar (izq.) en el sitio arqueológico de Jinmium (Australia)

movimiento. Es cierto que existen otras teorías, pero es más lógico pensar que la esvástica representa el movimiento del Sol. Lo más curioso es que estén localizadas en puntos geográficos tan distantes, relacionando culturas que nunca estuvieron en contacto entre ellas. De acuerdo con esto, podemos suponer que solo un fenómeno celeste como el movimiento solar, tan llamativo, repetitivo y observable en diferentes latitudes, diera lugar a su representación en diversos lugares e incluso en diferentes continentes.

✝ **10.000 a. C.** El grabado más antiguo que se conoce de los doce signos del Zodiaco lo hallamos en una cueva a orillas del río Susfana, en el norte de los montes Atlas (África). Fue descubierto en 1925 por el antropólogo y explorador alemán Leo Frobenius, junto a su colega Hugo Obermaier.

Nótense los doce signos zodiacales inscritos en la pata trasera de este animal. Es sorprendente como en este grabado prehistórico ya se adivinan los trazos inequívocos del símbolo que representa a Aries (un triángulo invertido), a Tauro (inconfundible) o a Libra (una suerte de balanza). Y estoy convencido de que el lector detectará fácilmente otros, como el de Sagitario o el de Capricornio, siguiendo el orden natural de los signos en vertical. A la izquierda de esta primera

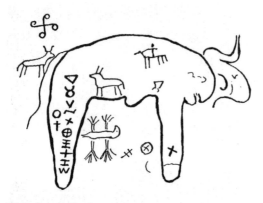
El Zodiaco de Susfana

columna, como si no hubieran cabido en la extremidad del animal, tenemos a los dos signos que faltan: Acuario y Piscis. Es ciertamente intrigante que a Piscis —signo relacionado claramente con el cristianismo— se le asigne una cruz, cuando aún faltaban miles de años para el nacimiento de Cristo. Obsérvese que en la parte superior izquierda de la imagen podemos identificar una esvástica, relacionada tradicionalmente con la representación del Sol en movimiento. Esto último refuerza el sentido y simbolismo astrológico de este grabado africano prehistórico.

¿No es increíble que entre los doce símbolos que representan a los signos zodiacales de este mismo libro y los dibujados en piedra en la cueva de África medien doce mil años?

Después de su descubrimiento por parte del hombre en plena Edad de Piedra, este conocimiento siguió evolucionando lentamente en los siguientes miles de años, de la mano de las civilizaciones del momento en diferentes puntos de la geografía terrestre. En cada etapa y civilización se añadieron distintos usos y aplicaciones de la innegable influencia del cosmos en el mundo sublunar.

✳ **6000 a. C.** Los sumerios empiezan a observar el cielo sistemáticamente. Más allá de la rudimentaria y elemental astrología lunar descubierta por el hombre cavernícola, la forma de astrología más elaborada que conocemos hoy nació, creció y floreció en la antigua baja Mesopotamia como en ninguna otra parte. Primero con la civilización sumeria, que además está considerada como la primera del mundo.

✳ **4241 a. C.** Comienza a utilizarse un calendario solar en Heliópolis (Egipto), partiendo de la conjunción anual del Sol con la estrella Sirio. En este momento, la astrología tiene en la agricultura una aplicación

real, con la previsión de las
inundaciones del Nilo y la
programación de las tareas
agrícolas.

+ **3800 a. C.** En toda el
área atlántica se graban en
piedra círculos concéntri-
cos, representando los movimientos de los planetas
en el cielo.

+ **3500 a. C.** La frontera
entre prehistoria e historia: las tablillas de barro
son una realidad. Los su-

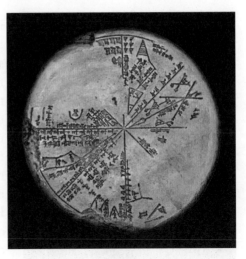

Planisferio de barro sumerio[12]

merios[13] desarrollan la escritura cuneiforme, aceptada comúnmente como la forma más antigua de expresión escrita. En un principio
surgió como un sistema de pictogramas, evolucionando hasta la escritura que se grabó en las tablillas de arcilla. Sobra decir que muchas de esas tablillas contienen información astronómica y astrológica, tal y como hemos visto anteriormente.

Una de las aplicaciones más antiguas de la astrología es la meteorología. Tenemos constancia de ello en una inscripción realizada en
barro: la llamada *Tablilla Venus de Ammisaduqa*[14]. Se halló en el actual Iraq y parece ser que es un registro del siglo VII a. C., pero es
copia de un texto babilonio de unos mil años antes. Recoge las observaciones astronómicas de la salida y puesta de Venus efectuadas
durante el reinado de Ammisaduqa (alrededor del 1640 a. C.), relacionando este planeta con las lluvias, entre otras informaciones.
Otro uso común muy antiguo es la agricultura. Existen inscripciones en tablillas de barro que así lo atestiguan. Es el caso de una

---

12   Aunque no existe un consenso total al respecto, se cree que este planisferio sumerio
      es del 3300 a. C. Es evidente que ya desde un principio la astrología acompañó a la
      escritura cuneiforme, que como sabemos separa prehistoria de historia.
13   Las civilizaciones sumeria, mesopotámica, hitita y otras utilizaron estas tablillas
      como medio de escritura.
14   Tablilla n.º 63: *Tablilla de los movimientos del planeta Venus y sus influencias.*
      Depositada en el Museo Británico (Londres, Inglaterra).

Tablilla de barro sumeria

inscripción en una tablilla sumeria, a la que podemos considerar como el primer almanaque del agricultor, según palabras del prestigioso historiador y profesor universitario Samuel Noah Kramer (1897-1990). Está datada alrededor del 1700 a. C. y parece ser una tablilla recopiada. Pero lo más sorprendente es que en otra tablilla de la época —que el autor menciona en su conocida obra sobre el tema: *La historia empieza en Sumer*[15]— hallamos el siguiente texto:

«Entonces él alzó los ojos hacia las tierras bajas [el Sur], miró las estrellas al este, alzó los ojos hacia las tierras altas [el norte], miró las estrellas al oeste; contempló el firmamento donde se escriben los signos. En este cielo inscrito, aprendió los presagios; vio cómo había que aplicar las leyes divinas, estudió las decisiones de los dioses. En el jardín, en cinco, en diez sitios inaccesibles, en cada uno de estos lugares plantó un árbol como sombra protectora [...]».

Sin lugar a duda, aquí tenemos uno de los registros históricos más antiguos que hacen referencia directa —sin tener que interpretarlo o suponerlo nosotros en forma de hipótesis— a un vínculo mágico, aun real: la conexión entre el cielo y la tierra, y con una clara referencia a la agricultura o a los cultivos. Una influencia de la que ya fueron conocedores los seres humanos que poblaban nuestro planeta hace casi cuatro mil años.

En algunas de las tablillas de arcilla caldeas de alrededor del siglo VIII a. C.[16] que han llegado a nuestros días, las posiciones planetarias

---

15   Kramer, Samuel Noah, *La historia empieza en Sumer*, Barcelona (España): Ediciones Orbis, 1985, p. 97.
16   A menudo son textos copiados de una fuente original mucho más antigua.

El autor en el zigurat de Tappeh Sialk (Kashan, Irán)[18]

indican y justifican el resultado de las cosechas, de acuerdo con los estudiosos del cielo de la época. La agricultura, el tiempo, las guerras y los asuntos del rey llenaban estos antiguos soportes físicos de comunicación con información astrológica.[17] Hay otras muchas tabletas que hoy conservamos en los museos que hacen referencia a meras observaciones astronómicas, pero astrológicas también, y con aplicaciones diversas, como la meteorología o la agricultura.

✦ **3000 a. C.** La astrología se desarrolla en esta época paralela y ampliamente en Mesopotamia, Egipto y en lo que hoy es la India y China. Obviamente, la necesidad convirtió la previsión del tiempo y la agricultura en ramas astrológicas primordiales.

✦ **2800 a. C.** Se construyen zigurats en las zonas geográficas donde se ha desarrollado la astrología, como en Mesopotamia. Estas edificaciones servían como torres de observación astronómica. La figura del sacerdote-astrólogo cobra fuerza y es una pieza importante dentro de la jerarquía y el gobierno del área mesopotámica.

---

17   Santos, Demetrio, *Introducción a la historia de la astrología*, pp. 114-115.
18   El zigurat de Tappeh Sialk (Kashan, Irán) está considerado como el más antiguo

Stonehenge (Salisbury, Inglaterra)

✦ **2570 a. C.** Alrededor de esta fecha finaliza la construcción de la Gran Pirámide de Guiza, ubicada en las afueras de El Cairo (Egipto). Algunos investigadores han especulado acerca del uso astronómico-astrológico de esta pirámide, aunque no existe un consenso al respecto. Lo cierto es que su orientación hacia el norte geográfico produce en las caras norte y sur un fenómeno de proyección de sombras durante los equinoccios. La tradición astrológica egipcia es sumamente antigua, y antes de esta fecha tenemos conocimiento de astrólogos notables como Imhotep, quien ejerció también como arquitecto y consejero, estando muy cerca del poder real.

✦ **2500 a. C.** Construcción del monumento megalítico de Stonehenge, cerca de la actual ciudad de Salisbury (sur de Inglaterra). De acuerdo con las evidencias de las que disponemos, podemos apuntar que probablemente su edificación tuvo una finalidad astronómica.

Las piedras están alineadas siguiendo patrones astronómicos, básicamente en relación al Sol, parece ser. Señalan la salida y puesta del astro rey para determinadas fechas, como el solsticio de verano. Se ha especulado mucho acerca del uso astronómico-astrológico de esta construcción megalítica, pero a día de hoy el debate no está cerrado.

---

del mundo, fechándose su construcción alrededor del 2900 a. C., aunque algunas de sus construcciones más antiguas se remontan a varios miles de años atrás, más allá de la fecha apuntada.

✦ **2250 a. C.** En tiempos de Sargón de Acad, fundador del Imperio acadio (Mesopotamia), se recopilan todo tipo de observaciones celestes, efectuadas desde las torres de observación de la región. A su vez, se efectúan numerosas predicciones astrológicas.

✦ **2000 a. C.** Uno de los enclaves más sorprendentes de los que tenemos noticia a nivel astronómico-astrológico es el antiguo observatorio astronómico del monte Sevsar, en Armenia. Dado que es un hallazgo arqueoastronómico relativamente reciente, se desconoce la fecha del asentamiento, pero se estima que podría fecharse entre el 3000 y el 1000 a. C. Lo más interesante es que los petroglifos que se encuentran en este enclave geográfico contienen numerosas referencias al cielo, entre representaciones del Sol, la Luna, planetas y constelaciones. Algunos investigadores sugieren que en Armenia pudo aparecer el Zodiaco —paralelamente a otras latitudes—, a raíz de los pictogramas presentes en Sevsar.

✦ **1600 a. C.** Una de las más antiguas representaciones del cielo de la que tenemos noticia es el llamado disco celeste de Nebra. Es posible que tenga más de 3600 años de historia, perteneciendo a la Edad del Bronce. Se encontró en 1999 cerca de Nebra (Alemania), y es una placa de bronce redonda de unos 30 centímetros de diámetro, aproximadamente, con algunos elementos superpuestos. En él podemos

Petroglifos de Sevsar (Armenia)

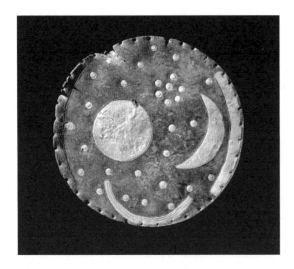
Disco celeste de Nebra

Puerta del Sol (Tiahuanaco, Bolivia)

ver un disco solar, uno lunar creciente y una serie de estrellas.

✢ **1500 a. C.**
El antiguo complejo arquitectónico de Tiahuanaco (Tiwanaku), localizado al sureste del lago Titicaca (en la actual Bolivia), fue el centro de una antigua civilización preincaica que se extendió del 1500 a. C. al 1200 d. C. Esta antigua ciudad tiahuanacota estuvo en boga desde el 400 a. C. hasta el 1200, en que colapsó. Algunas de sus construcciones tienen una finalidad astronómico-astrológica. De hecho, todos los templos de la urbe están orientados astronómicamente.

Uno de los principales monumentos de Tiahuanaco, y una de sus construcciones más interesantes y bellas, es la llamada Puerta del Sol,[19] construida entre el 300 a. C. y el 1050 d. C. Una de las hipótesis acerca de algunos de los grabados en la piedra es que hay una serie de figuras que marcan los movimientos solares, por lo que la Puerta del Sol podría haber sido una especie de calendario solar.

---

19 También existe la Puerta de la Luna, que está orientada según los puntos cardinales. Así, en todos los solsticios, el Sol aparece por la puerta o por uno de sus extremos.

✦ **1360 a. C.** Aparece el llamado *Himno a Atón*, obra maestra de la literatura religiosa egipcia, atribuida a Akenatón, faraón de la dinastía XVIII. El culto al Sol, conectado probablemente con las mismas creencias astrológicas, coincide con un importante desarrollo de la astrología local. No en vano en el tercer milenio antes de Cristo nació en Egipto el primer calendario solar de la historia. La gran ventaja de contar con este calendario era el poder prever las crecidas del río Nilo, de las que dependía la agricultura egipcia de la época. El calendario lunar no era práctico aquí, por razones obvias. La regularidad del Sol, que además marca las estaciones del año, es el reloj agrícola anual por excelencia. La agricultura en Egipto siempre estuvo ligada a la observación de los astros, y las labores agrícolas parece ser que se armonizaban con el cielo del momento. Su aplicación a la agricultura fue una necesidad, no un lujo superfluo.

✦ **1250 a. C.** Petroglifos de Tamgaly, en la actual República de Kazajistán. Esta es otra cultura que nos ha dejado constancia del vínculo entre el cosmos y nuestro mundo. Esta civilización, de la Edad del Bronce, estuvo asentada en la parte oriental de Europa y nos legó una serie de grabados en piedra, conteniendo algunos de los petroglifos posibles referencias astronómico-astrológicas.

✦ **1000 a. C.** La civilización maya, en Centroamérica, estudia y desarrolla la astrología dentro de sus dominios. Algunos de los enclaves mayas más importantes son Tikal (Guatemala), Copán (Honduras) o Chichén Itzá (México). Su actividad se desarrolló a lo largo de unos pocos milenios, finalizando aproximadamente no mucho después de la conquista española. En los últimos años se han descubierto nuevos asentamientos gracias a la arqueoastronomía y a las nuevas

Petroglifo que evoca un motivo astrológico en Tamgaly (Almaty, Kazajistán)

El observatorio astronómico de Chichén Itzá, México, (siglo X d. C.)

Mul Apin (tablilla de barro)

tecnologías,[20] que han permitido rescatar verdaderas ciudades maya tragadas por la selva.

✴ **687 a. C.** Se elabora el catálogo estelar de *Mul Apin*,[21] antigua recopilación astronómica localizada en Mesopotamia, un área geográfica muy fértil para todo lo astrológico.

En esta época (710-612 a. C., aproximadamente) florece la Biblioteca de Asurbanipal, fundada por el rey Sargón II y ampliada por otro monarca: Asurbanipal. Estaba localizada en la ciudad asiria de Nínive (dentro de la actual Mosul, Irak). Se estima que la biblioteca albergaba una gran colección de tablillas de barro, con todo tipo de conocimientos. Por supuesto, la

---

20 En particular, la tecnología LiDAR (Light Detection And Ranging), que se basa en emitir desde el aire un láser hacia el suelo, que penetra en la vegetación de la selva y permite mapear su superficie.

21 Aunque la primera copia del texto descubierta está fechada en el 687 a. C., se cree que pudo ser compilada alrededor del 1000 a. C. o incluso antes. A destacar que casi todas las constelaciones zodiacales aparecen ya en esta lista.

astrología era uno de ellos. Sin duda, esta biblioteca de la época fue importante para desarrollar este conocimiento en su momento, de la misma manera que la Biblioteca de Alejandría (Alejandría, Egipto) lo fue desde el siglo III a. C. hasta el siglo III d. C., muy posiblemente, a pesar de la importante destrucción que sufrió con el incendio del año 48 o 47 a. C.

✢ **600 a. C.** En esta época es justamente en Babilonia (baja Mesopotamia, actual Irak) donde prolifera con exuberancia el estudio de la astrología. En el mismo territorio, en la baja Mesopotamia, los caldeos[22] se mostraban entonces muy activos estudiando el cielo, registrándose las primeras máximas astrológicas referidas a reyes. El epicentro de la astrología del momento era esa región y lo siguió siendo durante mucho tiempo. Cuando en el 331 a. C. Alejandro Magno conquistó Babilonia, la astrología caldea se exportó a Grecia y a Europa, propiciando una interesante fusión en este saber al entrar en contacto diferentes culturas. Pero esta es otra historia. Lo realmente importante es entender que la antigua Mesopotamia y su área circundante tuvieron una importancia crucial en el arraigo y desarrollo de este conocimiento durante varios milenios.[23]

Horóscopo[24] de un niño en una tablilla de barro. Babilonia, 69 a. C.

---

22 El término «caldeo» se asoció durante mucho tiempo al de astrólogo —prácticamente hasta la Edad Media—, tal fue la importancia y el grado de penetración y difusión de la astrología entre esta civilización oriental.

23 Desde aquí la astrología llegó a los persas y a los egipcios, e incluso a la India, entre otros pueblos que entraron en contacto con este conocimiento a partir de la astrología practicada y desarrollada en Babilonia.

24 El vocablo horóscopo (del griego *horoskopos*) significa literalmente «una observación del grado del Zodiaco que cruza el horizonte este en un momento dado»; es decir, que horóscopo es igual a ascendente, pero no a carta natal. Sin embargo, en esta obra me permito la licencia de utilizar este vocablo como equivalente a carta natal, para mayor comodidad del lector y del autor.

✦ **550 a. C.** Coinciden aproximadamente en esta época[25] dos griegos notables: Tales de Mileto y Pitágoras, su discípulo. Tales estuvo estrechamente ligado a la astronomía, mientras que Pitágoras estableció su doctrina de la armonía de las esferas, que tanto influyó en dos gigantes de la astrología que vivieron siglos después: Claudio Ptolomeo y Johannes Kepler.

✦ **450 a. C.** En Grecia, Empedocles desarrolla su teoría de los cuatro elementos. Años más tarde, Platón muestra en su filosofía una concepción unitaria, indisoluble, referida a la astronomía y a la astrología. En las décadas siguientes su discípulo Aristóteles sugiere, en su particular concepción del cosmos, que los planetas son parte activa de lo que acontece en el mundo sublunar.

✦ **409 a. C.** Fecha del horóscopo babilonio más antiguo del que tenemos noticia.

✦ **400 a. C.** En el área de la baja Mesopotamia empiezan a utilizarse los signos del Zodiaco.

✦ **331 a. C.** Alejandro Magno conquista Babilonia y la astrología caldea es importada a Grecia y a Europa, lo que generará una interesante fusión en este saber, al formar parte de dos culturas distintas. Con el tiempo, el helenismo traducirá al griego todo el material astrológico

---

25 El siglo VI a. C. fue un periodo extraordinario para la humanidad, pues nacieron muchos de los filósofos y de las tradiciones espirituales de nuestro mundo: Buda, que dio inicio al budismo en la India, Lao-Tsé, que inició el taoísmo en China, Mahavira en la India (jainismo), Confucio, los profetas Jeremías, Ezequiel, Isaías (2.º) en Israel, Zaratustra, el nacimiento de la misma filosofía griega, la democracia de Atenas, etc. Astrológicamente, existe una explicación: Urano, Neptuno y Plutón estuvieron en conjunción en esta época, coincidiendo en el signo de Tauro, aproximadamente en 576-577 a. C. Ante tal conjunción de los planetas más lentos, el signo siempre puede desaparecer o perder importancia. Con todo, podríamos encontrar algún significado o relación con Tauro, un signo que fija, sujeta, ancla y estabiliza; aquí, quizá permitió contar con unos cimientos fuertes, resistentes, para que lo sembrado en esos años (ideas, religiones, costumbres) perviviera hasta nuestros días. Entre otros posibles significados. Sé que esta digresión puramente astrológica puede sorprender y confundir al lector en este primer capítulo, pero confío en que la lectura del que le sigue le permitirá entender esta reflexión.

disponible de la época caldea y lo incorporará a su propia cultura.[26]

Observatorio solar de Chankillo (Perú)

✦ **300 a. C.** Construcción del observatorio solar de Chankillo, comúnmente llamado *Trece Torres de Chankillo*, situado en la cuenca del río Casma-Sechin, en el desierto costero peruano. Según los arqueólogos, es el observatorio solar más antiguo conocido en el continente americano. Parece ser que estaba dedicado al estudio del Sol, para elaborar calendarios que sirvieran como guía para la agricultura, entre otras funciones.

✦ **280 a. C.** El astrólogo Beroso funda en la isla de Cos la primera escuela de astrología de Grecia.

✦ **200 a. C.** Se funda la ciudad de Teotihuacán, antiguo conjunto monumental de gran importancia histórica, desde un punto de vista astronómico y astrológico. Está ubicada al norte de Ciudad de México. Sus orígenes son inciertos, así como sus antiguos pobladores, aunque prevalece la idea entre los historiadores de que fue un enclave multiétnico. Destacan en esta localización arqueológica las pirámides[27] del Sol y de la Luna, la Calzada de los Muertos, el Palacio de Quetzalpapálotl o el Templo de Quetzalcóatl.

✦ **125 a. C.** Alrededor de esta fecha se creó un artilugio sorprendente: el llamado mecanismo de Anticitera. Se descubrió en 1900 entre

---

26 Es importante apuntar que la astrología caldea también se exportó, de una manera u otra, a otros países o regiones, como la misma India.

27 Existen en el mundo otras pirámides con una posible motivación o finalidad astrológica. Es el caso de las siete pirámides de Plaine Magnien, ubicadas en Mauricio, un pequeño país situado en una isla del océano Índico, al este de Madagascar.

Teotihuacán

El mecanismo de Anticitera

los restos de un naufragio, cerca de la isla griega homónima. Según los entendidos, se trata de una especie de calculadora astronómica, un mecanismo de precisión que tiene diferentes ruedas dentadas de bronce, junto con otras piezas, montadas sobre un soporte de madera. Al parecer, con este artefacto se podían calcular con gran exactitud las posiciones de los planetas en el cielo y los eclipses, entre otras posibles utilidades. Desde un principio, algunos investigadores ya apuntaron que su finalidad podía haber sido astrológica más que meramente astronómica.

+ 70 a. C. Aparecen los primeros horóscopos griegos, que toman en consideración la hora del nacimiento. Según algunos estudiosos, los griegos popularizaron el horóscopo individual debido a su inclinación democrática, en contraposición a otras culturas, que vieron en la astrología un conocimiento selectivo y elitista, destinado preferiblemente a reyes o mandatarios y enfocado a cuestiones sociales o mundanas.[28]

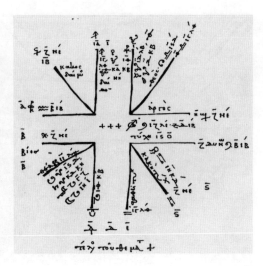

Antiguo horóscopo griego [29]

+ **50 a. C.** Creación del Zodiaco de Dendera, un bajorrelieve esculpido en el techo de una cámara del Templo de Hathor (Dendera, Egipto), que parece representar el cielo de una fecha cercana a la mitad del siglo anterior al nacimiento de Cristo.

+ **30 a. C.** La astrología se extiende en Roma en estos años, alcanzando una amplia difusión. Augusto y otros emperadores romanos consultan a los astrólogos del momento. La penetración de la astrología en la política y en las altas esferas del poder llega a ser considerable.[30] Una muestra de ello es la moneda que mostramos a continuación, acuñada en pleno Imperio romano.[31]

---

28 Cf. con la opinión discordante de Demetrio Santos (*Introducción a la historia de la astrología*, p. 83), pues sugiere que ya en Babilonia se había empezado a extender la práctica astrológica a las capas sociales más bajas.

29 Horóscopo griego antiguo reproducido en la obra *Greek Horoscopes*, de O. Neugebauer y H. B. Van Hoesen, publicado por The American Philosophical Society, Filadelfia (Pensilvania, EE. UU.), 1987 (reimpresión de la edición original de 1959), p. 156.

30 No todo fue un camino de rosas: en el año 132 los astrólogos griegos fueron expulsados de Roma. En parte, por la influencia que llegaron a tener sobre la clase dirigente. No obstante, la medida no parece haber tenido un gran efecto, pues la astrología continuó estando presente en Roma, y siguió en las altas esferas del poder.

31 Sabemos que Augusto, el primer emperador romano, nació el 23 de septiembre del año 63 a. C. El signo de Capricornio en el reverso de su moneda obedece probablemente a otra consideración astrológica: el signo zodiacal de la fecha de su concepción. Otras hipótesis valoradas son que representaba el signo que ascendía al nacer (ascendente), a su signo lunar e incluso algunos estudiosos han propuesto un error en el calendario para justificar que realmente este emperador romano

El Zodiaco de Dendera (Dendera, Egipto)

Moneda de Augusto con Capricornio

✦ 7 a. C. Fecha probable del nacimiento de Jesús de Nazaret. Independientemente de su posible naturaleza divina, este personaje es relevante para la historia de la astrología por dos motivos: el primero, porque su nacimiento —que da origen a una nueva religión, el cristianismo— coincide sorprendentemente con el inicio de la era de Piscis. Nótese que las características de este signo están estrechamente relacionadas con el espíritu de esta nueva religión: bondad, caridad, entrega, sumisión o sacrificio. Además, ya desde un principio se representa a aquella por los peces, símbolo de Piscis. Existen numerosos grabados que así lo atestiguan. Los peces aparecen también en diferentes pasajes de la Biblia, como la multiplicación de los panes y los peces, la red barredera que recoge peces de toda suerte o el conocido pasaje de la pesca milagrosa, donde Jesús le dice a Simón: «...en adelante vas a ser pescador de hombres». Más aún: durante casi veinte siglos —prácticamente lo que dura una era—, Occidente se vertebrará a partir del cristianismo: la política de estados, con

había nacido con el Sol en Capricornio. Mas no importa: la moneda nos muestra y demuestra la importancia del signo de Capricornio en Augusto y la relevancia de la astrología en la Roma imperial.

numerosas guerras religiosas, el pensamiento y la filosofía, el arte o la fuerte influencia de la religión en la misma sociedad, que condicionará la actitud del individuo, noble o plebeyo. El segundo motivo por el que Jesucristo debe ser incluido aquí es porque en el Evangelio según san Mateo se recoge la figura de unos astrólogos orientales, llamados los Magos de Oriente o Reyes Magos, que se guiaron por una estrella o señal en los cielos para llegar al lugar donde nació Jesús para adorarle, pues le consideraban el esperado Mesías. En otro capítulo hablaré de ello.

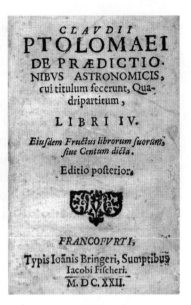

Una antigua edición del Tetrabiblos *(1622)*

✦ **30-40.** Se redacta y difunde una de las obras astrológicas más importantes de la antigüedad: *Astronomicon*, de Marco Manilio (Manilius), una de las obras latinas más antiguas que versa sobre esta materia.

✦ **140.** Claudio Ptolomeo (ca. 100-170), astrónomo, astrólogo y matemático griego, escribe su *Tetrabiblos* o *Quadripartitum*, una obra astrológica que se convertirá en todo un referente en los próximos siglos.[32] Este libro, muy avanzado para su época, es un verdadero compendio de toda la astrología conocida hasta ese momento. Ptolomeo también es el autor del *Almagesto*, un tratado sobre astronomía.

✦ **250.** Plotino, máximo exponente de la escuela filosófica neoplatónica, trata de redefinir el papel de la astrología, intentando insertarla de forma inteligente en la sociedad de la época, y a pesar de mostrarse crítico con ella. Años más tarde, su discípulo Porfirio también será parte importante en esta adecuación de la astrología a los nuevos tiempos.

---

32 La influencia de la astrología griega se deja notar en el siglo II en países tan distantes, culturalmente hablando, como la India.

✦ **350.** Julio Fírmico Materno, escritor y astrólogo romano, escribe una de las obras astrológicas más importantes de la antigüedad: el *Matheseos libri VIII*.

✦ **400.** La astrología colisiona con el cristianismo. El siglo IV supone para esta religión su triunfo sobre el paganismo. Por otro lado, pasa a ser la religión oficial del Imperio romano. A partir de aquí, surgen numerosas voces críticas en su seno: san Agustín, uno de los padres de la Iglesia, a pesar de haber estudiado astrología en su juventud se muestra crítico con ella,[33] siendo una materia que no encaja bien dentro de la doctrina cristiana.

✦ **600.** Fecha aproximada de la creación de las llamadas líneas de Nazca. Dichos geoglifos están localizados en el valle de Nazca (Perú), y mediante diferentes figuras dibujadas o marcadas en el suelo se representan animales, plantas u objetos. Son visibles desde el aire, pero también desde algunas colinas circundantes. Se cree que tuvieron una finalidad astronómica y astrológica.[34]

✦ **642.** La conquista de Alejandría (Egipto) por parte de los musulmanes les permite acceder a un riquísimo patrimonio cultural. Entre las materias que son asimiladas se halla la misma astrología. Se traducen al árabe numerosos textos antiguos, especialmente de Mesopotamia y Egipto. El islam se convertirá en el centro de una vigorosa renovación de la astrología, extendiéndose en el tiempo hasta el año 1200 de nuestra era.[36] Los mismos califas fomentan la creación de escuelas de traductores e investigadores astrológicos, lo que

---

33 Aun así, reconoce que las estrellas influyen en el mundo, aunque no acepta que el destino del hombre pueda ser pronosticado por la astrología.

34 Véanse los trabajos de la arqueóloga y matemática alemana Maria Reiche (1903-1998), en los que sugiere una posible conexión astronómico-astrológica.

35 El mono de Nazca, descubierto por Maria Reiche. Esta investigadora cree que la cola y las manos de la figura guardan una relación directa con las constelaciones, y que pudo ser útil en su momento para la meteorología y la agricultura de la civilización que creó los geoglifos.

36 El grado de penetración de la astrología en la vida política, social y cultural del Islam es evidente a partir de la lectura de textos como *Las mil y una noches* (a pesar de ser esta una recopilación medieval), lleno de referencias sobre esta disciplina y sus practicantes.

El mono de Nazca[35]

redundará en un amplio desarrollo de este conocimiento. Bagdad[37] se convierte en el foco principal de la cultura astrológica del momento. Existen astrólogos que aconsejan al califa o emir de turno y a otros poderosos de la corte, y se publican numerosas obras de temática astrológica. Surgen brillantes astrólogos, como Mashallah, Albumasar, Al-Biruni o Albubather.

✦ **1000.** Durante los primeros siglos del nuevo milenio en Europa empiezan a traducirse y a publicarse las obras astrológicas árabes. España se convertirá, con el tiempo, en la puerta de entrada de la cultura astrológica árabe. Toledo será uno de los epicentros de este fenómeno cultural, que pronto se extenderá a toda Europa. El rey Alfonso X el Sabio, rey de Castilla, apoya al final de este periodo este proceso, mediante la creación de una escuela de traductores e investigadores del saber astrológico.

---

37 La misma ciudad de Bagdad, en el actual Irak, fue fundada en el 762 bajo criterios puramente astrológicos, a partir de los deseos del califa Al-Mansur (714-775). Participó el astrólogo persa Naubakht Ahvazi, asistido por el hoy célebre Mashallah ibn Athari.

ALY-ABEN RAGEL

EL LIBRO CONPLIDO
EN LOS
IUDIZIOS DE LAS ESTRELLAS

TRADUCCIÓN HECHA EN LA CORTE DE
ALFONSO EL SABIO

INTRODUCCIÓN Y EDICIÓN
POR
GEROLD HILTY
PRÓLOGO DE ARNALD STEIGER

PUBLICADO POR LA
REAL ACADEMIA ESPAÑOLA

MADRID. MCMLIV

El libro conplido en los iudizios
de las estrellas [38]

Las llamadas *Tablas alfonsíes*, una obra impulsada por el rey castellano que contiene las posiciones astronómicas de los planetas, estuvieron vigentes en Europa por dos o tres siglos. Sin duda, fue otra aportación notable a la astrología de la época.

✦ **1200.** La cultura inca perpetúa el saber astrológico, en lo que hoy conocemos como el Perú y también en otros países andinos.

La antigua ciudad inca de Machu Picchu, del siglo xv, ubicada en la cordillera de Vilcabamba (Perú), parece ser que también tuvo un cometido de tipo astronómico-astrológico.

✦ **1250.** San Alberto Magno, doctor de la Iglesia, se muestra partidario de la astrología. Su visión astrológica es amplia e integradora.

Machu Picchu

---

38 *El libro conplido en los iudizios de las estrellas* fue escrito por el astrólogo árabe de los siglos x-xi Aly Aben Ragel [sic], sin duda uno de los mejores de su época. Esta fue una de las obras cuya traducción impulsó el rey Alfonso X el Sabio, alrededor de 1254. La imagen corresponde a una edición moderna (1954) a cargo de la Real Academia Española.

Unos años después, otro doctor de la Iglesia y discípulo suyo: santo Tomás de Aquino,[39] defenderá las tesis astrológicas bajo un prisma conciliador entre cristianismo y astrología. Otras figuras del pensamiento y de la cultura de la época, como Ramón Llull (Raimundo Lulio), también incorporan este saber a su concepción del mundo.

Una página de la magnum opus *de Bonatti* [40]

✢ **1275.** Guido Bonatti, prestigioso astrólogo florentino, impulsa el movimiento astrológico europeo a partir de su obra escrita, de gran calidad. Sus predicciones acertadas le hicieron famoso en su tiempo, consiguiendo ser consejero de personajes importantes como el conde de Montefeltro. Otros personajes de la época, como el brillante matemático Johannes Campanus, estudian y publican en el campo astrológico.

✢ **1300.** A partir de esta fecha, aproximadamente, se consolida la astrología en las universidades europeas. Tenemos conocimiento de la instauración de cátedras de astrología en las universidades de Bolonia, Florencia, París o Salamanca, entre otras muchas donde se impartía esta materia.[41] La cátedra de Salamanca se instauró a mitades del siglo xv: en 1460, pero fue longeva y llegó a ser uno de los últimos bastiones de la astrología académica.

✢ **1325.** Florece en el siglo xiv la cultura azteca, en lo que hoy denominamos Mesoamérica. Los aztecas incorporan a su acervo cultural

---

39 Suya es la frase: *Astra inclinant, sed non obligant;* es decir: los astros inclinan, pero no obligan.

40 *Decem continens tractatus astronomiae* o *Liber astronomiae* (edición de 1491).

41 Algunas de las fechas en que se fundaron las universidades europeas son estas: en 1088, la Universidad de Bolonia (Italia); en 1096, la de Oxford (Inglaterra); en ca. 1150, la de París (Francia); en 1209, la de Cambridge (Inglaterra); o en 1218, la de Salamanca (España).

El Calendario Azteca [42]

el conocimiento astrológico, desarrollándolo en las siguientes décadas y siglos.

✦ **1428.** Ulugh Beg, gobernante timúrida y matemático, astrónomo y astrólogo, manda construir en Samarcanda (actual Uzbekistán) un gigantesco observatorio astronómico, al que llama *Gurjani Zij*.

✦ **1494.** Pico della Mirandola publica su *Disputationes Adversum Astrologiam Divinatricem*, un verdadero alegato en contra de la astrología. Otras figuras de peso de la época, como Savonarola, también se muestran contrarias a esta disciplina. A pesar de estas voces críticas —que coexisten con otras ambiguas o incluso partidarias de la astrología, como las de Marsilio Ficino—, los papas, reyes y nobles siguen teniendo su propio astrólogo.

Gerolamo Cardano

✦ **1500.** En pleno Renacimiento la invención de la imprenta ayuda a difundir aún más la astrología culta, aunque también propicia fenómenos como los almanaques o lunarios, un tipo de publicación popular, una vulgarización de la astrología. En estos opúsculos o libros se incluyen predicciones y recomendaciones de todo tipo, como las referidas a la agricultura, y es un tipo de obra que ha llegado

---

42   El Calendario Azteca (siglos XIII-XVI), comúnmente llamado Piedra del Sol, es un disco de piedra (basalto de olivino) con inscripciones que hacen referencia a la cosmogonía mexica y a los cultos solares. Es una suerte de calendario perteneciente a la cultura mexica, donde parece ser que se describen los movimientos de los astros y determinados ciclos.

El sistema heliocéntrico de Copérnico[43]

hasta nuestros días. No obstante, en este periodo brillan con luz propia astrólogos de gran talento, como Luca Gaurico o, algo más tarde, Gerolamo Cardano.

✦ **1543.** Se publica *Revolutionibus Orbium Caelestium,* de Nicolás Copérnico, donde el autor expone su teoría heliocéntrica. Con esta obra se inicia la astronomía moderna y cada vez será más evidente la separación entre astrología y astronomía. Sobra decir que Copérnico también llegó a estudiar astrología, a pesar de que no aparezca en su biografía oficial.

✦ **1555.** Aparece en Europa la primera edición de las profecías de Michel de Notre-Dame, más conocido como Nostradamus. Este médico y astrólogo francés, el más famoso de todos los tiempos, aparte de legarnos sus conocidas *Centurias,* llegó a aconsejar

---

43 Ilustración de Andreas Cellarius (ca. 1596- 1665), incluida en su célebre *Harmonia Macrocosmica.*

Las Propheties *de Nostradamus*[44]

astrológicamente a personajes de la realeza como Catalina de Médici.

⸙ **1586.** El papa Sixto V publica su bula contra los astrólogos: *Coeli et terrae creator*, condenando la astrología judiciaria, pero permitiendo el estudio y el ejercicio de la astrología aplicada a la agricultura, el tiempo, la navegación e incluso a determinadas prácticas médicas. Hay que decir que hasta hace muy pocos siglos era aceptada una clasificación medieval y moderna de la astrología muy curiosa, que era esta: por una parte, existía la astrología natural o *astrología naturalis*,[45] referida a cuestiones climatológicas y a la agricultura, por ejemplo, y por otro lado teníamos a la astrología judiciaria, que trataba sobre el destino de personas y pueblos, y cuyo ámbito de actuación prácticamente englobaba al resto de ramas de este saber. Con todo, la astrología sigue evolucionando. En esta época destacan astrólogos como el florentino Francisco Junctino, autor del *Speculum Astrologiae*, o el astrólogo real John Dee, consejero de la reina Isabel I de Inglaterra. También importantes intelectuales de la época, como Tomás Campanella, se muestran partidarios de la astrología ante el cambio de siglo.

⸙ **1600.** Una pléyade de brillantes astrónomos y astrólogos irrumpe en la Europa de finales del siglo XVI y principios del siglo XVII: Tycho Brahe, que compagina la astronomía con el estudio de la astrología, llega a una gran exactitud en sus observaciones directas del firmamento, lo que le permite editar unas tablas astronómicas muy precisas. Su trabajo cimentará la obra de Johannes Kepler, también astrónomo y astrólogo, que establece las leyes sobre las órbitas de los planetas. Publicará, además, las denominadas *Tablas rudolfinas,*

---

44 Las *Propheties* (profecías) o *Centurias* de Nostradamus. Primera edición de 1555, Lyon (Francia).
45 El *Diccionario de Autoridades* (1726) de la Real Academia Española de la lengua así lo recoge en la entrada «astrología».

unas efemérides planetarias creadas a partir de sus propios cálculos. La aportación de Kepler a la astrología, con su visión científica, su curiosidad intelectual y su talento natural, es invaluable. Finalmente, tenemos a otro gran astrónomo también interesado por la astrología: Galileo Galilei, que empieza a estudiar el cielo con la ayuda de un rudimentario telescopio, pero logrando avances significativos en materia astronómica.

La Astrologia Gallica *(1661)*

✦ **1661.** Se publica la *Astrologia Gallica*, una de las obras astrológicas más importantes de todos los tiempos. Su autor es Jean-Baptiste Morin, y fue astrólogo real en la corte de Francia.

También destacan otros astrólogos contemporáneos de Morin, como el inglés William Lilly, autor de otra famosa obra: *Christian Astrology*, o el italiano Placidus de Tito.

✦ **1666.** Jean-Baptiste Colbert, el poderoso ministro de Luis XIV y fundador de la Academia de Ciencias de Francia, prohíbe la astrología a nivel oficial, con lo cual desaparece esta materia de las universidades francesas. En las décadas siguientes, ya en el siglo XVIII, con el advenimiento de la Ilustración, la astrología es cuestionada dentro del ámbito académico y científico debido a la corriente racionalista imperante en la época. Desaparecen gradualmente las cátedras de astrología en Europa y se reducen considerablemente las publicaciones astrológicas serias, en favor de almanaques y lunarios. Sin embargo, este saber resiste al Siglo de las Luces y sobrevive a este periodo, logrando incluso el apoyo de algunos cerebros brillantes, como Isaac Newton o, más tarde, Johann W. Goethe.

✦ **1687.** Isaac Newton, considerado el científico más grande de todos los tiempos, publica la obra *Philosophiae Naturalis Principia Mathematica*, donde presenta su ley de gravitación universal. El genio de Newton brilló en muchos campos de la ciencia, pero tampoco descuidó, con su amplitud de miras e intuición, la realidad

EN la Luna creciente de Mayo es buen tiempo para raer los azafranes, y castrar las colmenas, y juntar los cabrones, y morueeos con las hembras. Es tiempo dispuesto para plantar las pepitas acedas; y si son tiernas, toman mejor, que secas. Puedese plantar todo genero de hortaliza, é ingerir de escudete los duraznos, priscos, almendros, cidras, y naranjos.

En la menguante de Mayo es admirable tiempo para cocer ladrillos, y tejas, y otras obras, que se hacen de barro; porque hechas, y cocidas en este tiempo, son singulares. Ahora conviene arar los campos, que se han de sembrar al Otoño. Si fuere tierra fria, se pueden castrar los becerros, cochinos, y corderos. Finalmente, qualquier mal, y daño en los brazos, es peligroso en este mes, y mas si se labraren con hierro.

Si en este mes se oyeren los primeros truenos (entiendese del año) significa abundancia de aguas, y falta de aves; pero copia de pan, y legumbres, (segun Leopoldo) en el Reyno, en que se oyeron.

Lunario de Gerónimo Cortés (1793)

astrológica, de la que se confesaba un estudiante y firme partidario.

✦ **1750.** La astrología, prácticamente desterrada de la universidad y alejada de los ambientes académicos o doctos, se convierte en una disciplina superficial que solo es cultivada por los intelectos medianos y los interesados en darle una salida puramente comercial. De esta manera, florecen en esta época todo tipo de almanaques y lunarios, que incluyen predicciones y tienen un contenido variopinto.

✦ **1825.** La astrología empieza a despertar después de un prolongado letargo. En Europa surgen destacados astrólogos, como los ingleses Raphael y Zadkiel, cuyas obras se publican a mediados del siglo XIX. En las décadas siguientes, en Norteamérica se imprimirán diferentes textos astrológicos, ayudando a revitalizar la astrología en el continente americano. Ya en esta época encontramos obras de gran calidad, como *A complete Dictionary of Astrology*, de James Wilson, publicada en Londres en 1819.

✦ **1890.** El resurgir de la astrología se acelera en las últimas décadas del siglo, momento en el que aparecen otros nombres significativos, principalmente ingleses: Sepharial, autor de varias obras, y especialmente Alan Leo, considerado por muchos como uno de los padres de la astrología moderna. Fue un autor prolífico, creó la revista *Modern Astrology* y fundó una asociación astrológica.

✦ **1900.** La astrología cobra un nuevo impulso en Europa. Fomalhaut publica a finales del siglo XIX un tratado sobre la materia en Francia. Con la entrada en el nuevo siglo, la astrología deja atrás un periodo en el que sufrió el acoso de la ciencia oficial y de la Iglesia, viéndose desprestigiada y limitada en su evolución. Sin que acontezca realmente un cambio en este sentido, paulatinamente irrumpen en la sociedad occidental diferentes autores y escuelas que sentarán las bases, en las primeras décadas del nuevo siglo, para un posterior florecimiento de la astrología en el siglo xx.

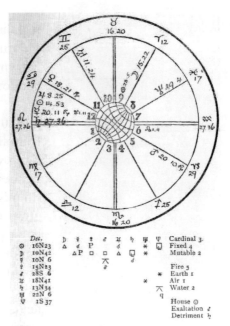

THE HOROSCOPE OF ALAN LEO
7/8/'60, 5.49 a.m., Westminster

El horóscopo de Alan Leo[46]

✦ **1910.** La astrología sigue avanzando con fuerza en esta etapa. Aparecen los primeros intentos serios de aproximación a la astrología por medios científicos: el francés Paul Choisnard intenta validar, desde principios de siglo, determinados aspectos de la astrología a partir de la estadística. También destacan en estos años los astrólogos Max Heindel, E. H. Bailey, Alfred Witte o la popular Evangeline Adams. Esta astróloga norteamericana, muy conocida en su tiempo y autora de varios libros de divulgación sobre este conocimiento, llegó a tener entre sus clientes al mismísimo J. P. Morgan, el célebre banquero.

✦ **1920.** A partir de esta década se suceden las investigaciones y hallazgos que permitirán vislumbrar la verdad que se esconde tras la astrología; ya en 1898 el Premio Nobel de Química Svante Arrhenius inició un estudio científico para analizar el efecto de la Luna en el tiempo y en los seres vivos. En los años veinte, A. L. Chizhevsky y los doctores Faure y Sardou empiezan a estudiar las manchas solares y su relación con la vida aquí en la Tierra. En las siguientes décadas, otros investigadores establecen puentes entre la astrología y la

---

46 Tipo de gráfico astrológico habitual en las obras de este autor.

Típico libro (en francés) acerca del signo solar[47]

realidad que nos envuelve: Ellsworth Huntington, Maki Takata, Frank A. Brown o Giorgio Piccardi, entre muchos otros.

✦ **1920-1930.** En estos años nace y se consolida el fenómeno astrológico del signo solar, el cual ha pervivido hasta nuestros días. Si bien es una visión simplista y un reduccionismo peligroso para la misma astrología, esto le ha permitido una difusión y una popularidad universal. Sin embargo, el enfoque comercial y la vulgarización que en ocasiones comporta este fenómeno de masas, auspiciado por las editoriales, la prensa, los medios de comunicación en general y por Internet, ha suministrado argumentos y munición a los detractores de la astrología.[47]

✦ **1938.** Aparece el primer número de la revista astrológica francesa *Les Cahiers Astrologiques*, fundada y dirigida hasta su muerte por el astrólogo y escritor Alexandre Volguine (1903-1976). Se editó durante varias décadas, alcanzando altas cotas de calidad y de popularidad entre el colectivo astrológico, llegando a ser la publicación periódica más importante en astrología. Como curiosidad, apuntar que la Academia de Ciencias de la antigua Unión Soviética estaba suscrita a esta publicación.

---

47 Obra del astrólogo francés André Barbault sobre el signo de Aries (Bélier, en francés). Este autor galo publicó una colección muy popular sobre los doce signos del Zodiaco a finales de los años cincuenta del pasado siglo. Como muchos otros astrólogos que han publicado libros sobre el llamado signo solar —incluyendo al autor de la presente obra—, Barbault entendía que la incursión en la astrología popular obedecía a un mero interés en divulgar la astrología seria. No en vano, muchos de los estudiantes y, más tarde, profesionales de la astrología han tenido una primera toma de contacto y se han adentrado después en este conocimiento milenario a partir de este tipo de astrología tan elemental.

+ **1940.** Como en el pasado, la astrología es utilizada por los dos bandos contendientes en una batalla o guerra para conseguir la victoria. Alemania toma la iniciativa en la Segunda Guerra Mundial, recurriendo al astrólogo suizo Karl Ernst Krafft. Por su parte, Inglaterra contrata al astrólogo de origen húngaro Louis de Wohl. En otro capítulo posterior hablaremos de esta interesante y misteriosa etapa para la astrología, donde esta volvía a estar en contacto con las altas esferas del poder.

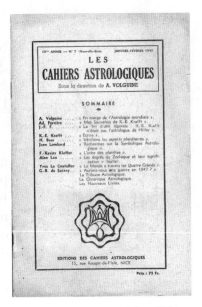

Un antiguo número de Les Cahiers Astrologiques

+ **1945.** En la Europa de la posguerra resurge el fenómeno astrológico. Publican sus trabajos destacados astrólogos franceses, como Henri J. Gouchon, Alexandre Volguine o André Barbault. En Alemania encontramos el trabajo de Reinhold Ebertin, en Inglaterra las obras de Charles Carter y en los Estados Unidos las del irlandés Cyril Fagan. Y en otros enclaves surgen otros tantos astrólogos y escuelas, que en esta década y en las siguientes ayudarán a revitalizar, desarrollar y difundir el mensaje de las estrellas: N. Sementovsky-Kurilo, Marc Edmund Jones, Dane Rudhyar, Alexander Marr o John Addey, entre muchos otros.

+ **1948.** Se funda en Londres (Inglaterra) la *Faculty of Astrological Studies*, una de las escuelas de astrología más prestigiosas del mundo.

+ **1950.** Desde mediados de siglo proliferan en todo el mundo las traducciones e interpretaciones de investigadores y académicos acerca de textos astrológicos de la antigüedad. Destacan los trabajos de los españoles J. M. Millás Vallicrosa, Juan Vernet y, más tarde en el tiempo, de Julio Samsó.

Estudios sobre Azarquiel[48]

En otros países contamos también con valiosos aportes, como los del austríaco de nacimiento Otto Neugebauer o los del norteamericano David Pingree.

+ **1952.** Carl Gustav Jung, psicólogo, investigador y ensayista suizo, publica su obra *Sincronicidad*. Para Jung, la sincronicidad es un fenómeno acausal que estaría manifestando que existe otro principio opuesto al de causalidad. Este intelectual suizo llegará a publicar otros estudios u obras con un contenido astrológico. Claramente, Jung apuesta por la astrología, siendo importante su aportación en este campo.

+ **1955.** Michel Gauquelin, investigador y estadístico francés, publica su primer trabajo de investigación: *L'influence des astres: étude critique et expérimental*. Le seguirán numerosas obras en los años siguientes que intentarán probar la validez del fenómeno astrológico a partir de la estadística. Sin duda, la obra de Gauquelin representa un antes y un después para esta disciplina, pues consiguió abrir una brecha a favor de la astrología dentro de la ciencia oficial. Sus estadísticas, algunas de las cuales fueron replicadas con éxito, demostraron por primera vez de manera científica algunos de los postulados astrológicos.

---

48 Obra de José María Millás Vallicrosa, publicada en 1950, que gira en torno a la figura de Azarquiel, un astrónomo y astrólogo del siglo XI. Nos consta que aparte de concebir y fabricar instrumentos de precisión como los astrolabios, también incursionó en la astrología, aunque su fama se deba más a su condición de astrónomo y a su creación más notable: la azafea, una herramienta de observación astronómica revolucionaria. Prueba de que Azarquiel también dedicó su tiempo y energías a la astrología es esta obra, donde Millás Vallicrosa glosa un librito astrológico contenido en el manuscrito árabe n.º 1421 de la Biblioteca de Viena. Según apunta Millás Vallicrosa, se trata de un pequeño tratado, muy elemental, en el que se describen las influencias astrológicas.

49 Término acuñado por Michel Gauquelin, a partir de los hallazgos en una de sus más célebres estadísticas, que giraba en torno a deportistas y atletas. Este investigador francés encontró que los atletas de éxito tendían a nacer más frecuentemente con

✦ **1958.** Se crea la Astrological Association of Great Britain, radicada en Londres (Inglaterra), siendo una de las asociaciones astrológicas internacionales más importantes.

✦ **1963.** Aparece una encuesta internacional que demuestra el grado de aceptación del que todavía goza la vieja ciencia de los astros, a pesar de los intentos de muchos por desprestigiarla: según el Instituto Francés de Opinión Pública, el 43 % de la población cree aún que la astrología es una ciencia verdadera.

✦ **1970.** El fenómeno astrológico sigue en aumento, proliferando los congresos, las asociaciones y las editoriales dedicadas a publicar obras monográficas sobre el tema.[50]

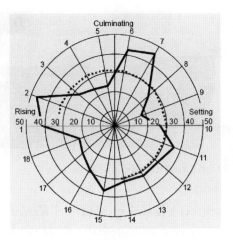

El llamado Efecto Marte[49]

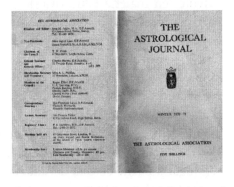

Boletín-revista de la Astrological Association of Great Britain

La figura del astrólogo consultor se ha consolidado en este siglo, llegando a un nivel de profesionalidad elevado.

✦ **1985.** Se populariza entre la comunidad astrológica la recuperación de textos antiguos: empiezan a traducirse del latín, del griego y de otras lenguas todo tipo de tratados y obras astrológicas de la

---

Marte ascendiendo o culminando en la carta natal que el conjunto de la población.

50 En España, por ejemplo, vio la luz el primer congreso de astrología en los años setenta del pasado siglo. Varias editoriales en toda la geografía nacional publicaron desde esa década, e incluso antes, numerosas obras sobre la materia, antiguas o modernas, y de autores nacionales y extranjeros. Se fundaron diversas asociaciones, academias de enseñanza e incluso revistas de astrología.

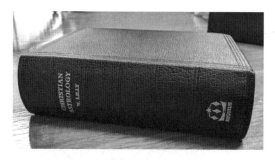

Christian Astrology, *de William Lilly*[51]

antigüedad. Conceptos y técnicas de antaño son incorporadas al grueso de conocimientos astrológicos, enriqueciéndolos por esta vía.

✦ **2000.** Después de varios siglos, la astrología regresa a la universidad:[52] el *Kepler College*, radicado en Lynnwood, en el área metropoliana de la ciudad de Seattle (Washington, EE. UU.), recibe la autorización oficial por parte de las autoridades competentes en materia educativa del Estado de Washington para impartir la enseñanza de esta materia y para conceder títulos académicos equivalentes a los universitarios. Después de un largo compás de espera, la astrología vuelve a las aulas universitarias. En los años siguientes, otras iniciativas como la del *Bath Spa University College*, en Inglaterra, y más tarde con los cursos ofrecidos por la *University of Wales Trinity Saint David*, con sedes en Inglaterra y Gales, a partir del año 2002, consolidaron una tendencia prometedora. Otras iniciativas aisladas, a menor escala, pero no menos interesantes, tuvieron lugar a partir de esta década, como las de Zaragoza (España) y otras. También en la India se instauró la enseñanza de la astrología en las universidades públicas a partir del año 2001.

✦ **2022.** Hoy, la astrología sigue más viva que nunca en los cinco continentes. Mientras la mujer y el hombre del siglo xxi empiezan a cambiar su paradigma existencial, este saber ancestral prepara su

---

51 La editorial inglesa Regulus publicó —con muy buen criterio— en 1985 la obra original de William Lilly *Christian Astrology*, de 1647. El éxito de esta nueva edición facsímil propició un renovado interés en las obras astrológicas antiguas, siendo la avanzadilla de proyectos editoriales similares. A día de hoy, y en varios continentes, se siguen recuperando textos astrológicos de la antigüedad que cubren dos milenios, traduciéndose, imprimiéndose y vendiéndose entre las nuevas generaciones de astrólogos.

52 Lo dijo Carl Gustav Jung a mediados del siglo xx: «Hoy, después de tres siglos de ausencia, la astrología llama a las puertas de la Universidad…».

desembarco definitivo en nuestro mundo, para beneficio de la humanidad.

Esta cronología solo pretende esquematizar el fenómeno astrológico a través de la historia,[53] trazando sus líneas maestras, captando lo esencial desde su nacimiento y su subsiguiente desarrollo hasta hoy: nuestro siglo XXI. Es imposible que contenga todos los nombres y hechos relevantes de este saber.[54] A su vez, he evitado mencionar algunos avances conceptuales y técnicos de esta disciplina para aligerar el texto, pues solo son relevantes para los mismos astrólogos. Como ejemplo, las llamadas casas o algunas herramientas predictivas. Sin embargo, he introducido en este hilo cronológico elementos sociales, culturales o científicos transversales a la misma historia de la astrología, porque en su momento condicionaron o influyeron en su posterior desarrollo.

---

53 Aquí juega un importante papel la llamada arqueoastronomía, que estudia la importancia de la astronomía primitiva en los diferentes pueblos que han habitado nuestro planeta desde la antigüedad, comprendiendo también las implicaciones astrológicas derivadas de ello. Esta es una definición personal, pero podemos añadir que es una materia que está a medio camino entre la astronomía y la arqueología, y su papel —en forma de descubrimientos sobre el terreno o de meras investigaciones de laboratorio o biblioteca— es muy importante para nosotros los astrólogos, pues nos acerca a una realidad pasada que a menudo desconocemos, por hallarse tan alejada en el tiempo que no disponemos de registros ni medios para estudiar la importancia del cielo en las diferentes civilizaciones que nos precedieron, aquí en Europa, en América o en otros continentes.

54 Desde posibles alineaciones astronómicas en el antiguo Egipto, que no hemos incluido en esta lista, a las del cañón del Chaco (Nuevo México, Estados Unidos), pasando por las representaciones de algunas constelaciones celestes halladas en la cueva de Lascaux (Francia), existen otros muchos enclaves con una importancia astronómico-astrológica que merecen ser estudiados. Los que aquí he mencionado pertenecen a una época muy alejada de nosotros en el tiempo, no menciono ya otros de más recientes. Y sin contar, claro está, los que a día de hoy no han sido aún descubiertos.

Astrología, *de la serie* Las artes liberales *(s. XVI) grabado de Georg Pencz*

El ABC de la astrología

En este capítulo introduciré al lector en la astrología tradicional, la verdadera astrología, sin reduccionismos ni simplificaciones. No profundizaremos excesivamente, pues no es este un libro de astrología, pero nos quedaremos en el nivel básico que necesitamos para poder entender cómo funciona este conocimiento. Es una cuestión de cultura general, sumada al interés derivado de captar mejor, y globalmente, el contenido de este mismo libro. La esencia de la astrología y en estado puro, en definitiva.

Empecemos diciendo que la astrología es la disciplina que estudia la relación entre las posiciones y movimientos de los cuerpos celestes y la realidad pasada, presente y futura aquí en la Tierra. La palabra astrología procede del griego *astros* (estrellas) y *logos* (estudio); es decir: el estudio de los astros. Esta ciencia-arte milenaria tiene diferentes ramas o apartados: la astrología natal o genetlíaca, centrada en el individuo, la astrología médica, la astrología mundial, la astrología meteorológica o la astrología agrícola, entre otras ramas que veremos en el capítulo siguiente. Aquí, expondremos la base común a todas ellas, las nociones básicas de la astrología, aunque partiendo de la astrología natal para poder entender mejor este saber.

Una primera aproximación a esta disciplina, sin entrar en grandes detalles, sería esta: el astrólogo toma la realidad astronómica que le envuelve, desde un punto de vista geocéntrico —al fin y al cabo, vivimos en la Tierra—, e interpreta una serie de posiciones, configuraciones y relaciones entre los planetas y el resto de factores intervinientes. Con ello, elabora una lectura, un diagnóstico o un pronóstico, para el fin que se busca: entender una vida humana o pronosticar el tiempo, entre otras muchas posibles aplicaciones.

En la siguiente imagen podemos ver uno de los elementos característicos de la astrología, la carta natal o el mal llamado horóscopo:

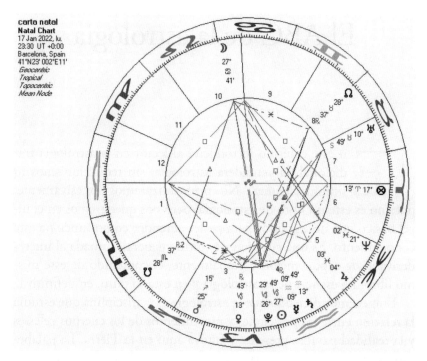

Carta natal

Obsérvese este gráfico, al que todos estamos ya acostumbrados a ver: es una carta natal. Puede corresponder a una persona, a un país o a una empresa, pero muchos de sus elementos ya nos son familiares, como el signo solar o el Ascendente. No es una figura imaginaria, vacía, que no representa nada, sino todo lo contrario: representa una realidad física concreta, tanto geográfica como astronómica, para un momento y un enclave terrestre determinado. Así, esta línea horizontal que parte la carta astral en dos mitades es el llamado eje Ascendente-Descendente, y se corresponde con el horizonte terrestre. A su vez, la línea vertical que divide en dos al gráfico es el eje Mediocielo-Bajocielo, y se corresponde con el denominado meridiano local, aunque en este caso no es visible en el cielo, obviamente.

Esta carta natal está calculada para una fecha reciente: el 17 de enero de 2022, a las 23:30 horas (TU), para la ciudad de Barcelona

(España). Si ese día, a esa hora (en tiempo universal), observamos el cielo para esta ciudad española, debidamente orientados, podremos ver a la Luna en lo alto del cielo nocturno de Barcelona de forma parecida a su ubicación en el gráfico. Y si la visibilidad del cielo lo permitiera, unas horas más tarde podríamos ver aparecer por el horizonte este al planeta Marte, como un pequeño punto rojizo. En esta carta, para ese día y hora y para Barcelona, el Sol y los planetas restantes no son visibles en el cielo. Como podemos deducir a partir de la misma carta natal, quedan por debajo de la línea del horizonte terrestre. Es cierto que Urano queda sobre el horizonte, pero no puede verse por el ojo humano debido a su lejanía.

En definitiva: podemos afirmar que la astrología tiene como base a las posiciones astronómicas reales. No son suposiciones ni puntos o elementos ficticios, sino la realidad celeste incorporada a la realidad terrestre. Así, la carta natal es una representación del cielo del momento para un lugar determinado. La realidad astronómica para una fecha en concreto se traslada a la Tierra, donde se fija, desde un punto de vista geocéntrico, por medio de lo que en astrología llamamos domificación.[55]

Pero como sabemos, no toda la astrología se basa o parte de una carta natal. Algunas de las consideraciones que a menudo tomamos, en las diferentes ramas astrológicas, son simples posiciones planetarias. Por ejemplo, el signo solar obedece simple y llanamente a la ubicación del Sol en uno de los doce signos que forman el Zodiaco. De esta manera, cuando alguien dice: soy tauro, es porque ha nacido entre un 21 de abril y un 20 de mayo de un año cualquiera. Esto es así porque visto desde la Tierra el Sol parece recorrer regularmente la banda zodiacal, regresando a la misma posición al cabo de un año. Esta regularidad, que permite acotar las fechas en que eso ocurre, sumada a la relevancia del signo solar, cuyas características son siempre visibles en la persona (el nativo de Tauro suele ser tranquilo, práctico, paciente, obstinado, etc.), ha hecho que este factor se haya popularizado hasta límites insospechados. Pero la astrología es mucho más que eso, como podemos ver.

El alfabeto o ABC de la astrología, en un nivel muy elemental, se compone de signos del Zodiaco, planetas y casas. De hecho, si

---

55   Sin entrar en grandes detalles: el cálculo de los sectores o casas de la carta natal.

acudimos a un astrólogo profesional para que calcule e interprete nuestra carta natal (también llamada carta astral), los tecnicismos que escucharemos habitualmente son: «Ascendente en Libra», «Mercurio en Tauro», «Luna en la casa III, en sextil a Marte» y vocablos que nos hablan de los signos zodiacales, de los planetas, de las casas o de los aspectos planetarios, que son las relaciones angulares entre los mismos astros. En las principales combinaciones que se forman en todo tema natal, intervienen estos importantes factores.

Vamos a explicar brevemente qué son y qué representan estos elementos astronómicos en astrología:

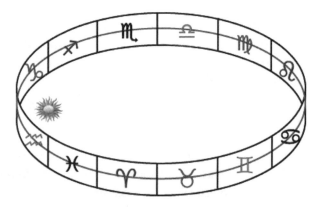

El Zodiaco

Primero, hay que saber que el Zodiaco (del griego *zodiakos*: círculo de animales o rueda de la vida, según otras fuentes) es una especie de banda o cinturón imaginario de 17° de ancho, un círculo de 360° que es el recorrido aparente del Sol durante un año, pues en su centro se halla la eclíptica. Los planetas también siguen su recorrido aparente dentro de la banda zodiacal. Esta se compartimenta en doce sectores de 30° cada uno, que corresponden a los denominados signos del Zodiaco.

Con el signo de Aries se inicia esta sucesión de los doce signos, pues alrededor del 21 de marzo de cada año el Sol cruza un punto en el cielo que marca la intersección del plano de la eclíptica con el plano del ecuador celeste (proyección del ecuador terrestre en el espacio): es el punto vernal, también llamado punto Aries, pues corresponde al 0° de Aries.

No hay que confundir los signos zodiacales con las constelaciones. Los signos son una segmentación duodecimal del Zodiaco, un área bien definida y compartimentada, a nivel físico y de significación. Por el contrario, las constelaciones son agrupamientos arbitrarios de estrellas, y de un tamaño diferente, además. Aparte, debido a la precesión de los equinoccios, el punto vernal solo coincide con la constelación de Aries una vez cada 26.000 años.

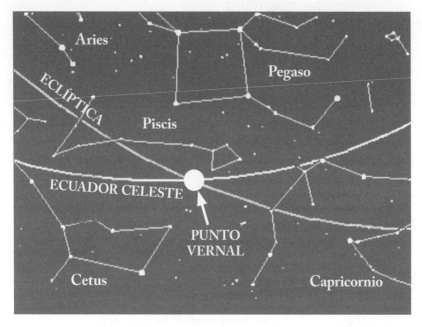

El punto vernal

Volviendo a los signos del Zodiaco: podríamos decir de esta subdivisión de la banda zodiacal que son doce campos de energía, cada uno de ellos de un tipo diferente, con sus propias características. Y todo planeta o elemento del tema natal que se halle en una de esas doce subdivisiones, visto desde la Tierra, ve modificada su naturaleza de acuerdo con ello. Así, si en la carta natal de una persona el planeta Venus —que representa la parte afectiva, entre otras realidades— se halla en el signo de Leo, absorbe parte de la naturaleza de este signo de Fuego, señalando unas características determinadas en ese apartado de la vida del sujeto: la persona expresa sus afectos (Venus) con fuerza, siendo demostrativo y caluroso (Leo) desde un punto de vista afectivo, por ejemplo.

Cada signo zodiacal tiene sus propias características. He aquí unas pinceladas, a modo de breve síntesis, del tipo de energía que contiene cada signo:[56]

Aries (♈): energía, independencia, rapidez, impulsividad, agresividad.

Tauro (♉): seguridad, conservadurismo, constancia, continuidad, posesividad.

Géminis (♊): ingenio, adaptabilidad, versatilidad, curiosidad, superficialidad.

Cáncer (♋): tenacidad, sensibilidad, imaginación, protección, susceptibilidad.

Leo (♌): dominio, orgullo, autosuficiencia, generosidad, magnanimidad.

Virgo (♍): detallismo, concentración, método, crítica, escepticismo.

Libra (♎): equilibrio, diplomacia, indecisión, amabilidad, refinamiento.

Escorpio (♏): profundidad, pasión, sarcasmo, sensualidad, determinación.

Sagitario (♐): expansión, optimismo, franqueza, exageración, idealismo.

Capricornio (♑): ambición, materialismo, trabajo, reserva, pesimismo.

Acuario (♒): idealismo, originalidad, inconstancia, independencia, utopía.

Piscis (♓): sensibilidad, sacrificio, compasión, entrega, inseguridad.

El Zodiaco es una rueda simétrica, armónica y perfectamente equilibrada e interrelacionada entre sus doce partes o signos. Desde Aries, el principio, hasta Piscis, el final, todo está contenido en estos doce segmentos de energía de 30° cada uno. La vida misma late con el Zodiaco. El Zodiaco condensa en su rica y compleja arquitectura todo cuanto podemos ver, concebir y valorar aquí en la Tierra. Encierra en sí mismo el conocimiento universal de nuestro mundo,

---

56 Consúltese el apéndice, al final de esta obra, para un desarrollo más completo del significado y simbolismo de signos zodiacales, planetas y casas.

es la clave simbólica de nuestro propio universo, visto desde nuestro planeta.

Los signos se clasifican por su elemento, cualidad y polaridad. Los elementos son: el Fuego, asociado a la energía, al vigor, al entusiasmo por la vida, las aventuras o la pasión. La Tierra, conectada con todo lo material y mundano, lo práctico, lo sólido, la cautela o la rutina. El Aire, que se relaciona con la comunicación, el intercambio, las ideas, la investigación o el estudio. Y el Agua, que está vinculada a las emociones, la sensibilidad, la intuición, la inspiración o la inestabilidad. Las cualidades son: Cardinal, asociado al inicio, al impulso o a la creación. Fijo, relacionado con el sostenimiento, la estabilidad o la perseverancia. Mutable, conectado con los cambios, la movilidad o la flexibilidad. Finalmente, la polaridad clasifica a los signos en Positivos (masculinos) y Negativos (femeninos). Los signos Positivos se asocian a la parte masculina, activa y agresiva, y los Negativos se relacionan con la parte femenina, pasiva y receptiva de la naturaleza.

He aquí la clasificación de los signos:

Aries: Fuego, Cardinal, Positivo.
Tauro: Tierra, Fijo, Negativo.
Géminis: Aire, Mutable, Positivo.
Cáncer: Agua, Cardinal, Negativo.
Leo: Fuego, Fijo, Positivo.
Virgo: Tierra, Mutable, Negativo.
Libra: Aire, Cardinal, Positivo.
Escorpio: Agua, Fijo, Negativo.
Sagitario: Fuego, Mutable, Positivo.
Capricornio: Tierra, Cardinal, Negativo.
Acuario: Aire, Fijo, Positivo.
Piscis: Agua, Mutable, Negativo.

El Sol en el Zodiaco:

Aries: del 21 de marzo al 20 de abril.
Tauro: del 21 de abril al 20 de mayo.
Géminis: del 21 de mayo al 21 de junio.
Cáncer: del 22 de junio al 22 de julio.
Leo: del 23 de julio al 22 de agosto.

Virgo: del 23 de agosto al 22 de septiembre.
Libra: del 23 de septiembre al 22 de octubre.
Escorpio: del 23 de octubre al 21 de noviembre.
Sagitario: del 22 de noviembre al 21 de diciembre.
Capricornio: del 22 de diciembre al 19 de enero.
Acuario: del 20 de enero al 18 de febrero.
Piscis: del 19 de febrero al 20 de marzo.

Estas son las fechas aproximadas en las que el Sol entra y sale de los signos zodiacales.

Los planetas, dentro del ABC esencial de lo que es esta disciplina milenaria, son los verdaderos actores de esta representación celeste. Así, las denominadas luminarias (Sol, Luna) y los planetas (Mercurio, Venus, Marte, Júpiter, Saturno, Urano, Neptuno y el planeta enano Plutón) representan una serie de principios y significados propios. Cada uno de ellos tiene un paso o moción determinada dentro de la banda zodiacal: desde la rápida Luna, que se mueve entre 12 y 15 grados de arco por día, hasta el lento Plutón, que apenas se mueve un minuto de arco.

El papel que juegan el Sol, la Luna y los planetas en astrología es, pues, muy importante. A cada uno de ellos se le asigna un principio o significado. No es una asociación gratuita o casual, pues ha surgido de la observación, año tras año, siglo a siglo y milenio a milenio. De esta manera, se ha podido comprobar que, por ejemplo, en astrología natal —rama que estudia todo lo referente al individuo— Mercurio representa en una carta radical el intelecto, la manera en que pensamos, en que procesamos la información o, también, la forma en que nos comunicamos. Si hemos nacido con Mercurio en el signo de Tauro, algunas de nuestras características serán, en este nivel de información: un intelecto estable, de asimilación lenta, fijeza a nivel de ideas, concentración, persistencia o coherencia en el pensamiento. Además, se ha comprobado que esta combinación otorga una cierta habilidad matemática y capacidad para el cálculo. Prueba de ello es que algunos matemáticos célebres tenían a Mercurio en Tauro, como Leonhard Euler. Estas cualidades, añadidas a la capacidad de resistencia y tenacidad (Tauro) intelectiva (Mercurio), ofrecen un cuadro favorable para la práctica del ajedrez. Así, no es extraño que muchos grandes ajedrecistas hayan nacido con esta configuración, como los campeones Gary Kasparov, Anatoli Karpov o Mikhail Botvinnik. Mercurio, además, puede aportar su significado dentro del tema natal de muchas maneras, no solo por el signo donde se halla al nacer. También por su situación domal (ubicación en una casa o sector), por sus aspectos (relaciones angulares con otros planetas) y por otras configuraciones, más o menos relevantes. En astrología mundial, otra importante rama de esta materia, Mercurio tiene otro significado: las comunicaciones, el comercio o los mercados. Lo mismo ocurre con la llamada astrometeorología[57] o la astrología agrícola, por ejemplo, donde este planeta representa otras realidades. Sin embargo, algunas de las características de fondo, la esencia del planeta, en cuanto a su significado, siempre es visible de alguna manera.

Algunos de los principales significados de los planetas son, sintéticamente:

Sol (☉): la vitalidad, la personalidad, la afirmación.
Luna (☽): las emociones, la respuesta instintiva, los cambios.
Mercurio (☿): la inteligencia, la comunicación, el intercambio.
Venus (♀): los afectos, el amor, el dinero.
Marte (♂): la energía, la actividad, el trabajo.
Júpiter (♃): la expansión, el crecimiento, las leyes.
Saturno (♄): la estabilidad, el orden, la estructura.
Urano (♅): la originalidad, la independencia, los cambios.
Neptuno (♆): la sensibilidad, la intuición, el caos.
Plutón (♀): la transformación, la profundidad, la destrucción.

Dentro de este apartado, referido a los planetas, hallamos otro elemento importante, a nivel astrológico: los denominados aspectos.

Los aspectos son las relaciones o vínculos que se establecen entre los distintos planetas de la carta. Esta relación se establece mediante la distancia angular entre ellos, medida sobre la eclíptica y desde un punto de vista geocéntrico. Desde tiempos remotos, se evidenció que cuando existía una determinada distancia angular (medida en grados de arco) entre dos planetas, se observaba un tipo de efecto o influencia visible en el mundo sublunar. Así, cuando los dos astros

---

57 Astrología meteorológica.

están separados por una distancia de 90° o de 180°, el producto de su unión es inarmónico o negativo, y cuando la distancia angular entre ellos es de 60° o 120°, se observa un efecto armónico o positivo. Si están en conjunción (distancia angular de 0°), el producto es ambivalente o neutro. A este tipo de aspectos o relaciones entre los planetas se les denomina aspectos armónicos (60°, 120°) e inarmónicos (90°, 180°). La conjunción (0°) es neutra, siendo una verdadera fusión de los principios planetarios, dependiendo el producto final de la naturaleza de los planetas intervinientes.

Símbolos de los aspectos:

Conjunción: ☌	Semisextil: ⚺
Sextil: ✳	Semicuadratura: ∠
Cuadratura: □	Sesquicuadratura: ⚼
Trígono: △	Quincuncio: ⚻
Oposición: ☍	

El aspecto de 90° se llama cuadratura, el de 180° oposición, el de 60° sextil, el de 120° trígono y, como ya hemos visto, al de 0° se le llama conjunción. Todos ellos son los denominados aspectos mayores, pues existen otras distancias angulares efectivas, pero menos importantes (45°, 135°, 30°, 150° y otras) que el astrólogo considera en sus estudios. Son la semicuadratura o el quincuncio, entre otros. Además, existe un margen u orbe en los aspectos, por lo que no es necesario que los planetas se hallen a esta distancia en grados exacta. Así, dos planetas a 95° también están en cuadratura. El orbe máximo admitido para los aspectos mayores se sitúa, generalmente, en torno a los ± 6° de arco. También es importante apuntar que, más allá de las relaciones interplanetarias, también existen aspectos entre planetas y ángulos u otros factores de la carta.

El significado de los diferentes aspectos proviene, de alguna manera, del mismo Zodiaco. Por una parte, los aspectos armónicos unen signos del mismo elemento (trígono) o compatibles entre sí (sextil) y los inarmónicos unen signos incompatibles (cuadratura) o complementarios (oposición). También existe una clara resonancia zodiacal con el tipo de vínculo o diálogo que se establece entre los planetas en aspecto. Por ejemplo, el sextil (aspecto de 60°) es afín a conceptos como comunicación, intercambio, curiosidad, unión, vínculo o asociación, que provienen de la conexión del signo de Aries (inicio del Zodiaco) con los signos de Géminis y Acuario, pues dista de ellos exactamente 60 grados.

No es difícil entender el producto o resultado de la combinación de dos energías planetarias. El ángulo que separa a ambos planetas, armónico, inarmónico o neutro, nos indicará de qué forma se unen ambos principios. A partir de aquí, será el significado que cabe atribuir al par planetario unido por el aspecto el que explicará qué cabe esperar de esta unión de energías o fuerzas. Así, si Marte y Saturno están en aspecto de trígono (120°), la energía (Marte) se canalizará armónicamente (ángulo de 120°), siendo controlada, mesurada, bien administrada (Saturno). Por esto, el individuo que tenga en su carta natal este aspecto planetario será una persona que en su actividad profesional —o en el momento en el que se mueva o actúe en todo lo significado por el planeta Marte— será capaz de administrar bien su capital de energía, dosificándolo para llegar al final de su tarea, dando continuidad a su labor y solo interrumpiéndola cuando haya llegado a la meta. Generalmente, estas personas son trabajadoras, cumplidoras, serias y responsables en las tareas que les encomiendan. Tienen tenacidad, paciencia y resistencia para acometer sus objetivos. Algunos ejemplos, portadores de esta combinación, son el célebre artista Miguel Ángel, el líder soviético José Stalin o el ejecutivo de la industria automovilística Lee Iacocca.

El aspecto de 120° (trígono) que une a Marte y a Saturno produce un resultado parecido cuando ambos están ligados por un ángulo de 60° (sextil),

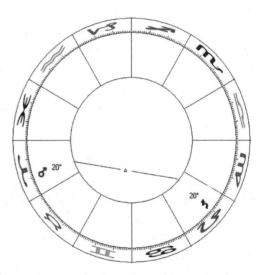

El aspecto Marte trígono Saturno[58]

<hr />

58   Nótese que en este gráfico también aparecen los doce signos del Zodiaco. Como es evidente, en este trígono de Fuego Marte se halla a 20° del signo de Aries, y Saturno, a 20° del signo de Leo.

aunque este último aspecto es más débil, menos notorio y visible su efecto. Por su parte, si ambos planetas están unidos por un aspecto inarmónico (cuadratura u oposición), el resultado de esta combinación será claramente negativo; máxime, teniendo estos dos planetas una naturaleza maléfica, por decirlo así. Con todo, cualquier configuración aislada debe supeditarse al conjunto de configuraciones astrológicas, a un todo al que llamamos tema o carta natal, por lo que toda influencia, positiva o negativa, puede quedar diluida o compensada, en parte, por otros factores. Además, la naturaleza humana puede doblegar una influencia adversa o negativa, convirtiendo una energía en tensión en estímulo para crecer y desarrollar otras aptitudes y ambiciones. Por ello, nunca debemos hablar de aspectos enteramente maléficos o negativos, y lo mismo con respecto a los benéficos o positivos: no siempre son tan favorables. Existen otras consideraciones menores que intervienen en el apartado de los aspectos, pero en esta breve incursión en el tema, pueden obviarse.

Los planetas pueden interpretarse de forma genérica, atendiendo a los planetas mismos, al tipo de aspecto y al signo en el que se hallan, por ejemplo, o de manera particularizada, observando también en qué casas o sectores se hallan involucrados. Esto último nos indicará en qué esferas de la vida de la persona (o de un país o una empresa, si no es la carta de un individuo) serán más visibles sus efectos y dónde se producirán conexiones entre parcelas o apartados de la vida de dicha persona. Con esto, llegamos al tercer elemento en importancia (dejando a un lado los aspectos), y que constituye, junto con los dos primeros: signos y planetas, la base de la astrología de los últimos 2500 años: son las llamadas casas.

Las casas o sectores nacen de lo que llamamos domificación. De alguna manera, es trasladar al plano terrestre la influencia celeste. El efecto de toda posición planetaria en el cielo, de todo aspecto o combinación, se enmarca en doce sectores o apartados diferentes que, más allá de una evidente resonancia zodiacal, por decirlo así, contienen en ellos mismos un significado que tiene que ver con las distintas esferas de la vida de la persona. Así, la casa I nos habla de la misma persona, de su físico y de su carácter, la casa II de su economía, y así hasta cerrar el círculo.

Es importante apuntar que esta división duodecimal parte y tiene como principal referente a una doble realidad astronómica indiscutible: el horizonte y el meridiano del lugar para donde se calcula la carta natal. El horizonte oriental (este), en su intersección con la eclíptica, determina el llamado Ascendente (signo que asciende al nacer). Por su parte, el meridiano (superior), en su intersección con la eclíptica, marca el punto al que en astrología llamamos Mediocielo. Este doble eje lo vimos al principio de este capítulo.

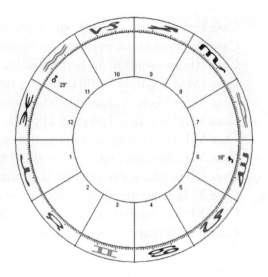

Las casas[59]

A partir de aquí, de estos dos puntos astronómicos —que en verdad son un eje doble—, y mediante diferentes sistemas de domificación, el astrólogo calcula las cúspides o puntos de partida de lo que llamamos casas intermedias (II, III, V, VI, VIII, IX, XI, XII). Existen diferentes métodos para ello (Placidus, Topocéntrico...), lo que hace que una misma carta, calculada con dos sistemas diferentes, pueda tener una pequeña diferencia en grados de arco para sus cúspides intermedias. Sin embargo, los principales factores que nacen de la domificación: el Ascendente y el Mediocielo, siempre son los mismos. El Ascendente se corresponde con el inicio de la casa I y el Mediocielo con el principio de la casa X.

A nivel general, y de forma muy sintética, el significado de las casas en una carta natal es el siguiente:

---

59 En este gráfico aparecen los sectores o casas de la carta, numeradas de la 1 a la 12. Como podemos ver, el planeta Marte se halla en la casa XI (en astrología se suelen utilizar los números romanos) y Saturno en la casa VI. Además, podemos apreciar que Marte está en el signo de Acuario y Saturno en el de Virgo. En este ejemplo coinciden y se superponen los signos —por su orden natural— con las casas, pero obviamente no siempre es así. Por ejemplo, si el inicio de la casa I (el llamado Ascendente) se halla en Leo, los signos zodiacales aparecerán de forma correlativa desde el sector I al XII.

Casa I: el individuo mismo, su cuerpo físico y su carácter.
Casa II: la economía personal, los bienes y posesiones.
Casa III: los estudios, los hermanos, los viajes cortos.
Casa IV: el hogar, la familia, los orígenes.
Casa V: los hijos, la creatividad, las diversiones.
Casa VI: el trabajo, el servicio, la salud.
Casa VII: las relaciones, la pareja o socio, la sociedad.
Casa VIII: la economía compartida, el sexo, la muerte.
Casa IX: la educación superior, la espiritualidad, los viajes largos.
Casa X: la profesión, la posición y proyección social.
Casa XI: los objetivos, los amigos y los grupos.
Casa XII: el retiro, lo oculto, las enfermedades.

Más allá de su propio significado, las casas o sectores se agrupan en casas angulares (I, IV, VII y X), sucedentes (II, V, VIII y XI) y cadentes (III, VI, IX y XII). De esta clasificación obtenemos una valiosa información, de acuerdo con lo que cada bloque significa. Al respecto, podemos señalar que las casas angulares son más importantes, en principio, dado que involucran esferas de la vida de la persona que tienen una mayor relevancia: la persona en sí (casa I), su hogar o familia (casa IV), su pareja o sus relaciones (casa VII) y su profesión (casa X). También conviene señalar que todo sector o casa responde bien al concepto de eje, entendiendo como tal un significado complementario entre una casa y el sector opuesto. Así, la casa II nos habla de la economía personal del individuo, mientras la casa VIII, su casa opuesta, tiene que ver con la economía compartida: a nivel de pareja o socios, por ejemplo.

A modo de ejemplo, podríamos considerar[60] la posición del planeta Marte en la casa I: aquí, Marte aporta sus características

---

60 Como muy bien apunta Jorge Luis Borges (1899-1986), entre otras muchas fuentes, la palabra considerar está estrechamente ligada la astrología. Proviene del latín *considerare*, que significa algo así como examinar en conjunto la posición de los astros para emitir un diagnóstico o pronóstico.
Una pequeña digresión: Borges era partidario de la astrología. Según sugiere el escritor italiano Roberto Calasso: *Cómo ordenar una biblioteca*, Editorial Anagrama, Barcelona (España), 2021, pp. 41-43, Borges pudo entrar en contacto o, al menos, reafirmar su creencia en la validez de la astrología al comprar la obra *The Royal Art of Astrology*, de Robert Eisler, en una librería de la antigua calle Cangallo (hoy, teniente General Juan D. Perón).

(fuerza, actividad, dinamismo) a lo que representa la casa I (el individuo, su físico y su carácter), resultando de dicha combinación características personales que nos hablan de actividad, coraje, decisión, espíritu de lucha y demás significados que nacen de la mera combinación del planeta y de la casa. Un buen par de ejemplos para esta combinación son el estadista inglés Winston Churchill y el conocido empresario griego A. S. Onassis, pues ambos tenían a Marte en la casa I. Pero, además, deberíamos añadir un matiz cualitativo por el signo donde se halla dicho planeta, que nos mostraría cómo se manifiesta dicha energía en el plano de la persona. Así, con Marte en el signo de Aries en la casa I, el individuo sería mucho más decidido, dinámico, activo o incluso agresivo que estando Marte en el signo de Capricornio, por ejemplo. En este último signo se canalizaría la energía marciana de una forma más mesurada, menos visible o llamativa, pero posiblemente con mayor continuidad y perseverancia.

Por otro lado, deberíamos observar si esta combinación —Marte en el signo de Aries en la casa I— está ligada a otro elemento del tema radical por medio de un aspecto planetario. Por ejemplo, de hallarse Marte en cuadratura (ángulo de 90° de arco) con el planeta Urano, esta combinación redimensionaría, a su vez, la interpretación de la posición de Marte en aquel signo y sector. En este caso, Urano aportaría de forma abrupta, desproporcionada (ángulo inarmónico), su propia energía al planeta Marte. Por sus características, Urano es violento, disruptivo, lo que produciría un efecto destemplado, brusco y agresivo en la manifestación marciana. Y podríamos añadir una tercera dimensión a dicha combinación: si Urano se hallara en la casa X, ello introduciría en buena parte de su manifestación una significación que podría involucrar a la profesión del nativo o a su proyección social. Y no acabaría aquí el estudio de Marte en Aries en la casa I, con los elementos añadidos, sino que deberíamos valorar el resto de configuraciones del tema natal. Sobra decir que todos estos ejemplos, a nivel de combinaciones, se refieren a la astrología natal. Esto nos permite entender mejor la astrología, en un nivel básico, pues la astrología mundial o la astrología agrícola, pongamos por caso, son más específicas y selectivas en su aplicación.

Como puede verse, la astrología puede ser realmente compleja al intervenir un sinfín de combinaciones y variables. Piense el lector que solo una vez cada muchos miles de años se repite una carta natal con idénticas configuraciones astronómico-astrológicas. De acuerdo con ello, esta disciplina puede ser considerada una verdadera ciencia-arte, pues al interactuar entre ellas las diferentes combinaciones posibles, hacen que sea imposible aislar el efecto de una sola configuración. No existen dos cartas iguales. Por ello, no será posible establecer recetas inamovibles para las diferentes combinaciones. Así, el intérprete astrológico deberá partir de un porcentaje alto de predeterminación para cada configuración, a la que deberá añadir el resto de variables y, al final, esbozar un dibujo homogéneo de la posible manifestación de todas esas energías, actuando en conjunto. Con todo, la astrología —si se practica con conocimiento y rigor— puede generar jugosos dividendos en la interpretación y predicción, tanto a nivel individual como en relación a otras ramas astrológicas. Al fin y al cabo, también en otras disciplinas como la medicina, la experiencia e intuición del practicante es determinante en el diagnóstico y pronóstico de una enfermedad, en este caso.

Evidentemente, en toda síntesis se intenta atrapar la esencia de algo y siempre nos dejamos en el tintero elementos capitales. Y en relación a lo aquí expuesto, cabe decir que es difícil, por no decir imposible, hacerse una idea de lo que un signo, un planeta o una casa significan solo a partir de unas pocas palabras para describirlos. Cuando decimos que Saturno es la estabilidad, el orden o la estructura, escogemos tres palabras afines a lo que representa este planeta, pero estamos abordando muy ligeramente su verdadero significado: podríamos decir que también se corresponde con todo lo conservador, con la tradición o el materialismo, y también el pesimismo se adscribe a este planeta. Y la seriedad. O la tristeza; nótese que, cuando decimos que alguien tiene una forma de ser saturnina, ello equivale a decir que es triste, taciturno, y estamos definiendo parte de lo que este planeta significa en astrología desde hace miles de años. También se relaciona con todas las cosas antiguas y con los ancianos. Palabras como autodisciplina, control, rigor… son muy afines a su energía. La soledad también tiene mucho que ver con Saturno. Y el deber. Y otros muchos principios, valores y correspondencias de todo tipo. Pero, en el fondo, existe una concordancia, una relación clara en todo ello. Incluso en astrología médica, una de las ramas de esta disciplina, Saturno está estrechamente relacionado con el sistema óseo, lo cual tiene una cierta lógica, pues los huesos son la estructura, lo que sostiene al cuerpo humano.

Mitología y astrología convergen en nuestro mundo, en nuestra cultura. Así, el significado profundo y algunas características de los planetas se corresponden con determinados aspectos que la mitología les atribuye. Podríamos decir que los principios que se esconden detrás de los planetas son verdaderos arquetipos, principios universales que siempre han estado ahí. Los arquetipos constituyen una especie de memoria genética común a todos los seres humanos. Marte, el dios de la guerra en la mitología romana, da nombre al llamado planeta rojo, que tan bien representa este papel en el sistema astrológico: actividad, energía, fuerza o belicosidad. Es indiferente de qué manera astrología y mitología se solapan, pues el principio, el arquetipo, está ahí, y el hombre lo detecta por una vía u otra. Como dice Joseph Campbell, en su obra *Hero with a Thousand Faces*: «El mito es la abertura secreta a través de la cual las energías inagotables del cosmos se vierten sobre las manifestaciones culturales del ser humano...». Y no podemos olvidar que el pensamiento astrológico tiene al símbolo como elemento estructurante de nuestro universo, de nuestra realidad astrológica. La analogía une símbolo y realidad y hace posible la astrología. Otra coincidencia que sorprende es la que hace referencia a los planetas más lentos, descubiertos en los últimos siglos: los nombres mitológicos con los que fueron bautizados guardan una cierta relación con algunos de sus principios o elementos característicos. Dichas denominaciones, de origen mitológico, fueron asignadas en su día antes de saber a qué principios obedecían y qué significado tenían en realidad estos planetas; obviamente, desde un punto de vista astrológico, no astronómico. Nada de esto es casualidad, pues lo que C. G. Jung denominó inconsciente colectivo nos rodea y atrapa en nuestra forma de pensar y concebir el mundo. Se halla flotando en el ambiente y guía de forma mágica la mano del hombre.

En otro orden de cosas, hay que decir que existen otros muchos elementos que se consideran en la interpretación y predicción astrológica: las llamadas estrellas fijas, los nodos lunares, las denominadas partes árabes, las declinaciones, los puntos medios y otras tantas configuraciones. Algunas de ellas son factores realmente importantes, otras no son tan relevantes. En cualquier caso, no es necesario reseñarlas aquí, en esta breve introducción sobre el tema. Todo lo que hemos visto hasta ahora, en este capítulo introductorio, es tan solo una pequeña parte de una materia mucho más completa y elaborada. Solo hemos nadado sobre la superficie. El lector interesado en profundizar en esta disciplina deberá recurrir a otras obras para ello, como manuales o tratados sobre astrología general.

Pero no estaría completa esta introducción al tema que nos ocupa sin un pequeño ejemplo real. A continuación mostraré la carta natal de una persona conocida: la reina Isabel II de Inglaterra, comentando en unas pocas líneas algunos de sus rasgos astrológicos. Pero debo advertir que solo son cuatro pinceladas para evidenciar cómo se estudia un tema natal, no tiene nada que ver con un buen análisis astrológico, que sería infinitamente más extenso.

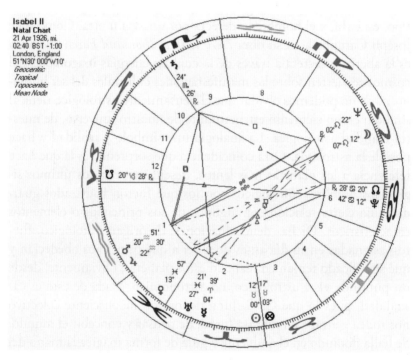

Carta natal de Isabel II de Inglaterra

Algunas de las configuraciones astrológicas importantes que podemos considerar en la carta de Isabel II de Inglaterra son: el Ascendente en Capricornio, que hace de ella una persona seria, conservadora y reservada, el Sol en Tauro, que le confiere paciencia, perseverancia, estabilidad y seguridad en su manera de ser y obrar, o la Luna en Leo, que le añade una nota de orgullo y un cierto don de mando, entre otras características. Y, finalmente, en este breve análisis a partir de cuatro elementos importantes de su tema radical, Saturno prácticamente sobre el Mediocielo le otorga ambición, autoridad y la capacidad para conservar su estatus profesional o social durante mucho tiempo, de acuerdo con las características de Saturno en combinación con lo que significa el Mediocielo en el tema natal de una persona.

Este es un ejemplo de cómo podemos interpretar, sintéticamente, parte de su dote astrológica natal, a modo de aproximación superficial. A partir de aquí, podríamos ahondar y desarrollar al máximo las configuraciones esbozadas, así como estudiar el resto de posiciones, combinaciones o aspectos, pudiendo obtener mucha información acerca de su manera de ser, de sus inclinaciones, de su potencial y de su destino como persona. Pero todo lo que hemos visto en este apartado es tan solo una pequeña incursión al corazón de una materia sumamente rica y compleja, de la que apenas hemos acariciado la superficie.[61]

Pero… ¿le parece al lector poco ilustrativo para lo que es un ejemplo de interpretación de una carta natal?, ¿le parece poca información acerca de lo que es una lectura convencional y habitual? Muy bien, pues para aquellos que quieran profundizar un poco más, en el siguiente capítulo, Ramas de la astrología, compartiré un pequeño análisis sobre un destacado personaje del siglo xx.

---

61 Para no complicar en exceso este capítulo y, por extensión, la obra en general, he obviado lo referente al cálculo de la carta natal. Entiendo que no es necesario, pues el lector interesado en profundizar en este tipo de estudios astrológicos precisará también un manual o tratado que contemple con una mayor extensión el análisis de la carta, y en este tipo de obras normalmente se incluye un apartado o capítulo dedicado a su cálculo.

DE ASTROLOGIST.

Daar 't meeft aan is gelegen, Staat meeft te overweegen.

Zo laag in 't ftof te zyn gezeten,
En 's hoogen hemels loop te meeten,
 Schynt veel: maar 't is van veel meer nut,
Den loop des levens naar te fpeuren,
En wat 'er eind'lyk ftaat te beuren,
 Op dat men 't eeuwig onheil fchutt'.

M   MAT-

El astrólogo, *página del libro* Espejo de las actividades humanas *(Amsterdam, 1694) de* Jan y Casper Luyken

Ramas de la astrología

En el capítulo anterior hemos conocido la base de este saber, común a todos los tipos de astrología, pero especialmente referenciada a la llamada astrología natal. Aquí expondré las diferentes ramas astrológicas, pues, aunque todas ellas parten de un tronco común —como las especialidades médicas nacen de la misma medicina—, existen notables diferencias de tipo conceptual y técnico; aparte de las diversas aplicaciones, claro está.[62] Empezaré por decir que todo astrólogo se inicia en esta materia a partir del juego simbólico y combinatorio que hemos visto en el apartado anterior. Pero a partir de ahí, y después de un más profundo estudio teórico y de una cierta práctica, la mayoría se quedan en lo que se denomina astrología natal o genetlíaca: el estudio de las cartas natales individuales, de las personas. Pero no todos, obviamente; además, no es raro el simultanear una rama de gran demanda profesional, como la misma astrología natal, con otra más específica, como la horaria, o incluso con otra de mayor proyección social: la astrología mundial. Estas y otras especialidades las abordaremos en este capítulo.

---

62 Recordemos que en plena Edad Media y hasta prácticamente la Edad Moderna, la astrología se clasificaba básicamente en astrología natural, dedicada a la meteorología, a la agricultura o a la navegación, y en astrología judiciaria, que trataba sobre el destino de personas y pueblos, y cuyo ámbito de actuación prácticamente englobaba al resto de ramas de este saber, desde la astrología natal a la mundial, pasando por la astrología horaria.

La astrología mundial

En un principio, la astrología tuvo una aplicación puramente mundana, social, colectiva. Toda ella situada en el limitado contexto del hombre primitivo. De esta manera, surge la astrología desde las cavernas. Hoy denominamos astrología mundial a la rama de este conocimiento que se ocupa de todo lo referente al mundo en sí, en un sentido amplio; estudia lo que afecta a un colectivo, a la sociedad, al mundo, por extensión: política, sociedad, economía, ciencia, religión, deporte o cultura, incluyendo al arte, por supuesto. Esta rama astrológica, aparte de ser la más antigua, siempre ha sido la más importante, pues el destino colectivo prima sobre el destino individual. Además, es el gran marco que cubre al resto de ramas y apartados astrológicos; obviamente, toda carta natal cabe situarla bajo el marco de la astrología mundana, pues una persona no vive aislada, sino en comunidad, en un país, en el mundo.

En un capítulo posterior, dedicado a las predicciones astrológicas, introduciré al lector en el *modus operandi* de la astrología mundial. Por supuesto, de manera abreviada, sencilla y accesible, pues es esta una de las ramas más complejas y difíciles de la astrología. Además, es un apartado de esta ciencia-arte que solo cultivan unos pocos astrólogos en el mundo, y suele ser un cementerio de elefantes —por decirlo así— de un buen número de profesionales de esta disciplina, pues generalmente uno se dedica a esta rama cuando lleva décadas de experiencia con la astrología natal y siente la necesidad de dedicarse a una astrología más social, más global e impersonal. No obstante, en este apartado mostraré un adelanto acerca de esta interesante y útil rama astrológica. Expondré una técnica sorprendente, para predecir nuestro destino colectivo, que descubrió un astrólogo francés, Henri J. Gouchon (1898-1978), después de la Segunda Guerra Mundial. ¿Saben la razón del descubrimiento? Este astrólogo y autor galo se preguntaba cómo podían haber fracasado los astrólogos europeos al no poder prever una guerra mundial de tal magnitud. La segunda gran guerra arrasó Europa y nadie recordaba un solo artículo o una ponencia en un congreso de antes de 1939 que anunciara siquiera indirectamente una conflagración mundial así. Debido a esto, investigó y probó todo tipo de herramientas hasta dar con una que sí parecía explicar lo que aconteció entre los años 1939 y 1945. Todo se basaba en un principio, en una regla de oro de la astrología mundial de siempre: cuando los planetas más lentos están juntos, el mundo marcha mal, y cuando estos planetas pesados están repartidos a lo largo de la banda zodiacal, sin concentraciones planetarias notables, el mundo parece marchar bien. Y en todos los niveles: socialmente, económicamente e incluso en cuanto a la presencia o ausencia de enfermedades globales, como las pandemias. Pues bien, podemos contemplar las llamadas agrupaciones planetarias desde otro punto de vista, entroncando esta realidad con el concepto y técnica ideada por el astrólogo francés Gouchon: el Índice de Concentración Planetaria, más conocido hoy en día como Índice Cíclico, debido a una variante de esta técnica introducida por otro astrólogo francés: André Barbault. Como he apuntado, si dos o más planetas pesados se hallan cerca unos de otros, en conjunción o no, agrupándose en un área del Zodiaco limitada, hallamos un desequilibrio en nuestro mundo sublunar. Pero para calibrar ese efecto visualmente, de manera panorámica en el tiempo, tenemos esa maravillosa herramienta astrológica ideada por Gouchon a mitades del pasado siglo xx. No es necesario explicar aquí cómo funciona este índice,[63] una técnica que podemos ver de manera gráfica a continuación, y para el periodo 1900-2000:

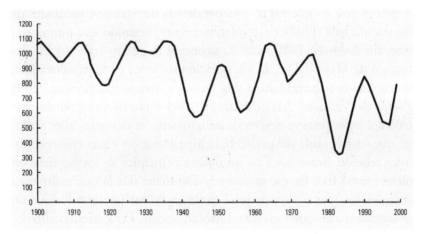

Índice Cíclico (1900-2000)

---

63 Para más detalle, véase mi obra *Astrología mundial*, pp. 93-110.

Basta decir que con este gráfico podemos detectar, visualmente, los puntos críticos del siglo, que se corresponden con las bajadas en la línea del gráfico o con puntos bajos para un año o periodo en concreto. Estos puntos coinciden, generalmente, con momentos de crisis a nivel político, social o económico, incluyendo guerras y epidemias. De esta manera, si repasamos nuestra historia colectiva a lo largo del siglo XX, constataremos que las curvas del gráfico se ajustan a nuestro destino colectivo. Así, la caída que observamos alrededor del año 1906 se corresponde con una época de fricciones sociopolíticas y de inestabilidad en la Europa de principios de siglo, que se dividía en dos bloques: la Triple Alianza y la Triple Entente. Además, coincidiendo con la bajada del índice estalló la guerra ruso-japonesa. En 1914 cae vertiginosamente el índice, coincidiendo también con la Primera Guerra Mundial. En 1929 se hunde la bolsa en los Estados Unidos y se inicia la Gran Depresión, con una bajada que podemos detectar en el gráfico. La siguiente caída importante, y una de las más relevantes del siglo, coincide con la Segunda Guerra Mundial, y no es necesario decir mucho más. En los primeros años de la década de 1950 el índice cae de nuevo, coincidiendo con la guerra de Corea, la intervención de la Unión Soviética en Hungría, con focos de tensión en Suez y Argelia y con las guerras de independencia de África. A mediados de los sesenta baja el índice considerablemente, llegando a su punto más bajo alrededor de 1968, cuando acontece la guerra árabe-israelí, los sucesos de Mayo del 68, la intervención soviética en Checoslovaquia, la revolución cultural China y la gran ofensiva norteamericana en la guerra de Vietnam. Más caídas: en 1983 estamos en el punto más bajo del siglo, pero ya desciende peligrosamente desde los años setenta, que, con la crisis del petróleo, la hiperinflación y una crisis económica rebelde, desemboca en un pozo a principios de los ochenta, en plena guerra fría. En ese momento, uno siente que la guerra atómica entre los bloques es inminente. Léanlo en las hemerotecas los que no se acuerden o los que todavía no habían nacido. Pero, además, alrededor de 1983 se manifiesta mundialmente el SIDA —una epidemia de proporciones bíblicas—, nos enteramos del agujero en la capa de ozono, surge la peor hambruna africana y coinciden en el tiempo 48 guerras, 9 magnicidios, el fenómeno meteorológico de El Niño y varias catástrofes naturales. A principios de los años noventa cae nuevamente el índice, coincidiendo con la guerra del Golfo. Pero por añadidura, el mundo vive un periodo convulso con la caída del comunismo y la desintegración de la antigua URSS. Y, por si fuera poco, otra crisis económica sacude al mundo en ese periodo, extendiéndose hasta que el índice se recupera y remonta de nuevo. ¿Les parece poco? Pues noten también que este gráfico detecta las epidemias o pandemias que ha sufrido nuestro mundo, como la llamada gripe española (1918) o el SIDA (1981). En el capítulo dedicado a las predicciones, incluiré el gráfico del siglo XXI y el lector podrá constatar que la caída del índice en 2020 coincide matemáticamente con la aparición de la pandemia del coronavirus…

Por el contrario, si para un año cualquiera el índice se sitúa en un punto alto del gráfico o existe una subida en el índice, es de esperar que el mundo se halle en un buen momento a nivel político, social o económico. Así de simple. No es necesario incluir aquí también las épocas de bonanza, los auges económicos y de paz social que el mundo vivió en el siglo XX, a la luz de este índice astrológico. El lector puede hacerlo por su cuenta si lo estima interesante. Por supuesto, encontrará las mismas coincidencias que con las épocas comprometidas y negativas que ya hemos descrito, con las bajadas o caídas del índice. En definitiva: en el pasado siglo XX, las curvas de nuestro destino colectivo prácticamente se superponen a los altibajos del gráfico casi matemáticamente. Esta valiosa herramienta para la previsión a nivel mundial se basa en una idea muy sencilla, y con un simple diagrama, erigido a partir de meros datos astronómicos, desprovistos de toda interpretación o subjetividad, pueden trazarse las líneas maestras del destino colectivo años, décadas o siglos antes de que la historia se escriba. Por ello, cabe suponer que en el futuro este diagrama sorprendente, que encierra en sí lo que acontecerá en nuestro planeta, se comportará igual de efectivo y contundente. Lo podremos comprobar dentro de un tiempo, cuando este libro cumpla ya unos cuantos años impreso en papel.

LA ASTROLOGÍA NATAL

La astrología natal o genetlíaca es la rama más común, la más conocida y practicada, sin duda. Esto ya ha quedado claro. Como es fácil suponer, este tipo de astrología estudia la carta natal del individuo, intentando adentrarse en el conocimiento de su carácter y destino, dicho sea de manera simplificada. Porque a partir de la carta de cada uno podemos obtener mucha más información: vocación, inclinaciones de todo tipo, preferencias personales y profesionales, salud o relaciones de pareja. En fin, todo o casi todo acerca de la persona. Es importante apuntar que el estudio de un horóscopo tiene una doble vertiente: la parte estática y la dinámica. Es decir: analizar y sintetizar lo principal, lo más importante de la carta natal en cuanto al carácter, profesión, relaciones sentimentales y otras realidades de la persona, y después estudiar lo que entendemos como predicción astrológica. Para ver las tendencias que se desarrollarán en un futuro a corto, medio o largo plazo, así como posibles hechos puntuales (accidentes, bodas, viajes…) contamos con diferentes herramientas: los tránsitos planetarios, las direcciones primarias o las revoluciones solares, por ejemplo. No entraremos aquí en más detalles, pues creo que basta con esbozar lo que se ha apuntado. En suma: ¿no es acaso interesante y excitante conocernos mejor como personas? Y en todos los sentidos, sin mencionar la ventaja de vislumbrar nuestro propio destino.[64] Sabiendo esto, que no es nada nuevo, ¿quién no ha pensado alguna vez en encargar un estudio astrológico natal? Por no mencionar a los que ya lo han hecho…

No estaría completo este apartado sin un pequeño ejemplo de cómo opera la astrología natal. Por ello, aquí incluiré parte de mi análisis para el horóscopo del célebre arquitecto Le Corbusier.[65] Eso sí: quiero advertir al lector que es un texto crudo, poco accesible para el lego en astrología, pues forma parte de una obra de mi autoría pensada para estudiantes avanzados o profesionales. Además, el análisis que sigue está en clave estrictamente profesional y, obviamente, es un texto parcial, no se incluye el estudio astrológico completo. Con todo, y a pesar de los tecnicismos y giros puramente astrológicos, el lector podrá comprobar con este ejemplo que la astrología es realmente un disciplina elaborada, compleja, rica, tanto desde un punto de vista conceptual como técnico; y esto sin entrar a valorar consideraciones filosóficas ni espirituales, claro está.

---

64   Una reflexión personal: mi visión de la astrología permite entender el destino como algo susceptible de ser modificado, pero siempre y cuando conozcamos esas líneas maestras futuras. Algo así como el poder detectar a tiempo una piedra gigante en la carretera, pudiendo sortearla a tiempo y prosiguiendo nuestro camino después.

65   Charles-Édouard Jeanneret-Gris (1887-1965), más conocido como Le Corbusier, fue un arquitecto suizo nacionalizado francés que destacó en la primera mitad del siglo XX con sus creaciones atrevidas y siempre originales. Fue uno de los grandes renovadores de la arquitectura moderna en el pasado siglo.

[...] Le Corbusier: un genio vanguardista de la arquitectura del siglo
XX. Su carta natal nos revela maravillosamente sus gustos y tendencias constructivas de una manera sorprendente. Aquí solo nos intere-
san determinadas configuraciones aisladas, relacionadas con lo que
se pretende destacar. Le dejo al lector la posibilidad de ahondar en
todo tema natal, justificando otros hechos biográficos y descubrien-
do otras realidades, conocidas o no. Empecemos por su Ascendente
Géminis, inquieto siempre, intelectual muchas veces. Este punto
natal recibe un sextil de Marte (aceleración, vigor, atrevimiento) y
un trígono de Mercurio, que refuerza el lado justamente intelectual.
Cuando Mercurio toca el Ascendente por conjunción (más aún con
este aspecto), sextil o trígono, aquel dota a la persona de una mayor
viveza, una mayor facilidad intelectiva, por decirlo así. Muchas veces
la oposición se comporta igual (como ejemplo, el ajedrecista Emanuel
Lasker). Estos aspectos no aportan inteligencia *per se*, generalmente,
pero sí hacen a la persona más despierta y lista, normalmente. Aquí,

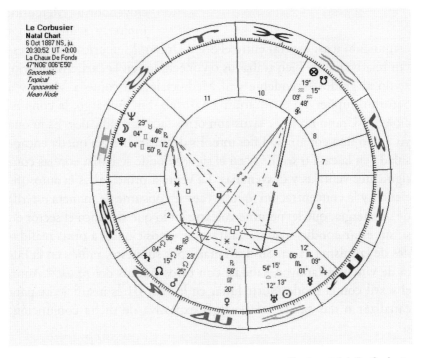

Carta natal de Le Corbusier

79

Le Corbusier (Charles-Édouard Jeanneret-Gris)

Mercurio está cómodamente instalado en la casa V, creando un vínculo directo entre la misma persona (es el regente natal) y lo que emana de ella, en forma de creación o manifestación artística, lúdica o deportiva (casa V). Sobra decir que el suizo-francés Le Corbusier fue mucho más que un arquitecto de éxito: pintor, escultor, hombre de letras y verdadero intelectual del pasado siglo. Su casa V contiene a cuatro planetas, incluyendo a Mercurio, Júpiter y a una curiosa conjunción (casi exacta) entre el Sol y Urano. Mercurio y Júpiter están relativamente bien trabados o conectados en la carta: Mercurio, atado al grado Ascendente y al Mediocielo, así como a Marte y a Saturno. Júpiter, en cuadratura a Saturno. Sin embargo, la conjunción Sol-Urano no tiene lazos con otros factores radicales. Es lo que yo llamo una conjunción flotante. Es decir, su energía queda encapsulada en la casa o sector (y en el signo) donde se halla, con las consiguientes ventajas y desventajas. La ventaja principal es la autosuficiencia y la concentración (que a veces se consume de manera estéril) de su energía, que le permite volcarse en lo que significa el sector en sí, sin estar condicionada (cuadraturas, oposiciones) a otras realidades de la misma carta. Su desventaja, por supuesto, radica en la falta de vínculos (apoyos, salidas) con otros puntos del *radix*.[66] Aquí, el sextil con el Nodo Norte lunar en la casa III es insuficiente para canalizar o dar salida a la energía explosiva de dicha conjunción.

---

66   Carta natal.

Podríamos decir que esta configuración (Sol y Urano en conjunción) encierra buena parte del talento, tendencias e inquietudes de este famoso arquitecto: original, rupturista, moderno, diferente… y otros tantos adjetivos calificativos.

Nótese, además, que el Mediocielo está en Acuario, en la línea de lo apuntado, y que su regente, Urano, forma parte de la misma conjunción. La otra cara de la moneda, el Sol, es el regente del sector III: pensamiento concreto, estudios, entre otros significados. Es fácil entender que esta conjunción representa la unión del estudioso y del teórico de la arquitectura (casa III) y del profesional de dicho campo (casa X), a través del sector de la creatividad (casa V). Sus ideas fueron geniales, generalmente, y su creatividad no tenía límites, pero la falta de aspectos al exterior de la conjunción es, aquí, un serio hándicap. La forma en que pudo manifestarse bien pudo ser tanto en proyectos frustrados como en ideas estériles o inviables. Esta conjunción está, además, en el artístico signo de Libra. Solo por tener el Sol en Libra en V uno es ya un pequeño artista en potencia. Con Urano al lado, un posible artista original, además. Pero no nos engañemos, porque no se trata de una combinación muy ortodoxa, según los cánones artísticos tradicionales. La conjunción en Libra está a disposición de Venus, que como dispositor se halla en Virgo (Caída) y en cuadratura al Ascendente (orbe: 6º 46' de arco, ya en el límite). No niega la capacidad artística como tal (la cuadratura es un contacto forzado, pero un contacto), claro está, pero pervierte su naturaleza más pura (la de Venus) aun sin perder genialidad (Sol-Urano en Libra en casa V, entre otros factores natales). Venus, además, está retrógrado y sin aspectos mayores a otros planetas. Es probable que las creaciones de Le Corbusier fueran, por ello, antiestéticas o poco bellas, desde un punto de vista clásico. Pero eran funcionales, brillantes y originales. Yo he tenido la oportunidad de admirar su edificio *Clarté* en Ginebra (Suiza), por dentro y por fuera, y sin ser una obra arquitectónica bella como una de las creaciones de Andrea Palladio (1508-1580), es un edificio muy logrado y muy bien resuelto, con unos detalles y una estética general que hoy, 90 años después, se me antoja muy actual, moderno. Digamos que sus creaciones eran diferentes, poco venusinas pero interesantes, y muy bien pensadas.

Marte en oposición al Mediocielo siempre es una posición incómoda, pero genera anticuerpos para la lucha y ayuda a defender con energía las ideas y los proyectos profesionales de la misma persona. Y más si Marte está físicamente en la casa III y conectado con Mercurio, tan importante en la carta de este arquitecto. Si la casa V es crucial en la carta de este genio universal, la casa III son sus cimientos. El eje III-IX responde bien a lo que podemos llamar el lado intelectual de la persona; tanto a nivel de formación como de dotes intelectivas puras. Al respecto, considérese el eje III-IX en ajedrecistas de alto nivel, que puede estar muy activado (Capablanca, Alekhine, Euwe, Fischer, Kasparov). En el caso de Le Corbusier tenemos a Saturno en conjunción (aspecto exacto) a la casa III, lo que sin duda le aportó profundidad de pensamiento, y posiblemente le dotó de capacidades y habilidades constructivas (cálculo, visión, etc.) considerables. Saturno es la estructura, el esqueleto, y con esta combinación uno piensa de manera articulada, estructurada, constructiva. A mi entender, un aspecto muy importante de su carta natal desde un punto de vista arquitectónico es la cuadratura de Júpiter en V (creatividad, proyectos) con Saturno en III (pensamiento concreto). Este binomio es, en sí, el aspecto que mejor representa a la misma construcción en arquitectura: crecer, edificar (Júpiter) de manera estructurada y ordenada (Saturno). Y al estar en cuadratura, esto se da de manera caótica e inarmónica (nunca mejor dicho). Por supuesto, cuando uno es un genio —ya hemos desvelado su talento como creador— puede permitirse el lujo de construir contra las normas y contra las normativas, de espaldas a la ortodoxia arquitectónica e incluso desafiando a las leyes de la física. Sea como sea, ese aspecto tenso forma parte de su manera de concebir la construcción de edificios, y debe verse como positivo, al fin y al cabo. Porque un enfoque rupturista en ocasiones está ligado a la palabra progreso. Los visionarios de cualquier campo nos traen hoy lo que puede ser habitual, normal o incluso necesario mañana. ¿Por qué no aceptar puntos de vista y propuestas rompedoras? Con una carta así, el éxito no está asegurado, pero la originalidad sí. [...]

Hasta aquí este pequeño análisis astrológico sobre el conocido y polémico arquitecto suizo-francés. Es una muestra insignificante de la capacidad de la astrología para enjuiciar una vida humana a la luz de los astros.

A partir de la astrología natal nacen otras ramas que lo son por derecho propio, pues con el tiempo se han desgajado de la misma astrología genetlíaca al adquirir un corpus y un estatus dentro de nuestra disciplina. Podríamos decir que su evolución y desarrollo las han hecho merecedoras de no ser consideradas meras subramas. Me estoy refiriendo, claro está, a la que podríamos llamar astrología de las relaciones,[67] o la astrología médica. Las veremos a continuación:

LA ASTROLOGÍA DE LAS RELACIONES

En esta rama astrológica se estudia todo lo referente a las relaciones personales, profesionales o de otro tipo. Así, y a partir de diferentes técnicas y procedimientos, podemos enjuiciar el potencial de una relación (familiar, de pareja, de amistad o profesional, entre otras) y su posible evolución en el tiempo. Hay que decir que la astrología de las relaciones no se limita a la astrología natal o personal, sino que puede aplicarse en el ámbito empresarial o mundial, por ejemplo. Para este tipo de estudio contamos con dos técnicas básicas: la llamada sinastría y lo que ha venido en denominarse la carta compuesta. Hay otras técnicas menores, accesorias, pero podemos obviarlas aquí y concentrarnos en estas dos, para una mayor claridad sobre el tema. La primera de ellas es la más importante y es el procedimiento clásico para valorar dos o más cartas natales desde el punto de vista de las relaciones. La examinaremos acto seguido, y al final describiremos brevemente qué es una carta compuesta.

Si nos limitamos a estudiar el potencial de una relación de pareja en particular, lo primero que deberemos estudiar es, por separado, las cartas de las dos personas que forman o formarían la pareja. Cada una de ellas mostrará una mejor o peor predisposición a unirse a los demás a nivel sentimental, con un perfil personal en clave de pareja que determinará o enmarcará a la misma relación sentimental. Pero como esta parte del estudio pertenece a la astrología natal, y esta rama ya la hemos visto anteriormente, nos concentraremos en lo que es la primera de las técnicas de esta rama astrológica: la sinastría. La sinastría es simplemente la comparación de dos temas natales en diferentes niveles: por elementos, por hemisferios o por el tipo de aspectos que predominan (armónicos o inarmónicos, y desde un

---

67 Muchos astrólogos, incluso algunos profesionales y estudiosos con experiencia, continúan denominando a esta rama de la astrología «sinastría», a pesar de que esta última solo es una técnica más «aunque ciertamente importante» de este tipo de astrología.

punto de vista cuantitativo y cualitativo). Estudia los aspectos que se forman entre la carta de A con respecto a la carta de B o en qué sector de la carta de A se ubican, superpuestos, los factores radicales de la carta de B, por ejemplo, y viceversa. La palabra sinastría parece ser que proviene del griego *syn* (con, juntamente, a la vez) y *astron* (estrella). Dentro de la misma sinastría, el elemento más importante es justamente el aspecto que se forma entre un factor natal de una carta con otro factor radical de la otra. Especialmente si se trata de factores personales, como el Ascendente, el Sol, la Luna, Mercurio, Venus o Marte. Y en relación al ámbito de la pareja, los pares planetarios más relevantes son, obviamente, las parejas Sol-Luna y Venus-Marte. Así, si Marte de A está en conjunción, en sextil o en trígono con Venus de B, existirá una cierta atracción física entre ambos, siempre que la edad, el sexo u otro condicionamiento, sea familiar o social, por ejemplo, no lo impida o neutralice. Aquí no soy partidario de recurrir a recetas o combinaciones prefabricadas; es mejor basarse en el simbolismo planetario puro combinado. Y no es difícil obtener el producto de dos planetas de dos cartas diferentes en aspecto entre ellos. Por ejemplo, si el planeta Marte de A recibe un trígono del planeta Saturno de B, es posible que este último frene, dirija o canalice la energía del primero de forma armónica y acompasada, evitando manifestaciones excesivas de todo tipo del Marte de A. El orbe que recomiendo en sinastría, en sus diferentes aplicaciones, es de 6º de arco como máximo, en principio, aunque los orbes reducidos son los que producen los efectos más fuertes o notorios. Este es el principio básico, esencial de la sinastría. No es necesario entrar en más detalles, pues sería aburrido para el lector.

La sinastría es operativa en muchos niveles, pero es silenciosa e invisible para el profano. Así, es posible que uno, sin saberlo, tenga su cuenta corriente en un banco por el cual siente una mayor simpatía. O que uno se traslade a una ciudad en la que se sienta cómodo, como en casa. En ambos casos existirá, probablemente, una sinastría favorable. Porque sí, no solo las personas tenemos cartas astrales, también las empresas, las ciudades (para su fecha de fundación) y otras entidades, por llamarlas de esta manera. En uno de mis libros menciono la curiosa y fatal sinastría entre la carta natal de John F. Kennedy y la carta de la ciudad de Dallas (Texas, USA), donde fue asesinado. Y existen otras sinastrías aún más curiosas; en mi caso particular, en una visita a Caracas (Venezuela), en marzo de

2007, con ocasión de efectuar un seminario astrológico en un hotel de la ciudad, encontré que con el hotel en cuestión: el Hotel Coliseo (fundado el 25-02-1975), tenía una interesante sinastría: el Sol del hotel en conjunción a mi Ascendente y Mercurio natales, el planeta Venus de dicho establecimiento en conjunción (exacta) con mi Saturno natal, Júpiter del hotel en trígono (exacto) a mi Júpiter natal y el Urano del hotel en conjunción, exacta también, a mi Marte natal. En dicho hotel me alojé varios días, comí, me reuní con astrólogos e impartí un seminario de astrología. ¿Una simple coincidencia? Menos significativa, menos importante, y también en mi caso particular, es la atracción que siempre sentí por un cartel del pintor francés H. Toulouse-Lautrec, una litografía muy famosa de este pintor galo llamada *Jane Avril au Jardin de Paris*, del año 1893. En el Depósito Legal figura como un cartel registrado exactamente el 8 de mayo de 1893, en París. Un solo aspecto sinástrico puede explicar esta atracción: Júpiter del cartel en conjunción a mi Venus natal. De alguna manera, Júpiter expande, amplifica lo que puede representar, entre otras cosas, Venus en una carta natal: el arte, la estética y el sentido de la belleza, en cualquier forma o manifestación. Y si el lector, hombre o mujer, se siente atraído por esa actriz o actor de forma inexplicable, que averigüe la fecha de nacimiento de dicho personaje público y, probablemente, encuentre una interesante sinastría entre ambos. En definitiva: encontraremos sinastrías consistentes entre empleados y empresas, entre jefes y las cartas de las sociedades que dirigen, entre compañeros de trabajo que trabajan codo con codo, entre admiradores o fans y sus ídolos, entre esposos o amantes, entre amigos, entre vecinos peleados y entre todo aquel que, directa o indirectamente, haya estado en contacto con otra persona, estableciéndose un vínculo, armónico o inarmónico, entre ellos. Y en medio, claro está, la sinastría: qué tipo de aspecto les une, de qué planetas o factores radicales se trata y demás consideraciones, que explicarán el resultado de la relación en sí. Siempre encontraremos sinastrías interesantes a nuestro alrededor, hagan la prueba. Otra sinastría curiosa es la que une no a dos personas, sino a dos clubs de fútbol españoles: el F.C. Barcelona (n. 29-11-1899) y el Real Madrid (n. 6- 03-1902). Mostraré únicamente los dos aspectos o lazos sinástricos que mejor justifican la rivalidad e incluso antipatía mutua que se profesan a nivel deportivo e incluso más allá: el planeta Marte del F.C. Barcelona se halla en cuadratura al

Retratos de María Antonieta y Von Fersen

Marte del Real Madrid (orbe de 1º). Y, además, el planeta Marte del Real Madrid se halla en cuadratura al planeta Saturno del F.C. Barcelona, lo que justifica sobradamente lo que ocurre sobre el terreno de juego y fuera de él.

Otra aplicación importante de la sinastría es la superposición de dos horóscopos o cartas natales a nivel de longitud eclíptica. De esta manera, consideraremos en qué casa o sector de A caen los planetas y demás factores radicales de B, y viceversa. Pero no avanzaremos más allá de este punto. Creo que en conjunto todo lo dicho es más que suficiente para mostrar cómo opera este tipo de astrología y cuán efectiva es. Pero voy a incluir un último ejemplo de sinastría: la reina francesa María Antonieta y su amigo y supuesto amante, H. A. Von Fersen:

Aquí, nos limitaremos a valorar los principales aspectos planetarios entre las dos cartas, para simplificar el análisis. En este caso, tomamos la carta natal de María Antonieta,[68] comparándola con las posiciones planetarias (círculo exterior del gráfico de la sinastría) para el día en que nació H. A. Von Fersen,[69] su posible amante. Así, podemos ver que el Sol de él está en sextil (exacto) al Venus de ella, el planeta Marte de él está en trígono (exacto) a la Luna de ella, las Lunas de ambos están en sextil, los Soles de ambos también en sextil

---

68 Nació el 2 de noviembre de 1755, a las 19:30 horas, en Viena (Austria).
69 Nació el 4 de septiembre de 1755.

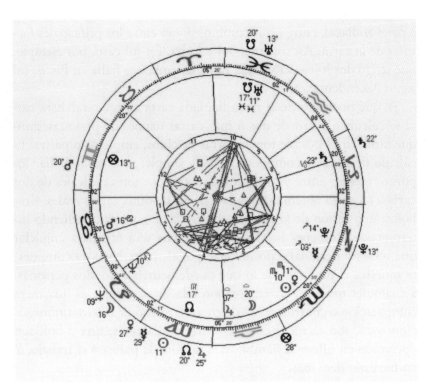

Sinastría María Antonieta-Von Fersen

y el Venus de él está en sextil al Ascendente de ella. ¿Creen o no que fueron amantes en el Versalles de la época, tal y como se dice? De acuerdo con la sinastría que presentan, yo creo que es más que probable…

Para acabar con esta técnica, quiero apuntar que esta juega un papel importante en lo que podríamos llamar la herencia astrológica. Es sabido que los hijos no nacen en cualquier momento, sino que existe una clara tendencia a que sus factores radicales tengan un fuerte lazo sinástrico con el de sus progenitores. El más frecuente, quizá, sea que el Ascendente del hijo se encuentre en el mismo signo zodiacal que el Sol del padre o la madre. También se ha encontrado que el signo solar del hijo sea el mismo que el del padre o la madre, así como el Ascendente del hijo se encuentre en el mismo signo zodiacal que el Ascendente de uno de los padres. O el Sol del hijo en el mismo signo que el Ascendente de uno de los progenitores. Y también que las Lunas de padres e hijos se hallen en el mismo signo. O que el Sol y Luna, de padres e hijos, intercambien sus posiciones a nivel zodiacal, entre otras combinaciones entre los principales factores de la carta: Ascendente, Sol y Luna. En mi caso, por ejemplo, que tengo dos hijos varones, la Luna de ambos se halla en Piscis, mi signo Ascendente.

¿Y qué podemos decir de la llamada carta compuesta? Esta carta se calcula a partir de dos o más cartas natales de personas, aunque también es posible tomar cartas de clubs, empresas o países. El cálculo de la carta compuesta es muy simple: se trata de hallar los puntos medios entre los mismos planetas y factores radicales de dos cartas. La carta obtenida, creada a partir de otras cartas reales, simboliza una fusión de la energía contenida en aquellas, pudiendo interpretarse y obtener información que nos será útil para enjuiciar una relación personal o profesional, por ejemplo. La carta compuesta muestra el producto de lo que puede ocurrir entre dos personas, a cualquier nivel, en contraposición a la sinastría, que es una mera comparación o confrontación de energías, armónicas o inarmónicas. Con todo, son técnicas complementarias. Además, una y otra son operativas en diferentes ámbitos: la familia, la pareja o el trabajo. Y no me extenderé más.

La astrología médica

Podemos definir a la astrología médica como la rama de la astrología que estudia la relación existente entre las diferentes configuraciones astrológicas celestes y el cuerpo humano, especialmente su incidencia en el plano físico, pero también en el plano psíquico de la persona. Esta es una definición muy básica y personal. Sobra decir que, desde siempre, en el campo astrológico, el estudioso se interesó en encontrar vínculos entre el cielo y la Tierra en este nivel. Se encontró una relación directa entre planetas y signos zodiacales con determinados órganos y funciones corporales, y ahí nació este interesante e imprescindible apartado de nuestra disciplina. Al principio, formando parte de la astrología natal, como es fácil entender, pero con el tiempo, gracias a la acumulación de hallazgos y a la necesidad de desarrollarla en mayor profundidad por su enorme utilidad, se independizó hasta convertirse en una especialidad. Astrología y medicina siempre han estado unidas, por una razón u otra. Además, ambas comparten una característica reveladora: son lo que llamamos una ciencia-arte o un arte-ciencia. Porque, aunque la medicina se base en la investigación científica, no puede considerarse una ciencia como tal, no al menos en su función principal: la medicina clínica; es decir, el día a día laboral del médico frente al enfermo. Aquí, la intuición, el criterio subjetivo o, entre otros factores, la experiencia personal, son determinantes.

La astrología médica es tan extensa y compleja que se hace difícil elaborar una pequeña reseña en un simple apartado de una obra como esta. El que esté interesado en ahondar

El cuerpo humano y los signos zodiacales[70]

en esta rama de nuestro saber, puede obtener más información en un libro dedicado monográficamente a esta especialidad.[71] Lo más interesante de la astrología médica es su posible función preventiva, pues conociendo de antemano la carta natal de la persona, en particular su dote natal en clave médica, el profesional de la astrología puede advertir de los puntos débiles en el organismo con años de antelación, sin esperar a que se manifieste una enfermedad en concreto. Porque en cierta manera, todo está inscrito en el horóscopo de cada uno: más o menos salud y resistencia física, órganos con tendencia a enfermar más fácilmente o funciones corporales que conviene

---

70   Imagen de la obra de Raphael *Medical Astrology*, W. Foulsham & Co., Londres (Inglaterra), 1924. Representa, a nivel muy básico y general, la correspondencia entre signos y partes del cuerpo.

71   Estoy obligado a recomendar mi obra *Introducción a la astrología médica*, publicada en 2021 por la editorial Kier (Buenos Aires, Argentina). No piense el lector que a lo largo de la presente obra voy a recomendar mis casi cuarenta libros publicados, pero en este caso, creo que la obra puede ser de ayuda al que esté interesado en este apartado, bien por su formación médica o por un mero interés sobre la materia.

vigilar. Es como una radiografía completa del cuerpo humano, en sentido figurado. A partir de un estudio así, elaborado por un buen profesional de esta especialidad astrológica, cabe recomendar un determinado estilo de vida, evitando forzar algunos órganos que, quizá, ya estén debilitados desde el nacimiento. Con un poco de experiencia, no es difícil verlo en la carta natal. Pero por si fuera poco esta ventaja que exponemos, la astrología médica permite abordar el estudio de toda carta natal desde un punto de vista estático y dinámico. Es decir, no solo podemos detectar y advertir a nuestro consultante de que un órgano de nuestro cuerpo precisa un mayor cuidado o vigilancia, sino que además podemos avisarle en qué época puede manifestarse una enfermedad en relación a dicho órgano o función corporal. Esto es posible debido a la misma realidad astrológica, que concibe el estudio puramente estático y el dinámico, que es la carta en movimiento.

Para entender lo que es la carta en movimiento, es decir: la concepción dinámica de la misma carta natal, debemos hacer una pequeña incursión en lo que es la astrología predictiva. Esta nos permite ver las tendencias futuras de una carta, ya sea el horóscopo de una persona, de una empresa o de un país. Astrología aparte, y a excepción de la meteorología y de la misma medicina, son pocas las disciplinas que se aventuran (con más o menos éxito) a describir lo que acontecerá mañana, en cada uno de sus campos respectivos. Todo queda en proyecciones, tendencias o probabilidades, o en pura especulación —cuando no en ciencia ficción— en la mayoría de conocimientos humanos, por muy científicos que estos sean. Pero la astrología sí puede predecir con éxito, si se utilizan las herramientas adecuadas y si el que formula el pronóstico es un verdadero astrólogo, con conocimientos y experiencia suficientes. Estamos hablando de predecir el futuro, no de describir lo que se espera con porcentajes o meras proyecciones, como es común en algunas materias. Pues bien, volviendo a la astrología predictiva: esta cuenta con diferentes herramientas, con varias técnicas que son comunes a diferentes ramas astrológicas. Es el caso de la llamada revolución solar, de las direcciones primarias, de las progresiones o direcciones secundarias o de los mismos tránsitos planetarios, entre otros muchos procedimientos. Pero aquí nos detendremos en los tránsitos, que a nivel predictivo son como la llave inglesa al mecánico. ¿Qué es un tránsito planetario? Sencillamente, el paso de un astro (ya sea desde la rápida

Luna al lento Plutón) a través de la banda zodiacal. ¿Y cómo opera el tránsito planetario a nivel predictivo? Simplemente: su posición en el cielo, recorriendo el Zodiaco, puede tocar o aspectar (este es el término astrológico correcto) a un punto de la carta. Ya vimos en otro capítulo lo que es un aspecto planetario: la conjunción, el sextil, la cuadratura… Pero aquí consideramos no los aspectos entre planetas de la misma carta natal, sino los planetas en el cielo, para un día, mes y año en concreto, en aspecto a un factor de la carta: el Ascendente, el Sol, etc. Pues bien, cada tránsito planetario, en función del planeta transitante (el que está en movimiento en el cielo para un día en concreto), del tipo de aspecto (armónico o inarmónico) y del factor radical aspectado (el punto de la carta que recibe ese sextil u oposición, por ejemplo), tiene un efecto, una consecuencia: imperceptible, leve o importante para la persona, y de un tipo u otro. Pongamos un ejemplo sencillo: el tránsito del planeta Marte que en el cielo, y para un día determinado, esté en cuadratura con la Luna de una carta natal en concreto. Podemos explicarlo así: dado que Marte es un planeta maléfico (o al menos, duro, agresivo, radical, etc.), con características específicas, parecidas a lo que es una sacudida, un corte, un golpe o una tensión (es decir, su efecto es negativo), al incidir inarmónicamente (cuadratura) en nuestra Luna (que simboliza o representa nuestras emociones, la familia, las mujeres, etc.), podemos esperar un hecho o tendencia —que durará mientras esté en orbe el tránsito planetario— negativo relacionado con esta múltiple combinación. Por ejemplo, si yo fuera el astrólogo le indicaría a mi consultante que puede esperar unos días de inestabilidad emocional, de altibajos en su estado de ánimo, con la posibilidad de que las relaciones familiares o con las mujeres (madre, esposa, hija, amiga) vivan algún episodio de tensión, o alguna discusión. Pero hay más, y ahora en clave astro-médica, que es lo que nos interesa: en astrología, la Luna gobierna —por decirlo así— el estómago, y en esos días es posible que las digestiones sean más pesadas o que haya algún episodio puntual de ardor estomacal para los sujetos predispuestos. Por supuesto, en todos los casos hay que acotar su influencia a nivel temporal, y puede hacerse, ciertamente. Bien, pues ya le he explicado al lector lo que es un tránsito planetario. Eso sí: sirve como explicación elemental, pero la realidad astrológica es mucho más compleja, y deberá valorarla el mismo astrólogo, con sus posibles variables. Es el caso de que la Luna de la carta natal en cuestión esté más o menos bien en la misma carta (eso amortiguaría más o menos el efecto del tránsito), o que otros tránsitos planetarios simultáneamente operen en esos días, lo que redimensionaría la lectura a efectuar. Es decir, no es fácil pronosticar: se necesita mucho estudio previo, a nivel teórico, y mucha experiencia también. Pero aquí nos limitamos a entender lo que es un tránsito planetario, porque lo necesitaremos para comprender los ejemplos sobre astrología médica que expondremos a continuación.

Volvamos a la astrología médica y a la carta natal, a nivel estático. Porque desde el punto de vista de la enfermedad, en clave astrológica, los tránsitos planetarios activarán (o no) en el futuro posibles episodios agudos o crónicos de las enfermedades que ya estén inscritas en el tema natal. Es decir, hay que partir siempre del horóscopo individual, pues este indica los puntos débiles en el organismo. Lo que harán los tránsitos, en su momento, será poner fecha a las enfermedades, pero estas deben estar ya indicadas en el tema natal. No podemos prescindir de ambas visiones: la concepción estática y la dinámica, porque son dos caras de una misma moneda. Para que se entienda: si no existe una predisposición en relación a una determinada enfermedad en la carta natal, los tránsitos planetarios solo reflejarán (y si llega a percibirse) una leve molestia en el órgano. Y si existe esa predisposición, pero en un momento dado no hay un tránsito operativo que incida, astrológicamente hablando, en el órgano en cuestión, la persona no notará ninguna molestia. Acto seguido, voy a presentar varios ejemplos que necesitan ser considerados de esta manera, como es así en la inmensa mayoría de casos. Pero empecemos por señalar la enfermedad, aún latente, en la carta natal: ¿se acuerdan del vicepresidente de George W. Bush, un tal Dick Cheney? Seguro que sí. Pero no hablaremos de su perfil político ni de lo que hizo o dejó de hacer durante los años en que estuvo en el cargo de vicepresidente de los EE. UU., sino de su carta natal y de su enfermedad cardíaca. Vayamos por partes: en astrología, el corazón y la función cardíaca —en su manifestación eléctrica o mecánica, como la bomba que es el músculo cardíaco— están representados por el Sol y por el signo de Leo, básicamente. Por ello, la gran mayoría de personas que presentan una patología en este órgano, ya sea a nivel eléctrico, valvular o por obstrucción de las arterias coronarias, tienen en su carta natal al Sol o al signo de Leo como protagonistas, dicho sea en sentido negativo. Puede ser que el Sol esté acribillado de aspectos inarmónicos por planetas maléficos (Marte, Saturno,

Neptuno o Plutón), o incluso de alguno neutro (Urano) o incluso benéfico (Júpiter). O que el mismo Sol se halle en un signo donde no está cómodo: Libra, Acuario, o en una de las casas relacionadas con la salud: casas VI y XII. También puede darse una peligrosa acumulación de planetas (más de tres) en el signo de Leo, entre alguna otra configuración que anuncia problemas en el corazón. ¿Me siguen hasta aquí? Pues nuestro protagonista: Dick Cheney, que tiene un largo historial de problemas cardíacos —especialmente de tipo coronario—, cuenta con varias de estas configuraciones que siempre son una advertencia, pero nunca una seguridad, especialmente si uno lo sabe y se cuida; aquí entra en juego la astrología médica de orden preventivo, claro está. Sigamos: en la carta de Cheney[72] el Sol está en Exilio (signo donde está débil) y en la casa VI, poniendo el foco en la salud, y en el corazón en particular, que aquí está debilitado. Y no solo por su posición por signo y su ubicación por casa, sino por los aspectos que presenta: Sol en cuadratura a Júpiter y, especialmente negativo, en cuadratura a Saturno. Pero hay más: la cúspide de la casa XII está en Leo (corazón, función cardíaca) y... es mejor detenernos aquí. El lector no habituado al lenguaje astrológico no podrá seguirme y, además, ya es suficiente para evidenciar que existe una justificación para su enfermedad en su carta natal, a nivel estático. Pero esta es una cara de la moneda. Como demuestro en mi libro sobre astrología médica, para cada episodio de tipo cardíaco que este político estadounidense sufrió en el pasado, los tránsitos planetarios lo indicaron puntualmente (y otras técnicas predictivas). Para muestra, un botón: en 1978 sufrió su primer infarto de miocardio, con Urano en tránsito en cuadratura al Sol natal. Ya lo hemos dicho: con este tipo de tránsitos es cuando es más probable que se dé un episodio relacionado con la enfermedad ya inscrita en la carta natal. Pero para no aburrirnos con el mismo ejemplo, no mostraremos aquí más tránsitos para las enfermedades de Cheney, buscaremos otros ejemplos conocidos, y los estudiaremos a continuación.

El conocido futbolista y entrenador de fútbol Johann Cruyff sufrió su primera crisis cardíaca en febrero de 1991, con el tránsito de Saturno en cuadratura a su Sol de nacimiento. El también deportista, actor y político Arnold Schwarzenegger fue operado a corazón

---

72 Nacido el 30 de enero de 1941, a las 19:30 horas, en Lincoln (Nebraska, EE. UU.).

abierto en abril de 1997 para solucionar un problema en una de sus válvulas cardíacas, sufriendo entonces el tránsito de Urano en oposición al Sol natal. Paul McCartney, el célebre músico, fue intervenido quirúrgicamente a finales de 2007 para solucionar una obstrucción coronaria, teniendo en ese momento un tránsito de Plutón en oposición al Sol radical. Un último ejemplo: Bing Crosby, uno de los cantantes más famosos de todos los tiempos, murió en Madrid en octubre de 1977 de un infarto, bajo un tránsito de Urano en oposición al Sol natal. Todos los tránsitos se hallan con el orbe que recomiendo en mis libros, y todos afectando al Sol natal: el corazón, la función cardíaca. No son necesarios más casos. Pero, además, en todas las cartas de estos ejemplos ya está inscrita la debilidad y enfermedad cardíaca.

No tenemos espacio para seguir hablando de la astrología médica, y creo que ya es suficiente información para el lector. Pero para finalizar, apuntar que nos dejamos muchas cosas en el tintero. Esta rama astrológica es mucho más amplia de lo que hemos visto. Mencionaré, por ejemplo, una aplicación sumamente útil: la búsqueda de la mejor fecha para efectuar una operación quirúrgica. Les aseguro que es muy importante…

La astrología horaria

Esta rama astrológica, también muy antigua, es un tipo de astrología muy diferente, con una serie de particularidades y ventajas que la convierten en única. Empecemos diciendo que es un tipo de astrología oracular, en el sentido de que permite un rápido pronunciamiento sobre una pregunta o planteamiento determinado. Es una astrología de blanco o negro, sin los matices y la escala de grises que encontramos en otras ramas. Pero es mucho más que eso. Otra ventaja de la astrología horaria es que permite aconsejar y pronunciarse sobre la vida del consultante aun cuando no contemos con los datos natales del mismo. Esto pudo ser muy útil en épocas pasadas, cuando muchos de los que necesitaban de consejo astrológico —me refiero a las clases sociales menos favorecidas— no disponían de sus datos natales, al contrario de lo que ocurría con reyes y nobles. En verdad, llamamos carta horaria a la carta levantada para el momento del nacimiento de una idea, una pregunta o un evento. Si bien las llamadas interrogaciones o cartas horarias calculadas para el momento de una pregunta, propia o de un consultante, son la parte más conocida de la astrología horaria, no son las únicas, evidentemente. De hecho, el tema calculado para el momento de un suceso (una proposición empresarial o sentimental, un accidente o una llamada telefónica, pongamos por caso) cualquiera, es susceptible de ser analizado astrológicamente, entrando en el capítulo de la astrología horaria. Estas cartas son sensibles a los tránsitos, siendo plenamente operativas en este nivel: cuando los planetas en tránsito

GULIELMUS LILLIUS Astrologus *Natus Comitat: Leicest: 1°May 1602.*

Gulel: Marshall sculpsit.

William Lilly[73]

sito tocan las cúspides de las casas radicales algo puede suceder, básicamente de acuerdo con el planeta transitante y con la cúspide de la casa en sí. Incluso puede verse el desarrollo de un viaje estudiando la carta de la partida, que a mi juicio debe levantarse exactamente para el momento en que la persona sale de su casa para emprender el viaje. Es importante apuntar que cuando un hecho o evento no es fortuito, sino que es escogido, seleccionado astrológicamente, ya no pertenece al campo de la astrología horaria, sino que forma parte de la llamada astrología eleccional. En la práctica, en relación a las cartas horarias, el astrólogo consultor puede levantar una carta para el momento en que recibe la visita de un cliente; exactamente, para el momento en que entra por la puerta y toma asiento, iniciándose la consulta. La hora y día de la consulta no deberían haber sido

---

73 William Lilly, el gran maestro de la astrología horaria en el siglo XVII.

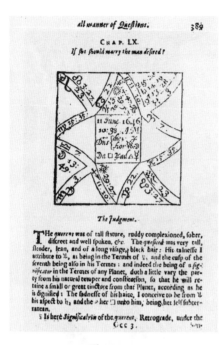

Una interrogación[74]

escogidos por el mismo astrólogo, sino simplemente ser fruto de la conveniencia mutua o bien por razones de agenda. Algunos astrólogos, como Evangeline Adams o el barcelonés Joaquim Teixidor, han utilizado de forma auxiliar esta carta para guiarse en el proceso del asesoramiento astrológico.

En cuanto a la astrología horaria relativa a las interrogaciones —la principal función de esta rama—, es útil no solo para dar respuesta a la pregunta de un cliente, sino para ver el contexto de una realidad determinada. Pero en la práctica, el uso más frecuente de la astrología horaria en consulta es un planteamiento como este: ¿me quedaré sin trabajo? Así, nuestro consultante nos pregunta directamente una cuestión específica, a menudo sin contextualizar y sin aviso, y deberemos dar una respuesta instantánea o, si no es posible, con carácter diferido, aunque normalmente sus sencillas reglas permiten ofrecer un sí o un no como respuesta de forma inmediata. ¿Cuál es el procedimiento para ello? Simplemente calculamos una carta horaria (como si fuera una carta natal, no hay diferencia) para el momento y lugar de la pregunta, y la interpretamos en función de las reglas específicas de la astrología horaria, teniendo en cuenta diferentes consideraciones que usualmente no se valoran en otras ramas. Por ejemplo, el uso de los regentes planetarios tradicionales en lugar de los modernos.

Algunos astrólogos del pasado, como Jean-Baptiste Morin, Charles Carter o Alexander Marr, no eran partidarios de este tipo de astrología. Pero a mi juicio, que la he estudiado a fondo, es totalmente válida,

---

74 Uno de los muchos ejemplos sobre interrogaciones que figuran en la gran obra sobre astrología horaria de William Lilly, titulada *Christian Astrology*, y publicada en 1647.

aunque tiene sus reglas. Por esto, para tener éxito con ella hay que tener muy clara su operativa, precisando además de mucha práctica.

LA ASTROLOGÍA ELECCIONAL

La astrología eleccional es la rama de la astrología que se ocupa de escoger el momento astrológico más favorable para un propósito determinado: iniciar un viaje, emprender un negocio, operarse o casarse, entre otras muchas posibilidades. En general, todo acontecimiento que pueda ser mejorado por un criterio puramente astrológico entra dentro de la aplicación de este tipo de astrología. En ocasiones, la astrología eleccional entra en otros territorios: en el campo de la astrología empresarial, si queremos buscar la mejor fecha para constituir una empresa, o en el de la astrología médica si de lo que se trata es de seleccionar la mejor fecha para una operación quirúrgica. Es una rama que conlleva una gran responsabilidad, pues del buen juicio del astrólogo puede depender el resultado de una empresa o iniciativa, sea un viaje o una boda. Es más: este tipo de astrología tiene en verdad un rol estelar, pues las elecciones son una de las pocas —y una de las más importantes— medidas de las que podemos valernos para modificar nuestro propio destino, tanto en lo personal como en lo profesional. Hay que decir que seleccionando el mejor momento para empezar algo podemos mejorar las expectativas de forma notoria y, por ello, esta rama debe figurar por derecho propio dentro de los principales apartados que todo astrólogo debe estudiar y dominar. Podemos afirmar que esta rama es tan antigua como la misma astrología, pues desde el mismo momento en que el hombre prehistórico elige salir a cazar o pescar seleccionando la fase lunar más propicia —pues observa que así es más fácil regresar a la cueva con carne o pescado fresco—, ahí nace esta rama singular dentro de nuestro conocimiento.

No entraremos aquí en el núcleo duro de la astrología eleccional, describiendo las reglas generales que deberemos observar ni las particulares, en función del tipo de elección. Esto sería más propio de un libro para astrólogos, y no es el caso. Pero sí que mostraré a continuación una elección real, elaborada por astrólogos reales —nunca mejor dicho—, que participaron en una elección histórica: la selección de la mejor fecha para fundar la ciudad de Bagdad, en el actual Irak. La historia es esta: a partir de los deseos del califa Al-Mansur (714-775), que deseaba fundar una nueva y majestuosa ciudad a su

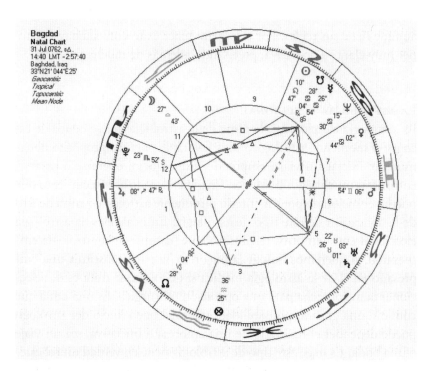

Horóscopo de Bagdad

medida, el astrólogo persa Naubakht Ahvazi, asistido por el hoy célebre Mashallah ibn Athari, lideró un grupo de astrólogos que escogieron el mejor momento para empezar a edificar la nueva ciudad. Para ello, se basaron en su propio criterio astrológico, y siempre con el beneplácito del califa. No es raro: en ese momento, la astrología árabe estaba en su acmé y las clases dirigentes contaban con astrólogos a modo de estrechos consejeros personales. Pues bien, el momento elegido fue el 31 de julio de 762, a las 14:40 horas.

No entraré aquí a valorar esta carta,[75] pues esto es harina de otro costal, pero la historia nos demuestra que la singladura de Bagdad desde su fundación no pudo ser más brillante. Desde un principio destacó por su comercio, sus avances tecnológicos y por su cultura. Era una ciudad única y mítica, con un gran dinamismo comercial, llena de lujos y de atractivos para el que residía en ella o para el que estaba de paso. No en vano fue por derecho propio la ciudad de las

---

75 Analizo esta carta en uno de mis libros: *Astrología Eleccional*, Editorial Dilema (Madrid, España), 2017, pp.19-21.

mil y una noches. Es cierto que a lo largo del tiempo sufrió invasiones y ocupaciones, como la de los mongoles en el siglo XIII o la de los norteamericanos en el siglo XXI, pero en la balanza de la historia, el plato de los haberes o hechos positivos pesa más.

Si cree el lector que este tipo de elecciones astrológicas son cosa del pasado, está equivocado. En el siglo XX la Alemania de Hitler y el bando aliado utilizaron a sendos astrólogos para iniciar ataques y contrarrestar ofensivas, como veremos en otro capítulo del libro. Y en los años sesenta y en las siguientes décadas un mediocre actor de Hollywood reconvertido en político de éxito, Ronald Reagan, empleó esta astrología para jurar el cargo de gobernador de California o para reunirse con los soviéticos en plena Guerra Fría, a efectos de negociar el desarme atómico. ¿Le parece insuficiente al lector? Si es así, en nuestro siglo XXI tenemos otros ejemplos: la nueva capital de Birmania, Naipyidó, fue fundada en noviembre de 2005 a partir de una selección astrológica del astrólogo personal de Than Shwe, entonces presidente del país. También está confirmado que la coronación del rey de Bután en 2008 fue escogida astrológicamente, en su día y hora, para finales de dicho año. Y que no dude el lector que en el futuro recogeremos otros casos, tan o más sorprendentes que estos.

Existen dos ramas de la astrología que aún no hemos abordado y que son tan antiguas como esta, prácticamente. Ambas surgieron por la necesidad del hombre de ayer de sobrevivir en un medio hostil. Son la astrología meteorológica y la astrología agrícola:

LA ASTROLOGÍA METEOROLÓGICA

La astrología meteorológica, también llamada astrometeorología, es la rama de la astrología que estudia la influencia de los planetas, signos zodiacales, casas astrológicas y demás elementos astrológicos en el clima de la Tierra, incluyendo fenómenos meteorológicos tales como lluvias, sequías, tornados y otros. Generalmente, se acepta que otro tipo de fenómenos terrestres, como los terremotos,[76] los tsunamis o incluso la actividad volcánica, formen parte de esta rama astrológica. Incluso algunos autores han incluido en sus obras un estudio sobre las epidemias. No obstante, estos fenómenos se encuadran

---

76 Así lo indican dos obras de referencia capitales: la *Enciclopedia astrológica*, de Nicholas Devore, p. 38, y el *Diccionario astrológico*, de Henri-J. Gouchon, p. 124.

DATE.	ASPECTS.	PROBABLE WEATHER.
March 16	☉□♅ et eq. dec. ♆	
,, 17	☿□♅	
,, 18	☉□♃ et ☌☿. ☿ eq. dec. ♆	A very stormy
,, 19	☉ 150° ♄	
,, 20	☉ eq. dec. ☿. ☽☌♃ et ☍♂	period.
,, ,,	Mercury on Equator	
,, 22	♂☌♅. ☿ eq. dec. ♆	
,, 26	Mars' extreme N. declination	
,, 27	♃ 60° ♄. ☽☌☿	Very stormy, but
,, 28	♂☍♃ et 120° ♄	*high* temperature
,, 29	☿ eq. dec. ♄	
April 15	Jupiter *stationary*	
,, 16	Venus *stationary*, at ext. N. dec.	Temperature high on
,, ,,	☉ 60° ♅. ☽☌♃ et ☍♅	15-16 and 18-19.
,, 17	☉☍♄. ☽☍♂	Gales on 16-17.
,, 19	☉ 120° ♃.	

Pronóstico astrometeorológico diario, por Alfred J. Pearce[77]

realmente dentro de la astrología mundial. El interés por esta antigua rama astrológica nace al considerar la utilidad de prever todo tipo de fenómenos meteorológicos adversos, que pueden afectar desde las cosechas hasta la vida de las personas en su medio ambiente habitual. Así, en el pasado la práctica de la agricultura, la tala de árboles y otras actividades del hombre en relación con la naturaleza se vieron favorecidas con el estudio de este tipo de astrología natural y colectiva. También la navegación cuenta con una larga tradición en la aplicación de este saber ancestral.

El tiempo nos acompaña siempre, incluso en las conversaciones más triviales, y también condiciona nuestra agenda personal y profesional. No podemos obviar esta realidad, pues es importante. Y hoy, aunque la moderna meteorología demuestra su eficiencia relativa en las previsiones a corto o muy corto plazo —pero no más allá de cinco días, aproximadamente—, gracias a los avances del mundo moderno: computadoras, satélites, Internet, estadísticas, modelos matemáticos de pronóstico y otras herramientas, las previsiones a medio y largo plazo siguen siendo una asignatura pendiente. Y no son menos relevantes, pues para la agricultura prepararse para el tiempo venidero sería muy deseable, un sueño, casi. ¿Y qué decir del turismo?, o para programar determinados acontecimientos deportivos al aire libre, sin ir más lejos. También para intentar prevenir o minimizar

77 Alfred J. Pearce (1840-1923), astrólogo inglés especialista en esta rama astrológica, y autor de la obra *The Weather Guide-Book*, publicada en 1864.

el efecto de algunas catástrofes naturales; desde tornados a huracanes, y eso puede representar salvar vidas humanas. O también, ¿por qué no?, para planificar nuestra agenda personal y profesional. Estas y otras aplicaciones demandan un sólido pronóstico meteorológico a medio y largo plazo. Y es aquí donde nuestra disciplina puede marcar la diferencia, pues donde no llega la meteorología puede llegar la astrología. No falta mucho para que la sociedad demande a la ciencia una mayor precisión en el pronóstico del tiempo a corto, medio y largo plazo. Y creo que esto solo puede venir de la mano de una conjunción entre ciencia meteorológica y astrológica. Una unión lógica y por interés, pero sin complejos, pues la astrología, la llamada «madre de todos los conocimientos», está por encima de la meteorología, estando condicionada esta por las mismas posiciones y movimientos de los astros.

Pero, en la práctica, esta rama astrológica minoritaria es muy diferente de la astrología genetlíaca o de la mundana. En una carta natal, un análisis astrológico erróneo con respecto a una configuración en concreto puede quedar compensada o matizada por un esbozo correcto a nivel general, tanto en lo caracterológico como a nivel de destino, en forma de tendencias o impulsos. En astrología mundial, también todo análisis puede quedar difuminado en una escala de grises, a excepción de estudios o pronósticos muy concretos. Pero en astrología meteorológica un pronóstico para el tiempo es blanco o negro: hace sol o llueve, calor o frío, y aciertas o te equivocas. Aquí, el concepto de arte-ciencia cobra vida cada día y la experiencia es insustituible. Por ello, no es una rama fácil, y demanda estudio, atención y paciencia.

Conviene apuntar que después de que la astrología abandonase las aulas universitarias entre los siglos XVII y XVIII, se inició una larga decadencia en el estudio del tiempo a partir de la astrología,[78] interrumpiéndose los trabajos de astrólogos serios y entrando en una sequía desoladora a nivel editorial. Llegó el tiempo de los almanaques y calendarios lunares. En estas obras ligeras, por decirlo así, se ofrecían pronósticos del tiempo y recomendaciones para la agricultura, entre otras informaciones. Algunos de estos almanaques todavía se

---

78   En el siglo XVII aún contábamos con otras singulares en este campo, como la *Summa astrológica*, del cosmógrafo portugués Antonio de Nájera. Se publicó en 1632 y es una obra capital dentro de esta rama astrológica.

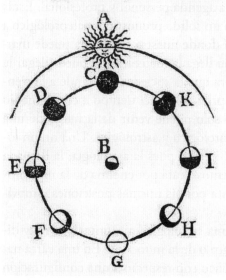

Typus Phasium Lunæ.

Grabado antiguo (siglo XVII) sobre las fases lunares, con el Sol en lo alto, la Tierra en el centro, y la sucesión completa de las diferentes fases de la Luna en un mes lunar. [81]

publican hoy, en pleno siglo XXI. Sin embargo, ya entre el siglo XX y XXI encontramos destacados investigadores que encuentran una relación clara entre los fenómenos celestes y la realidad terrestre, desde un punto de vista climatológico. Es el caso del alemán Theodor Landscheidt[79] (1927-2004), o del Dr. Percy Seymour[80] (n. 1938), astrofísico y astrónomo sudafricano. Dentro del plano estrictamente académico, y más reciente en el tiempo, tenemos también un buen ejemplo: el profesor Nicola Scafetta (n. 1975), de origen italiano, pero desarrollando su actividad profesional en una universidad norteamericana. Scafetta defiende el rol del Sol y de otras influencias astronómicas en el clima terrestre.

Al final de este capítulo incluiré una pequeña aportación personal a la astrología meteorológica, una suerte de hipótesis orientada al cambio climático, un tema muy importante y en boga en este siglo XXI.

---

79 Como ejemplo de las investigaciones de Theodor Landscheidt podemos referenciar su obra *Sun-earth-man: a mesh of cosmic oscillations*, Urania Trust, Londres (Inglaterra), 1989, pp. 67-71.

80 Los estudios del Dr. Percy Seymour no se han dirigido especial o específicamente al efecto del Sol en el clima terrestre, pero son importantes al sugerir un efecto planetario más o menos directo en la actividad solar.

81 Imagen original del astrólogo y astrónomo italiano Andrea Argoli (1570-1657).

La astrología agrícola

Como podrá colegirse fácilmente, esta rama se ocupa de todo lo relacionado con la agricultura y la jardinería, y todo bajo el prisma astrológico. Es esta una rama antigua, aunque minoritaria para los astrólogos, pero si contamos a los jardineros y agricultores que utilizan la Luna y alguna otra configuración aislada más en su agenda diaria, los practicantes de la astrología agrícola serían muchos más, millones en todo el mundo. No obstante, los astrólogos estamos obligados a estudiar y desarrollar este apartado de nuestra disciplina, pues actualmente se cultiva de forma parcial y poco astrológica, por decirlo así. La Luna es importante, sí, pero hay mucho más por incorporar y aplicar en la astrología agrícola.

Por todo ello, era y es una astrología popular, bastante alejada de la astrología tradicional y convencional. Pero a pesar de ser una parte de la astrología muy básica, elemental y relativamente sencilla, no por ello es menos efectiva e importante. En la larga travesía del desierto para la astrología que se extendió hasta finales del siglo XIX, las obras más abundantes y más difundidas en Europa y en América eran los almanaques, los calendarios lunares y productos similares. Algunos de ellos, aún se publican hoy. Esto ya lo hemos dicho antes. Pero no toda la actividad astroagrícola —por llamarla así— de los últimos tiempos se ha venido desarrollando a través de iniciativas aisladas o grupales[82] y en forma de libritos o calendarios lunares. Esta es solo la punta del iceberg, pues en un plano puramente teórico, experimental, son muchos los investigadores que en los cinco continentes han abordado el estudio de la posible influencia lunar —y astrológica en general— en el mundo vegetal. Existen obras recientes llenas de gráficos y estadísticas que demuestran el efecto comprobado de las diferentes configuraciones celestes en el reino vegetal. Estos estudios son importantes para nosotros, pues avalan esta rama de la astrología. Las investigaciones de K. Mather y J. Newall de los años cuarenta del siglo XX, o las más recientes de Ulf Abele, Colin Bishop o Ernst Zürcher, son buenos ejemplos de estos estudios. Estos y otros están recogidos en un trabajo de Nicholas Kollerstrom.[83] Por supuesto, todo esto dejando a

---

82 Véase la llamada agricultura biológico-dinámica o biodinámica.

83 *Farmers´ Moon*, Nicholas Kollerstrom, New Alchemy Press, Londres (Inglaterra), 2019, 2.ª edición, pp. 58, 112, 217-232.

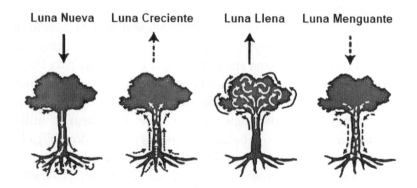

La Luna y su efecto en la savia de las plantas [84]

un lado a los campesinos y jardineros, que han ido perpetuando este conocimiento desde hace miles de años en su vertiente meramente práctica.

Hoy, la utilización de lo que entendemos como astrología agrícola sigue más viva que nunca, en cualquiera de sus formas: ya sean movimientos grupales o en casos aislados, donde agricultores y jardineros —profesionales o aficionados— ponen en práctica el conocimiento astrológico en sus labores dentro del reino vegetal. Y esto es así en España, en México o en la India, en los cinco continentes. Es una tendencia colectiva mundial imparable, que además viene de la mano de una defensa de la naturaleza que nos da la vida y en contra del consumismo desbocado que agota los recursos naturales y destruye nuestro planeta. Es una vuelta a los orígenes, un reencuentro armónico con la Tierra. Y la astrología juega aquí un papel relevante.

Las ramas de este saber que hemos expuesto hasta ahora son las tradicionales, son apartados clásicos de ayer y hoy. Sin embargo, con el tiempo los astrólogos se han adaptado y han acondicionado los conocimientos astrológicos a nuevas realidades. Así, en los últimos tiempos han surgido nuevas ramas, como las que expondré a continuación:

---

84 En el mundo vegetal la influencia de la Luna es innegable, empezando por ser la activadora de la circulación de la savia de las plantas, como es bien sabido y aceptado por numerosos estudiosos de la materia.

LA ASTROLOGÍA EMPRESARIAL

La astrología empresarial es la rama de la astrología que estudia todo lo relativo al mundo de la empresa, desde su creación, bajo un criterio puramente astrológico, hasta el despliegue total de su actividad, aprovechando las herramientas que dicha disciplina puede aportar a este campo de la actividad humana.[85] Esta nueva rama astrológica, nacida espontáneamente en los últimos tiempos y simultáneamente en diferentes continentes, está llamada a ser una especialidad tan útil como demandada en las empresas. No en vano existen mil y una aplicaciones en el día a día de cualquier compañía, grande o pequeña: lanzar un producto al mercado, contratar a un empleado, estudiar una posible inversión... Toda iniciativa, mayor o menor, es susceptible de verse mejorada con la ayuda de la astrología. Personalmente, lo he vivido a diario por varios años, asesorando a diferentes empresarios. De hecho, mi obra monográfica sobre esta rama de la astrología surgió a partir de los planteamientos y consultas específicas que recibía casi a diario en mi consulta, a finales del pasado siglo y principios de este.

El banquero J. P. Morgan [86]

---

85   Esta es la definición formal que incluía al inicio de mi libro *Astrología empresarial*, publicado por Ediciones Obelisco, Barcelona (España) en 2008. Fue una obra pionera, la primera en tratar monográficamente todo lo relativo a la empresa desde la perspectiva astrológica.

86   John Pierpont Morgan (1837-1913) fue uno de los financieros más importantes de su época. Fue consultante habitual de la astróloga Evangeline Adams. Suya es la frase: «Los millonarios no usan la astrología, los billonarios sí».

Para un buen asesoramiento empresarial en clave astrológica, lo ideal sería el poder seleccionar el momento de inicio de la empresa, su constitución formal ante notario o ante el fedatario público correspondiente, según cada país. Pero no siempre es así —ni es imprescindible—, y el astrólogo debe adaptarse a la realidad astrológica y empresarial de la compañía. Aparte del horóscopo de la empresa, que es el eje (astrológico) a partir del cual girará todo, también es importante el tener siempre a mano la carta natal del empresario o del socio-propietario que dirija la empresa, pues su carta filtrará, por decirlo así, todo lo que le ocurra a su negocio, de la misma manera que ocurre en astrología mundial con la carta del presidente del país. A partir de aquí, existe un abanico de posibilidades y aplicaciones muy variado, entre análisis estáticos o aplicaciones predictivas de todo tipo. Aparte de las aplicaciones enumeradas más arriba, podemos seleccionar al personal de acuerdo con su perfil astrológico, iniciar una campaña publicitaria en las mejores fechas de acuerdo con los astros, abrir una cuenta bancaria en la entidad más favorable para la empresa y en el momento oportuno, o emprender una inversión financiera bajo el aval astrológico, por ejemplo. Como en todo nuevo campo astrológico, todavía existe una parte experimental y teórica, pero con el tiempo evolucionará y madurará como lo han hecho otras ramas de la astrología ya clásicas.

La astrología económica, financiera y bursátil

Otro tipo de astrología muy elaborada, en plena evolución y expansión, es la que se refiere a la economía mundial, a los mercados financieros y a la bolsa de valores, entre otras competencias en la línea de lo apuntado, y que se hallan en el mismo corazón de nuestro viejo sistema capitalista. He agrupado estos términos y especialidades a pesar de no relacionarse necesariamente entre sí, porque normalmente los pocos astrólogos que se dedican a este campo tan específico y limitado, hoy por hoy, abordan tanto la marcha de la economía mundial como la inversión en valores que se negocian en las bolsas de todo el mundo. Al respecto, podemos estudiar desde la evolución de los tipos de interés a las tendencias de la bolsa a corto, medio o largo plazo y otras muchas cuestiones, como la evolución en el precio de las materias primas. Algunas de ellas, ciertamente, ya se tratan habitualmente en otra especialidad que ya hemos visto: la astrología empresarial, pero en verdad esta se concentra preferentemente en lo que son las empresas y en su día a día, así como en las inversiones internas (de su propio negocio o sector), más que en las externas.

Como hemos visto, en astrología la competencia de algunas ramas invade, en ocasiones, la de otros apartados, como ocurre con la medicina y otros tantos conocimientos. Otro ejemplo de ello es el estudio que la llamada astroeconomía —la que ahora nos ocupa— hace de determinados ciclos planetarios. Aunque estos forman parte de la astrología mundial, determinados binomios planetarios están estrechamente relacionados con la marcha de la economía, e incluso se redimensionan mucho más allá. Es el caso del ciclo Júpiter-Neptuno, claramente relacionado con el precio del petróleo, o el de Júpiter-Urano, que tiene una clara conexión con la ciencia y la tecnología, con el sector aeronáutico, el de las computadoras o el de las nuevas tecnologías y que, indirectamente, puede ser importante, pues determinados avances o retrocesos en estos campos, especialmente el de las nuevas tecnologías, tienen un impacto directo en la economía a escala mundial. Cada ciclo es diferente y algunos ciclos pueden tener una proyección mayor, que va más allá de un aspecto específico de nuestra realidad económica. Es el caso del ciclo Saturno-Urano, que cubre aspectos generales de la misma economía capitalista. En definitiva, esta nueva manera de ver la economía, las finanzas y la bolsa bajo la perspectiva astrológica, en forma de nueva rama desgajada ya de la astrología mundial, está convirtiendo a aquella en una nueva y

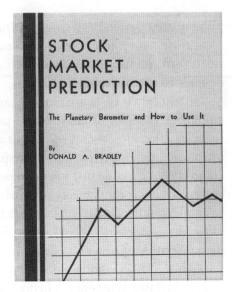

La astrología y los mercados financieros [87]

---

87   Obra de mediados del siglo xx relacionando las inversiones y los mercados financieros con la astrología: *Stock Market Prediction*, Donald A. Bradley, Llewellyn, Los Ángeles (CA, EE. UU.), 1950.

prometedora especialidad dentro de nuestro campo. Sin duda, puede aportar una novedosa y fresca visión de la economía, añadiendo claridad y una perspectiva útil y diferente para un manejo más eficiente de nuestro sistema capitalista.

No son ramas de la astrología el apartado que se refiere a los cálculos, por ejemplo, ni la astrología predictiva, pues esta forma parte de las diferentes «astrologías», por decirlo así. Es decir, toda rama astrológica tiene una parte de interpretación y otra de predicción, como las dos caras de una misma moneda: una parte estudia la realidad estática, y la otra la realidad dinámica, en movimiento. Para ello se emplean diferentes técnicas predictivas que varían según se refieran a la astrología natal o a la mundial, por ejemplo. Tampoco podemos considerar una rama de la astrología la parte de esta que estudia su historia, o la moda —forma parte de la astrología mundial—, ni lo es la llamada astrología heliocéntrica,[88] y mucho menos es una rama el tipo de astrología popular que se dedica a los doce signos zodiacales, por supuesto. No son ramas de la astrología la astrología hindú, la china o la esotérica, ni la kármica o la llamada astrología psicológica. Todas ellas no son más que vertientes o enfoques diferentes de la astrología tradicional. El que sean opciones más o menos válidas, esa ya es otra cuestión, y no entraremos aquí a valorarlo. Sin embargo, a día de hoy sí podríamos aceptar que existen otras pequeñas ramas o subramas, nacidas con las necesidades del hombre moderno. Por ejemplo, la denominada astrología geográfica y la astrología vocacional. La primera estudia un nuevo concepto: la relocación, que no es otra cosa que el trasladarse puntual o permanentemente a otras coordenadas geográficas para mejorar las oportunidades astrológicas derivadas de una relocalización geográfica debidamente seleccionada. Explicar aquí en qué consiste y de qué herramientas dispone esta técnica es largo, complicado e innecesario, creo yo. Pero sí podemos decir que es una técnica plenamente operativa, que además permite una doble opción: la primera de ellas es el encontrar el lugar

---

88 Podemos definir a la astrología heliocéntrica (del griego *helios*: Sol) como aquella que toma al Sol como centro, lo astronómicamente correcto, y considera o mide a los planetas en relación a aquel. Es operativa hasta cierto punto, debido a una cierta simetría astronómica que se da en ambos planos, pero la astrología es básicamente geocéntrica; al fin y al cabo, vivimos en la Tierra y nuestro planeta es nuestro punto de vista para todo el universo.

en el mundo en el que podemos tener más éxito profesional o felicidad en nuestras relaciones, por ejemplo. Pero para ello, deberemos establecernos permanentemente en esas coordenadas geográficas. La segunda técnica, con un objetivo parecido: mejorar algunos aspectos de nuestra vida, solo precisa una relocación para la fecha y hora del llamado retorno o revolución solar, pero solo cubre un año, de cumpleaños a cumpleaños. En cuanto a la astrología vocacional, podemos decir que nace derivada de la astrología natal —al fin y al cabo, se toma el horóscopo o carta natal como referente primario—, pero tiene como objetivo el encontrar la mejor opción profesional para la persona. Para ello, se estudia la carta natal del individuo y se intenta detectar no solo la vocación profesional como tal, sino lo que entendemos como oportunidad o salida laboral real en un campo determinado; no en vano, al final vocación y profesión no siempre van de la mano. La astrología intenta adelantarse a todo esto y nos ofrece la mejor opción, la más realista, o varias alternativas viables, digámoslo así. Por supuesto, es una rama o subrama que promete tener un largo recorrido.[89] Quizá algún día podamos hablar de una astrología referida a los movimientos sísmicos, como una pequeña rama que estudie este tipo de fenómenos terrestres, pero hoy por hoy, tal y como apunté anteriormente, esta debe adscribirse a la astrología mundial, a pesar de que en el pasado se incluyó inapropiadamente este tipo de estudios dentro de la astrología meteorológica.

Para acabar con este capítulo dedicado a las diferentes ramas de la astrología, permítame el lector regresar por un momento a una de ellas: la astrología meteorológica, para exponer a continuación una hipótesis personal que sostengo en relación al cambio climático. Surgió mientras escribía una obra monotemática sobre astrometeorología, que se publicará próximamente, y creo que merece ser considerada. He aquí mi hipótesis sobre el cambio climático bajo el prisma astrológico:

---

89   Como en otras especialidades, las estadísticas astrológicas ayudarán a su posible desarrollo y evolución.

Los grandes cambios climáticos y la astrología: una hipótesis

Hasta hoy no conocemos ninguna configuración astronómico-astrológica que pueda justificar los cambios climáticos que se dan en periodos de tiempo de larga duración, expresados en miles o decenas de miles de años o más.[90] Que el tiempo ha cambiado y va cambiando sustancialmente en los últimos 4500 millones de años es una realidad. Pero otra muy diferente es abordar astrológicamente un estudio de tal amplitud. Y aun sabiendo que podemos reducir todo cambio climático a una idea muy simple: la alternancia del frío y del calor, pues sabemos que toda variación climática reseñable, de interés climatológico o histórico, se da dentro de esta macrorrealidad. Conocemos relativamente bien el clima en los pasados doscientos años, e incluso de unos cuantos siglos atrás más allá, pero conforme nos alejamos del momento presente, en que disponemos de registros fiables y prácticamente exactos, todo se vuelve más inseguro y aproximado. Aparte, no existen periodos o ciclos astrológicos que puedan englobar varios miles de años. El concepto de era astrológica[91] (un gran marco de 2100 años por cada una de ellas) me parece válido a nivel personal, especialmente para contextualizar lo que entendemos como astrología mundial o mundana, pero astronómicamente no es una herramienta que cuente con un aval o justificación muy sólidos; además, un buen número de astrólogos[92] no acepta esta macroetapa astrológica, y es mejor dejarla al margen de la astrometeorología. Descartando otras herramientas astrológicas más o menos heterodoxas, solo nos quedan los grandes ciclos planetarios, simples o compuestos, para explicar la realidad climatológica en nuestro planeta en el pasado, el presente y el futuro.

---

90   Cf. con los *ciclos de Milankovitch*, del matemático serbio Milutin Milankovitch (1879-1958). Esta teoría relaciona los cambios climáticos a largo plazo con las variaciones orbitales de la Tierra.

91   Cf. con el llamado Gran Año o año platónico, que en astronomía se refiere al periodo que comprende un ciclo completo de los equinoccios alrededor de la eclíptica, y que dura alrededor de 25.800 años. Esta acepción no tiene ninguna significación astrológica. Por otro lado, el antiguo concepto platónico del Gran Año procede de una hipótesis de Platón (ca. 427-347 a. C.), en relación a un eventual periodo en que los astros completarían simultáneamente sus diferentes revoluciones para retornar a su posición original.

92   Podemos incluir aquí al francés André Barbault (1921-2019), especialista en astrología mundial y particularmente activo en el estudio de los ciclos astrológicos.

El ciclo simple más importante y lento a la vez en astrología mundial es el ciclo Neptuno-Plutón, que se renueva de media cada 492 años. A nivel de astrología mundial, este ciclo justifica bien los grandes y profundos cambios colectivos a los que hemos asistido en los últimos milenios,[93] pero: ¿es capaz este ciclo de justificar los cambios climatológicos que se han dado en los últimos siglos y milenios? Es una posibilidad. Veamos si ello es factible. He estudiado el clima en la Tierra en los últimos 2000 años, aproximadamente, y a nivel muy general.[94] Y aparentemente, en cada ocasión que se ha renovado el ciclo Neptuno-Plutón (con un margen aproximado de unos cincuenta o más años), la humanidad ha asistido a un cambio en las condiciones climatológicas generales en la Tierra, *grosso modo*. Empecemos por la primera conjunción Neptuno-Plutón que he estudiado, que se dio en el año 84 a. C. Sabemos que, en plena expansión del Imperio romano, el clima en la Europa de entonces era relativamente benigno, más caluroso que el actual. Se inició entonces un periodo cálido, que duraría varios siglos. Esto, posiblemente influyó en la prosperidad observada en los dominios de Roma. Veranos algo más calurosos e inviernos menos fríos sintetizan el periodo en una sola frase. Sin embargo, y coincidiendo con el fin del Imperio romano, el clima parece cambiar alrededor del año 400 d. C. Paulatinamente, la humanidad entra en una etapa más fría, con inviernos más duros, que justificaron incluso algunas migraciones hacia el sur, buscando regiones más cálidas para vivir. Las malas cosechas a causa del frío fueron una constante, parece ser. Precisamente, en el año 411 d. C. encontramos la siguiente conjunción del ciclo Neptuno-Plutón. El siguiente cambio importante en el clima llega alrededor del año 900, iniciándose entonces el llamado Periodo cálido medieval (900 a 1300 d. C., aproximadamente), que nuevamente coincide con la renovación del ciclo Neptuno-Plutón, que se da en el año 905. Ahí empieza un periodo cálido, y como podemos comprobar, se alternan nuevamente los periodos fríos-calientes con un ritmo temporal que

---

93 Ver mi obra *Astrología mundial*, pp. 50-52.
94 Como referencia válida para los cambios de tendencia en el clima y sus fechas aproximadas, podemos citar un estudio del físico y comunicador científico contemporáneo José Miguel Viñas Rubio: «El clima de la Tierra a lo largo de la historia», extraído de una ponencia presentada en el IX Seminario Historia y Clima: Clima, Naturaleza, Riesgo y Desastre, evento celebrado en la Universidad de Alicante en mayo de 2012.

Pintura de Hendrick Avercamp, Diversión en el hielo, *que muestra a personas en un canal congelado en los Países Bajos en el frío invierno de 1608, en la llamada Pequeña Edad de Hielo*

encaja bastante bien con el ciclo que nos ocupa, que cubre cerca de medio milenio. Este periodo más caluroso mejoró las condiciones de la agricultura, la ganadería e incluso de la navegación. El siguiente periodo frío lo encontramos alrededor del año 1300, dando inicio a lo que se conoce como Pequeña Edad de Hielo (1300 al 1850, aproximadamente). En esta etapa se inicia un periodo frío, con inviernos rigurosos y olas de frío que no favorecieron las cosechas, entre otras realidades ya históricas. Nuevamente, el inicio de este periodo coincide con la siguiente conjunción Neptuno-Plutón, que ocurrió exactamente en el año 1398. Esta etapa fría, en términos generales, finaliza alrededor del 1850, ya en el siglo XIX, con la renovación del ciclo Neptuno-Plutón, que se da en el año 1891. Desde entonces, estamos inmersos en una etapa más calurosa, dentro de esta lógica en la que se suceden, de forma alternativa, etapas frías y cálidas. De hecho, algunos historiadores del clima han denominado a este periodo como de Calentamiento global, aunque este término compuesto se ha hecho mundialmente conocido en las últimas décadas a raíz de la aceleración y el aumento de las temperaturas. Es un fenómeno que claramente ha ido a más, y que es realmente preocupante en nuestro siglo XXI. Sin embargo, ya a mitad y finales del siglo XIX, dentro de esta etapa, algunos glaciares europeos empezaron a ver reducido su volumen. Hasta aquí, el ciclo Neptuno-Plutón parece justificar bien las grandes tendencias y cambios climáticos de los dos últimos milenios. La cuestión es si realmente se deben estos cambios a este ciclo, que es probable, y, en tal caso, si este ciclo seguirá acompañando a las nuevas variaciones en el clima en el futuro. La siguiente conjunción entre estos dos planetas se producirá allá por 2385. ¿Supondrá la nueva renovación de este ciclo Neptuno-Plutón un nuevo cambio en el clima de la Tierra? Obviamente, deberíamos entrar por aquel entonces en una nueva etapa más fría. Lo sabremos dentro de poco más de tres siglos y medio… También podemos preguntarnos si otros ciclos menores, simples o compuestos, interfieren o justifican miniperiodos climáticos, dentro de la posible influencia general de este ciclo mayor. Estudiar esta eventualidad escapa a la finalidad de este estudio, pero espero que algún lector-astrólogo se adentre en un futuro cercano en una investigación así, de manera rigurosa y objetiva, con la intención de hallar más respuestas a la interesante relación que parece conectar a la astrología con los cambios climáticos.

El astrólogo *(detalle, c. 1650), de Luca Giordano. Colección privada*

Astrólogos famosos

S i la astrología es la música, los astrólogos son los instrumentistas y cantantes. También en este campo tenemos tanto a Bachs, Mozarts y Wagners como a músicos mediocres o malos. Pero aquí, en este apartado, voy a hablar de algunos de los astrólogos más notables y famosos, que no necesariamente son los mejores ni los más sabios. He de decir que los primeros estudiosos del cielo de los que tenemos conocimiento se sitúan en torno al tercer milenio antes de nuestra era. Y se recuerdan y son notorios para el siglo XXI porque parece ser que jugaron un papel relevante en su época, a pesar de que no sabemos mucho de ellos. Así, en el mismo tercer milenio antes de Cristo tenemos conocimiento de un tal Imhotep[95] en Egipto (ca. 2620 a. C.). Más adelante en el tiempo, ya en el segundo milenio antes de nuestra era, se repite el nombre del mítico Hermes (ca. 1500 a. C.),[96] del que no sabemos gran cosa, a excepción de que supuestamente vivió en el antiguo Egipto. Otro ejemplo de astrólogo de la antigüedad, dentro del primer milenio antes de Cristo, es el astrólogo babilonio Nergaletir (ca. 675 a. C.), del que tenemos algunas referencias de autores posteriores. Pero en verdad, hasta los albores de la era cristiana no tenemos nombres de los que podamos contar algo, aunque ello no sea especialmente interesante. Este vacío biográfico es común

---

95 También arquitecto y consejero, entre otras facetas privadas y públicas.
96 El astrólogo Junctino sitúa su obra en el tiempo para el 1488 a. C., según Demetrio Santos: *Introducción a la historia de la astrología*, p. 60. Sin embargo, ni siquiera sabemos si realmente existió o si fueron varios autores los que compusieron o compilaron las obras de Hermes Trismegisto (su nombre en griego), o si su tiempo fue bastante posterior.

en muchas otras disciplinas, y lo es por razones obvias. Es por esto que, debido a la antigüedad de este conocimiento, sus seguidores —notables o no— se han quedado rezagados por el camino, por decirlo así. Igualmente, la protagonista es la astrología, y ese es nuestro consuelo. Pero, aunque los astrólogos de los que hablaremos más abajo no vivieron más allá de dos milenios atrás, todos ellos disfrutaron de existencias interesantes, creo yo. Además, forman parte de una lista representativa de diferentes épocas y situaciones, a pesar de que no todos los practicantes de esta serie son necesariamente importantes para la historia de la astrología. De hecho, algunos apenas han aportado nada, desde un punto de vista conceptual o técnico; incluso alguno no tiene obra escrita conocida o, al menos, relevante. Sin embargo, me ha parecido una muestra variopinta e interesante por diversos motivos: por representar una época determinada, por el talento científico de alguno de ellos o por el nivel social de sus consultantes, entre otras muchas razones. Algunos no son propiamente astrólogos, como el rey Alfonso X; de otros, desconocemos su identidad verdadera, como los Reyes Magos, y de otros, como el estadounidense Carrol Righter, el lector quizá no habrá escuchado su nombre hasta ahora. Pero, aun así, vertebran mínimamente el conocimiento y la expresión de la misma astrología a lo largo de dos milenios, aunque sea de manera parcial e imperfecta.

Claudio Ptolomeo

El primer astrólogo de nuestra lista no podía ser otro que Ptolomeo (ca. 100-170), el llamado padre de la astrología moderna; o no tan moderna, pero la que se viene estudiando y practicando a partir de la era de Piscis.[97] Este astrónomo, astrólogo y matemático griego es el autor del muy citado y más estudiado *Tetrabiblos* o *Quadripartitum*, una obra astrológica capital, medular podríamos decir, pues en los siglos posteriores a su redacción fue la obra básica por excelencia. Incluso hoy en día, al releerlo, nos parece imposible que tenga ya dos mil años de historia. Sin duda, en su momento debió ser considerado un texto muy avanzado para su época. Su autor no se limita

---

97 Podemos situar el inicio de la era de Piscis a partir del nacimiento de Cristo, aproximadamente. En un capítulo posterior, Predicciones, el lector podrá conocer mejor qué es la llamada era astrológica.

a mostrar sus ideas o propuestas personales, sino que selecciona lo mejor de la astrología anterior y de su época.

Este libro, muy moderno para la época en que fue escrito, es un verdadero compendio de toda la astrología conocida hasta ese momento. Ptolomeo también escribió el *Almagesto*, un tratado sobre astronomía. Su modelo geocéntrico estuvo vigente durante muchos siglos,

Claudio Ptolomeo

prácticamente hasta la llegada de Copérnico y Kepler, e influyó en otros estudiosos del firmamento. Fue un personaje polifacético, interesado en múltiples conocimientos, aparte del estudio del cielo: óptica, geografía o música, entre otras materias, y se cree que estuvo vinculado a la famosa Biblioteca de Alejandría, ubicada, como sabemos, en la ciudad homónima.

ABRAHAM BEN EZRA

Otro personaje absolutamente polifacético, que vivió a caballo entre el siglo XI y XII. Se cree que nació en Tudela allá por 1092, y que falleció en Calahorra alrededor de 1167, perteneciendo a España ambas poblaciones. Ben Ezra era judío y pasó su juventud en al-Andalus, creciendo y aprendiendo a la sombra de una magnífica y doble cultura: árabe y judía. Su doble formación: literaria y científica, le permitió más tarde destacar y escribir en diferentes campos. Además,

Abraham Ben Ezra

dominaba diferentes lenguas, a pesar de que sus escritos se encuentran mayoritariamente en lengua hebrea. Tuvo una vida rica y plena, contando con la protección y los favores de algunos personajes judíos influyentes en su época. No solo residió en diferentes ciudades, como Córdoba, Toledo o Béziers (Francia), sino que emprendió numerosos viajes a lo largo de la península ibérica y fuera de ella: Marruecos, Argelia, Túnez, Francia o Italia, entre otros. En sus últimos años pasó a ser un sabio errante, y es posible que el alejamiento de su tierra natal se debiera en buena parte al trato poco favorable que por aquel entonces recibía la comunidad judía.

Cultivó la poesía, las matemáticas, la filosofía o la astronomía, entre otros saberes, siendo evidente la influencia del neoplatonismo en su obra. Sin embargo, aquí nos interesa especialmente su perfil astrológico. En este sentido, contamos con diferentes obras de gran interés, siendo un autor muy estudiado en la Edad Media. Todos los astrólogos que hemos leído un texto astrológico de Ben Ezra percibimos inmediatamente su inteligencia, su claridad mental y su capacidad para discernir lo correcto de lo que sobra en nuestra disciplina. Hoy, la imagen que tenemos de Ben Ezra desde nuestro colectivo no es tanto la de un perfil puramente astrológico, dedicado en exclusiva a la teoría y a la práctica de nuestra disciplina en su época, sino más bien la de un verdadero intelectual europeo con mayúsculas, cuyo talento científico y literario le permitió destacar en diferentes campos, siendo uno de ellos la misma astrología.

ALFONSO X

El rey de Castilla Alfonso X (1221-1284) no era propiamente un astrólogo, tal y como entendemos el ejercicio de esta actividad, pero era lo que hoy llamaríamos un aficionado, a la vez que protector y promotor de la cultura astrológica. Su actividad literaria, en este sentido, merece entrar por la puerta grande de las aportaciones medievales a la astrología. Su apelativo, Alfonso X «el Sabio», no es gratuito, pues demostró una gran inteligencia y cultura. Es más, vio claro dónde apostar para que el legado astrológico de siglos anteriores no se

Alfonso X el Sabio[99]

perdiera y, además, para que se desarrollara convenientemente. Hoy, en un mundo dominado por la mera política, donde un mandatario —y mucho menos un rey— dedicado a la cultura se nos antoja como poco menos que imposible, vemos con envidia, al lanzar la mirada atrás, una época en que los monarcas y altos dignatarios también tenían tiempo y ganas para pensar en el mundo de la ciencia y de la cultura en general.[98] Aquí, lo que nos ocupa es la misma astrología, y nuestro personaje, Alfonso X, se nos muestra a la altura, con una estatura histórica que impresiona. Antes de entrar en su aportación a nuestro campo, podemos recordar que fue el titular de la Corona de Castilla y de otros reinos entre 1252 y 1284. Durante su largo mandato no estuvo ocioso a nivel político y militar, pues se vio obligado a guerrear con los musulmanes y a atacar y defender diferentes plazas. Mas esto podemos obviarlo. No tuvo un final de vida tranquilo a nivel familiar, pues hasta su último suspiro debió lidiar con intrigas y traiciones de su entorno, y murió en Sevilla (España) defendiendo su trono. Su reinado también destaca desde la óptica administrativa, económica o jurídica, habida cuenta de las propuestas y reformas que llevó a cabo.

---

98 No es un caso único, pues el rey español Felipe II también demostró una gran apertura mental, particularmente con la disciplina que nos interesa: la astrología.

99 Estatua sedente de Alfonso X, ubicada en la entrada de la Biblioteca Nacional (Madrid, España).

Sin embargo, entre su larga lista de haberes aquí destacaremos su actividad científica y literaria, concretamente la referida al mundo de la astrología, una de sus pasiones, sin duda. El rey Alfonso no se limitaba a impulsar y sufragar monetariamente las obras que mandaba redactar o traducir, sino que se implicaba en todo el proceso, a tenor de lo que hemos podido saber en los últimos siglos. Fundó la conocida Escuela de Traductores de Toledo,[100] formada por diversos sabios versados en diferentes lenguas y conocimientos, propiciando desde esta plataforma cultural la edición de obras que hoy ya son universales. Estos libros rescataban textos de la antigüedad, traduciéndolos del árabe o el hebreo al castellano y al latín. De hecho, esta iniciativa cultural consolidó al mismo castellano como lengua culta y científica a partir de entonces. Recordemos que España fue la puerta de entrada de la cultura astrológica árabe, aunque esta realidad pronto se extendió al resto de Europa. Ejemplos de la producción literaria fomentada por Alfonso X son *El libro conplido en los iudizios de las estrellas*, cuyo autor es el astrólogo árabe Aly Aben Ragel [sic], el *Libro del saber de astrología, el Libro de las cruces* o las llamadas *Tablas alfonsíes*, que ya hemos mencionado en un capítulo anterior. Desde 1935, un cráter lunar: Alphonsus, lleva su nombre en homenaje a su interés por la astronomía. Lo que quizá ignoran algunos es que realmente su verdadera pasión fue la astrología. Mas no importa: astrónomos y astrólogos compartimos la Luna amistosamente, aunque sea con diferentes propósitos.

GUIDO BONATTI[101]

A juzgar por su obra, tan excelsa como luenga, y por sus méritos como astrólogo consultor, ha sido uno de los mejores astrólogos

---

100   Toledo se erigió como una ciudad castellana de gran importancia cultural a partir de su conquista por el rey Alfonso VI en 1085. Fue un verdadero crisol donde se fundían las mejores ideas de cristianos, judíos y musulmanes, un lugar de convivencia cultural único. La Escuela de Traductores de Toledo estaba formada por estudiosos de peso: Gerardo de Cremona, Juan Hispalense y otros, aunque no podemos calibrar a ciencia cierta su alcance intelectual ni temporal ni podemos asegurar el número de traductores y redactores, siendo un tema aún hoy controvertido.

101   También llamado Bonato o Bonatus, según la fuente.

de todos los tiempos. Este maestro florentino nació en Forlì,[102] en la actual Italia, allá por 1210 y se cree que falleció en torno al 1296, o en 1300 según algunos estudiosos. Durante su vida emprendió diferentes viajes por motivos culturales, siendo París (Francia) uno de los destinos lejanos que se aceptan, entre otras ciudades italianas y posiblemente europeas. Se dice, también, que fue profesor universitario en Bolonia (recordemos que es la universidad más antigua de Europa,

Guido Bonatti[103]

fundada en 1088), en su Italia natal. Su prestigio, cimentado sobre su elocuencia y sus aciertos predictivos, le permitió acceder y asesorar a personajes importantes de la época, como el conde de Montefeltro. Algunos historiadores incluso afirman que fue consejero astrológico de Federico II.

Es autor de la monumental *Decem continens tractatus astronomiae*, escrita en latín alrededor de 1277 y muy estudiada en los dos o tres siglos posteriores. Hoy en día tenemos una traducción completa al inglés y parcial al español y a otras lenguas. Sin duda, merece una lectura por parte de todo estudioso dentro de nuestro campo. En su día, defendió la astrología y mantuvo diversos enfrentamientos con algunos críticos de esta disciplina, parece ser que pertenecientes a la Iglesia. Sabemos que murió a una edad avanzada, y que muy probablemente vivió sus últimos años retirado en su hacienda, dedicado al estudio y a la redacción de su obra astrológica. El resto de datos biográficos que han llegado hasta nuestros días —como su posible ingreso en la Orden Franciscana (algo improbable, a mi juicio) o su asesinato a manos de unos ladrones cerca de Cesena (Italia),

---

102   Algunos investigadores barajan la ciudad de Florencia como alternativa menos conocida.

103   Imagen parcial de un grabado del siglo XVIII.

al regresar a su residencia después de un largo viaje— no podemos confirmarlos. Pero lo que sí puede constatarse, y es prueba de su celebridad, es que aparece en *La Divina Comedia* de Dante, obra escrita pocos años después de su muerte.

ABRAHAM ZACUT[104]

Este matemático, astrónomo y astrólogo español, de origen judío, nació en 1452 en Salamanca (España), y falleció, presumiblemente, en 1515 en Damasco (Siria). A pesar de no ser un astrólogo convencional, merece figurar en esta galería de astrólogos ilustres. Su vida y obra son ciertamente relevantes dentro de la ciencia y la cultura hispánicas, y ha merecido con justicia diversas obras biográficas a lo largo del tiempo. Podemos empezar diciendo que estudió astrología en la Universidad de Salamanca, cuya cátedra[104] se creó allá por 1460 y se mantuvo cerca de tres siglos. Pero al contrario de lo que afirman algunos de sus biógrafos, nunca llegó a enseñar esta materia en esta universidad. En cualquier caso, su sólida formación astronómica y astrológica, con un gran dominio de las matemáticas, propició que como autor firmara obras de gran relevancia, como el conocido *Almanach Perpetuum* (1473), tan útil en la navegación oceánica de la época. Esta obra la escribió bajo la protección del rector y obispo de Salamanca, Gonzalo Pérez de Vivero. Sin embargo, tras el fallecimiento de este en 1482 decide trasladarse al pueblo de Gata, en Cáceres, donde encontrará un nuevo protector: Juan de Zúñiga y Pimentel, noble español y último maestre de la Orden de Alcántara. Zacut será su astrólogo personal, y allí será donde escribirá otra de sus obras más conocidas: *Tratado breve de las influencias del cielo* (1485), que trata sobre astrología médica, pero donde también incluye elementos de astrometeorología. Se dice que para redactar esta obra tuvo que recurrir a su memoria y a su talento como astrólogo, al no disponer de su biblioteca sobre la materia. No será su última obra, por supuesto, pues Zacut escribirá varios libros de diferente temática

---

104   En dicha cátedra se impartían materias como aritmética, geometría, geografía, cosmografía o astrología judiciaria. Algunos de sus primeros catedráticos fueron Nicolás Polonio, Juan de Salaya, Diego de Calçadilla, Fernando de Fontiveros y Diego de Torres.

a lo largo de su azarosa vida, y en diferentes países.

A raíz de la expulsión de los judíos de España en 1492, se trasladó a Portugal, donde nuevamente encontró un poderoso protector. Esta vez, el mismísimo rey de Portugal: Juan II. Es notorio que los reyes portugueses de la época mantenían a diferentes astrólogos en la corte, utilizando este conocimiento en su provecho. Por ello, no es de extrañar que un personaje como Zacut encajara tan bien en tierras lusitanas. Nuevamente, este judío errante cambia de aires y abandona el país vecino debido al clima religioso y político poco favorable con respecto a su reli-

Abraham Zacut[106]

gión. Lo encontramos después en Túnez, en el norte de África, allá por 1497, donde se establece provisionalmente. Allí escribirá y se dedicará a la docencia, pero vuelve a huir por motivos políticos y religiosos unos años después, recalando en Turquía y acabando sus días, probablemente, en Damasco (Siria), allá por 1515.[106]

Algunos historiadores sugieren que mientras nuestro astrólogo estuvo viviendo en la península ibérica jugó un papel importante en la navegación y la exploración portuguesa de la época, con el mismo Vasco da Gama como protagonista. Algunos hacen extensiva esta actividad a las expediciones españolas. Es más, su posible vinculación con Cristóbal Colón y alguno de sus viajes a América ha sido motivo de investigación. Al respecto, se dice que en uno de los viajes del almirante al continente americano el almanaque perpetuo de Zacut, ya referenciado antes, salvó a Colón y a su tripulación de quedarse sin víveres, pues con ayuda del almanaque pudo prever un

---

105 Antiguo grabado que se atribuye a la imagen de Zacut, y que a menudo acompaña a biografías y artículos sobre su persona.

106 Otros estudiosos sugieren que falleció en 1522.

eclipse total de Luna que oscureció por momentos nuestro satélite.[107] De esta manera, y sabiéndolo de antemano, Colón amenazó a los indígenas de privarles de la luz lunar,[108] lo que ciertamente ocurrió en el día y momento previsto por Colón. Los nativos americanos, sorprendidos ante el poder y la capacidad de los visitantes de prever o controlar tal hecho astronómico, accedieron a seguir suministrando comida y útiles a la expedición de Colón. Esta anécdota parece cierta, a juzgar por las fuentes que nos informan de ella, pero además cabe recordar que Colón y Zacut eran coetáneos y frecuentaban círculos próximos en lo tocante a la navegación, la astronomía y, en general, a las altas esferas del poder en la península ibérica. Por ello, me parece plausible que ambos personajes se conocieran, trataran y colaboraran. Con todo, la faceta de Zacut en lo tocante a la navegación es, para muchos historiadores, un dato biográfico controvertido. Hoy, la biblioteca del área de ciencias y técnicas de la Universidad de Salamanca lleva su nombre, en homenaje a la labor de este gran científico español.

LUCA GAURICO

Este notable astrólogo del Renacimiento nació en Gauro (región de Campania, Italia) en 1475 y falleció en Roma en 1558. Nacido en el seno de una familia culta, exponente del humanismo renacentista, creció estudiando hasta licenciarse hacia 1502. Su inclinación a la astrología, a la que dedicó todo su tiempo, le permitió estudiar en profundidad esta materia hasta convertirse en un astrólogo profesional de gran reputación. Entre sus ilustres consultantes podemos citar a Catalina de Médici (reina de Francia), entre otros personajes de la época. Pero, en verdad, Gaurico alcanzó su estatus más alto a la sombra del papa Paulo III, que ocupó el solio pontificio entre 1534 y 1549. Sabemos que este pontífice era muy aficionado a la astrología y reclamó la presencia de Gaurico en la corte papal, asignándole el

---

107 Según diversas fuentes, corresponde al eclipse total lunar del 29 de febrero de 1504.

108 Existen diferentes menciones en libros y artículos que hablan de este curioso suceso. Uno de los más recientes se publicó en el periódico *ABC* (Madrid, España) el 26-12-2021, a cargo de Pedro Gargantilla y con el título: «Abraham Zacuto, el astrónomo que predijo un eclipse y que salvó la vida de Colón».

papel de astrólogo personal. Con el tiempo, a base de aciertos predictivos y de su buen hacer como astrólogo consultor, el papa le nombró obispo. En la práctica, este astrólogo se encargaba también de escoger el mejor momento para el inicio de una construcción y para todo tipo de inauguraciones, entre otras elecciones astrológicas.[109] Después de la muerte de Paulo III nuestro astrólogo permaneció un tiempo en su puesto, pero después abandonó

Luca Gaurico

Roma buscando otras metas, ya con más de setenta y cinco años a sus espaldas.

Publicó diversas obras, siendo su *Tractatus Astrologicus* (1552) su libro más famoso. Redactado ya a una edad avanzada, contiene más de doscientos horóscopos de personajes destacados, entre reyes, papas o nobles, así como fundaciones de ciudades y otros eventos. En esta obra Luca Gaurico incluye el dibujo de la carta natal junto a una serie de datos accesorios y algún comentario astrológico. Si desde un punto de vista histórico este personaje se nos antoja interesante por sus contactos con las altas esferas del poder, no lo es menos por sus aciertos predictivos. Se dice que predijo con una gran antelación la ascensión al papado del que después sería León X, perteneciente a la familia de los Médici. Otra de sus predicciones famosas se refiere a la muerte del rey francés Enrique II, acaecida de forma fortuita en 1559 en un torneo. Más adelante veremos que también

---

109   Como ya sabemos a estas alturas de la obra, la rama astrológica que se encarga de seleccionar el mejor momento posible para el inicio de una actividad, empresa o inauguración se llama astrología eleccional.

Nostradamus pareció predecir la muerte de este rey galo. También levantó una gran polvareda el estudio que hizo del supuesto horóscopo de Martín Lutero, con sus implicaciones políticas y sociales. Podemos añadir que fue profesor y director de una escuela de astrología en Ferrara (Emilia-Romaña, Italia). Por sus vivencias y su relevancia histórica, hoy su vida merecería un biopic cinematográfico. Para muestra, un botón: a raíz de un pronóstico astrológico al poderoso Giovanni Bentivoglio, que no fue del agrado de este, Gaurico fue torturado y tuvo que huir de la región. Para acabar con este brillante astrólogo renacentista, apuntar que pocas veces un estudioso de esta materia llegó tan alto por su prestigio merecido y por codearse con los poderosos de su tiempo.

Nostradamus

Michel de Notre-Dame, más conocido como Nostradamus, fue un médico y astrólogo francés cuya fama no ha dejado de acrecentarse desde su muerte, hasta convertirlo en el astrólogo más famoso de la historia. Nació en Saint-Remy de Provence (Francia) en 1503 y falleció en 1566 en la también francesa Salon-de-Provence. Nacido en el seno de una familia judía convertida al catolicismo, inició sus estudios universitarios en la ciudad de Aviñón, aunque no llegó a completarlos, inscribiéndose después en la Universidad de Montpellier (Francia), donde estudió medicina. Le tocó vivir en una época difícil en su Francia natal, falleciendo su primera esposa y sus dos hijos en un brote de peste allá por 1534. Realizó diversos trabajos dentro de la medicina de la época, aunque poco a poco fue abandonando esta materia por la astrología. Se volvió a casar, formando nuevamente una familia con su segunda mujer. Publicó diversos almanaques a mediados del siglo XVI, que aumentaron su popularidad, trabajando también como astrólogo consultor en su Provenza natal.

Alcanzó un cierto renombre, lo que le permitió acceder y asesorar astrológicamente[110] a importantes personajes de la época, ya fueran ricos burgueses, nobles o incluso miembros de la realeza, como Catalina de Médici. Un hito en su biografía es la publicación en 1555 de la

---

110   Es más que probable que compaginara el asesoramiento astrológico con el ejercicio de la medicina en esta etapa de su vida.

primera edición de sus célebres profecías, las llamadas *Centurias*.[111] Esta obra
se ha reimprimido ininte-
rrumpidamente desde en-
tonces, interpretándose
libremente debido a su lenguaje críptico, difícilmente
descifrable. A pesar de que
Nostradamus tenía una só-
lida formación astrológi-
ca y utilizaba esta disciplina en sus consultas privadas
y en la composición de sus
Centurias, ha pasado a la
historia como una especie
de profeta y vidente, debido a las características de su

Nostradamus

obra principal. No obstante, fue un astrólogo con mayúsculas, aun
con una mayor o menor inspiración y con una intuición casi sobre-
natural. Falleció por enfermedad en su casa de Salon-de-Provence, le-
gando para la posteridad uno de los textos más interesantes y contro-
vertidos de los últimos siglos.

JOHN DEE

Este poliédrico personaje: astrólogo, matemático, ocultista, consejero político… nació en Londres (Inglaterra) en 1527, y falleció allá
por 1608 o 1609 en la localidad inglesa de Mortlake, que actualmente forma parte de la misma capital. Desde sus primeros años de
vida demostró una gran curiosidad natural y una gran inclinación
por el estudio, al que dedicaba muchas horas al día. Con el tiempo,
Dee llegó a convertirse en un verdadero erudito, obsesionándose de
forma sana por el conocimiento. Basta decir que en su época reu-
nió la mejor biblioteca de Inglaterra, que a menudo era visitada por

---

111 Publicadas originariamente en francés, no en latín, lo que ayudó a una mejor y más
     amplia difusión.

John Dee

intelectuales y académicos del país.[112] Viajó por Europa y se estableció provisionalmente en algunas capitales para estudiar diferentes materias. Una de las características más sorprendentes de su personalidad es que mantenía un perfecto equilibrio entre su afición por la ciencia convencional y por otras disciplinas esotéricas, lo que ciertamente atrajo críticas y colisiones con personajes relevantes de la época. Una de las problemáticas con las que tuvo que lidiar fue su arresto en 1555 debido a prácticas astrológicas que fueron entendidas como contrarias a los intereses de la corona. Con todo, su fama como hombre culto e inteligente finalmente llegó a oídos de la corte, pasando a formar parte de los consejeros de la reina Isabel I. De hecho, este astrólogo seleccionó la fecha de la coronación de esta reina en 1559, bajo criterios puramente astrológicos.

Ya dentro del círculo de confianza de la reina, alcanzó una gran complicidad con ella, trabajando como astrólogo en diferentes iniciativas y como consejero real, en definitiva. Según algunos estudiosos, Dee escogió el mejor momento astrológico para que la armada inglesa atacara a la española en 1558. También se dice de él que acuñó el término compuesto «Imperio británico». Más sorprendente aún, según algunos autores, es que el personaje literario y cinematográfico

---

112 Se dice que contaba con más de 2600 volúmenes, que no eran pocos para la época. Otras fuentes son más generosas: entre 3000 y 4000 libros.

creado por Ian Fleming en el siglo xx, el agente 007,[113] se haya inspirado en John Dee y su labor de espionaje para la reina Isabel I. Según parece, los dos ceros simbolizaban los dos ojos de la reina (en verdad: «solo para sus ojos»), mientras que el número 7 era el número de la suerte de nuestro astrólogo. Pero con el tiempo, Dee se fue alejando de la corte, por un motivo u otro, emprendiendo largos viajes que le pusieron en contacto con otros monarcas europeos, aunque sin tener una gran trascendencia. Ya de vuelta a su país de origen, los últimos años de este astrólogo estuvieron muy alejados del fulgor de su etapa en la corte de Isabel I. Aunque esta no lo abandonó por completo y le ayudó a subsistir, vivió hasta su muerte con escasos recursos económicos, elaborando horóscopos para subsistir y desprovisto ya de un prestigio que en su momento le abría las puertas de los poderosos. Escribió alguna obra, pero como autor no está a la altura de su importancia como mero intelectual y consejero de la corte inglesa. En lo personal, se casó dos veces y tuvo una numerosa descendencia.

JOHANNES KEPLER

El incluir aquí al gran Kepler, paradigma del científico con talento e incluso del genio de la Era Moderna, puede sorprender a muchos. Sin embargo, su faceta astrológica es bien conocida. Más aún: su aportación a la astrología no es poca, a tenor de lo que nos ha legado en forma de teorías y escritos.[114] Nació en 1571 en Weil der Stadt y falleció en Ratisbona en 1630, ubicándose ambas poblaciones en la actual Alemania. Nació de forma prematura y su infancia no fue fácil, siendo un niño débil y aquejado de diversas enfermedades. En su adolescencia empieza su afición a la astronomía, que le llevaría con el tiempo a descubrir las leyes sobre el movimiento de los planetas alrededor del sol. Estudió diversas materias en la Universidad de Tubinga, en su Alemania natal, y al cabo de un tiempo se trasladó a Graz (Austria), siendo a partir de entonces cuando su faceta astrológica empieza a salir a la luz, publicando diversos textos y predicciones astrológicas. Dada la difícil situación para los protestantes, abandona Austria

---

113 James Bond, para más señas.
114 Véanse, por ejemplo, sus aportaciones en el apartado de los aspectos planetarios. Kepler descubrió los aspectos de 72° y de 144°, por mencionar uno de sus muchos destellos como astrólogo investigador.

IOANNIS KEPPLERI,
Mathematici Cæsarei
hanc Imaginem
ARGENTORATENSI BIBLIOTHECÆ
Confecr.
MATTHIAS BERNEGGERVS
M.DC.XXVII.

Johannes Kepler

y se instala en Praga (actual República Checa), donde conoce a Tycho Brahe. Gracias a su amistad con este último, entra en contacto con la corte de Rodolfo II, en calidad de matemático y de astrólogo.

En los últimos años de su vida entró al servicio de Albrecht von Wallenstein, un importante político y militar de Bohemia.[115] Falleció a la edad de 58 años, en su Alemania natal. Dejando a un lado las leyes planetarias que enunció —ya descritas anteriormente— y sus teorías científicas, su obra escrita es imprescindible: *Astronomia nova, Harmonices mundi* o incluso un texto sumamente interesante para los astrólogos: *De los fundamentos muy ciertos de la astrología*.[116] Por no mencionar la importancia de sus *Tablas rudolfinas,* unas efemérides planetarias creadas a partir de sus propios cálculos. Es chocante y lamentable el interés de algunos biógrafos en justificar la faceta astrológica de Kepler con motivos meramente económicos. El que ejerciera como astrólogo profesional, a tiempo completo o parcial, no significa que el interés crematístico primara de forma excluyente con respecto a otras motivaciones. Esto es ridículo. De ser así, Kepler se hubiera limitado a vender horóscopos de manera mecánica, comercial, y no hubiera emprendido investigación alguna en el campo astrológico.

---

115   Kepler calculó e interpretó los horóscopos de Wallenstein y de Rodolfo II, entre otros personajes.

116   Originalmente publicada en 1601, pero tenemos una edición actual y en español a cargo de Gracentro (Valencia, España), editada en 2004.

JEAN-BAPTISTE MORIN

Es uno de los mejores astrólogos de todos los tiempos. Nacido en Villefranche-sur-Saône (Francia) en 1583, inició sus estudios superiores en la Universidad de Aix-en-Provence (Francia), donde aprendió filosofía. Posteriormente estudió medicina en Avignon, doctorándose en 1613. Vivió su juventud y parte de su madurez obligado a servir a diferentes señores, lo que limitó su independencia y condicionó tanto su carácter como su vida futura. Empezó en París, estan-

Jean-Baptiste Morin

do a las órdenes de Claude Dormy, obispo de Boulogne-sur-Mer, desde 1613 a 1621. Según parece, en estos años viaja por Alemania y Hungría en misión comercial. En este periodo Morin entra en contacto con la astrología, estudiando en profundidad esta materia. Es muy probable que durante este tiempo el obispo hubiera requerido su asesoramiento astrológico. Su siguiente empleo es con el duque de Luxemburgo, de 1621 a 1629. En estos años, Morin compagina el extenuante servicio al obispo y al duque con la redacción y publicación de algunas pequeñas obras, que no tienen gran trascendencia. Paralelamente, entra en contacto con la corte francesa en tiempos de Luis XIII. Sabemos que estuvo presente en el nacimiento de Luis XIV, escondido entre las cortinas de palacio, para anotar con fidelidad la hora de nacimiento del futuro delfín de Francia. El que dispuso esto no es otro que el cardenal Richelieu, que por varios años requirió los servicios astrológicos de Morin, al que podemos considerar como el astrólogo real durante este tiempo. En 1630 obtuvo la cátedra de matemáticas en el Collège Royal, conservando este puesto hasta su muerte. Otra de sus facetas fue precisamente la de matemático, dedicándose por largo tiempo a intentar solucionar el problema del cálculo de la longitud geográfica en alta mar. Aquí, Richelieu no le fue de gran ayuda y Morin se resignó a ver como sus esfuerzos caían en saco roto por un largo periodo, aunque al final fue recompensado por el cardenal Mazarino. En otro orden de cosas, podemos añadir que durante su madurez criticó las ideas de Galileo, Descartes y otros muchos científicos e intelectuales, polemizando de forma agria con algunos de sus coetáneos. Pero de todos sus logros en vida, el más importante sin duda para el mundo astrológico es la redacción de su *magnum opus*: la *Astrologia Gallica*, una obra escrita en latín en la que invirtió muchos años de estudio y práctica. No llegó a verla publicada, pues vio la luz en 1661, pero casi cuatro siglos después todavía estamos descubriéndola y admirándola. Otro elemento de gran interés en la vida de este astrólogo es la larga serie de aciertos predictivos que tiene en su haber, siendo algunos de ellos sorprendentes. En otro capítulo de esta obra hablaremos de sus predicciones. Para acabar con esta pequeña síntesis sobre su vida, apuntar que este astrólogo francés falleció en París en 1656.

Diego de Torres Villarroel

Escritor, poeta, médico, matemático, presbítero y astrólogo, nació en 1694[117] en Salamanca (España), y murió en la misma ciudad en 1770. Este polifacético y polémico personaje es conocido hoy, varios siglos después de su muerte, por su condición de literato. Aún se lee su original autobiografía: *Vida, ascendencia, nacimiento...*[118] y todavía se recuerda su azarosa existencia en la Salamanca del siglo XVIII. Aquí nos interesa su faceta puramente astrológica, por lo que diremos que, sin ser un astrólogo tradicional, alcanzó fama como tal a partir de sus almanaques astrológicos, que se vendieron bien y le reportaron jugosos beneficios, al parecer. No olvidemos que en la España del siglo XVIII la astrología ya estaba sumida en una peligrosa decadencia,[119] y lo que quedaba de ella era un vago recuerdo de su brillo

---

117 Algunas fuentes citan el año 1693.
118 *Vida, ascendencia, nacimiento, crianza y aventuras del doctor Diego de Torres Villarroel.*
119 Francia inició la decadencia astrológica en Europa a nivel académico y social, resistiendo España casi un siglo más, aunque con un declive muy acusado. Inglaterra pareció resistir mejor el invierno astrológico, que duraría alrededor de

en siglos anteriores. Aun así, nuestro astrólogo ostentaba un puesto que ya tenía los días contados en la universidad de la época: catedrático de astrología de la Universidad de Salamanca.[120] Su juventud, disipada y temeraria, le llevó a vivir enfrentamientos físicos, robos, destierros y mil aventuras, viajando por otras ciudades y países y empleándose en mil y un trabajos, desde soldado a torero, pasando por la medicina y por la misma astrología, entre otras actividades.

Diego de Torres Villarroel

A su vuelta a Salamanca pareció sentar la cabeza, aunque siempre fue un espíritu rebelde y contestatario. No podemos dejar de mencionar que Torres era un lector voraz, y que su capacidad intelectual —a pesar de su carácter e inclinaciones— iba más allá de la medianía, por lo que fue cuestión de tiempo que triunfara en una actividad que le permitiera vivir con una cierta holgura. Se dedicó a estudiar más en profundidad la astrología y pronto se vio capaz de redactar y firmar almanaques astrológicos, bajo este seudónimo: el Gran Piscator de Salamanca. No podemos juzgar hoy su nivel astrológico, y más siendo la astrología del siglo XVIII una materia en descomposición, pero a tenor de algunos de sus aciertos predictivos, su conocimiento no era escaso. En otro capítulo de esta obra, Predicciones, analizaremos dos de sus más famosos pronósticos, ciertamente asombrosos. Falleció a los 76 años

---

dos siglos, llegando al siglo XIX en mejores condiciones.

120   Así lo indica, al menos, en su testamento, que está encabezado de la siguiente manera: «Testamento del reverendo Don Diego de Torres Villarroel, catedrático de astrología de la Universidad de Salamanca…». Como sabemos, Salamanca fue uno de los últimos bastiones de la astrología académica.

Evangeline Adams

en el palacio de Monterrey, en Salamanca, donde su protectora, la duquesa de Alba, le había puesto varias habitaciones a su disposición.

EVANGELINE ADAMS

Sin duda, una de las astrólogas más relevantes de finales del siglo XIX y de las primeras décadas del siglo XX. Nacida en 1868 en Jersey City y fallecida en 1932 en Nueva York, ambas ciudades de los Estados Unidos de América, tuvo en esta última ciudad de adopción su cuartel general, contando con consultantes influyentes como el mismísimo J. P. Morgan, el célebre banquero. También la consultaron otras personalidades de la época, como el Príncipe de Gales, la soprano Mary Garden o el gran Enrico Caruso. Parece ser que era una astróloga tradicional, que ofrecía un perfil serio y muy profesional, alejándose de la imagen frívola y tópica a la que algunos profesionales recurrieron en busca de clientes. Más allá de difundir este conocimiento a lo largo y ancho de los Estados Unidos, Adams dignificó la imagen de este saber. Supo ejercer un rol desprestigiado en los últimos siglos, y además demostró una competencia notable en este campo. Publicó diversas obras, destinadas a la divulgación de la astrología, con una buena acogida entre el público. Editó también un boletín con previsiones financieras, sobre la bolsa y otros asuntos, contando con un buen número de suscriptores. Quizá no fuera un peso pesado de la investigación ni sus aportes conceptuales o técnicos pasen a la historia de la astrología, pero hizo bien su trabajo, rompió moldes y creó los cimientos de una renovada práctica astrológica en la América del cambio de siglo.

Una de las anécdotas más recordadas de su biografía es la referida a uno de los tres procesos judiciales que tuvo que afrontar en vida, todos ellos a causa de ejercer como astróloga. De esta manera, en 1914 logra ser absuelta de los cargos al demostrar al juez que la astrología no es una falacia, sino una disciplina rigurosa y válida. ¿Cómo lo logró? Le propuso al juez interpretar el horóscopo de su hijo —al que no conocía de nada— y una vez elaborado el mismo, y ante lo certero del perfil astrológico esbozado, el juez alabó su pericia y, con ello, avaló a la misma astrología, desestimando el caso y ayudando a mejorar la imagen de la astrología ante la opinión pública.[121] Nuestra astróloga cuenta en su haber con otra jugosa anécdota, que parece estar bien documentada: al instalarse en Nueva York en 1899, pasó su primera noche en el pequeño hotel Windsor, a cuyo propietario conoció e interpretó su horóscopo en la tarde-noche del 16 de marzo. Adams le advirtió de un peligro inminente, con una gran pérdida material para el dueño del hotel. Este no hizo mucho caso de la advertencia, pero al día siguiente su hotel fue devorado por las llamas y él mismo murió a las tres semanas como consecuencia de la impresión recibida. La noticia de esta funesta predicción apareció en los periódicos, y este fue el fulgurante inicio de la carrera de Evangeline Adams.

KARL ERNST KRAFFT, LOUIS DE WOHL Y LA II GUERRA MUNDIAL

En este apartado he agrupado la vida y obra de dos astrólogos notables no porque trabajaran al alimón, como Charles S. Rolls y Frederick H. Royce,[122] sino porque ambos coincidieron en una triste época a mediados del siglo XX: la Segunda Guerra Mundial (1939-1945), trabajando como astrólogos en dos bandos opuestos. Lo que más abajo les contaré fue un rumor, una sospecha durante décadas, pero acabó siendo confirmado en marzo de 2008 con la desclasificación de documentos relativos a la última gran guerra por parte del gobierno británico. Sí, aunque nos parezca increíble, en pleno siglo XX los dos bandos contendientes en la Segunda Guerra Mundial recurrieron a la astrología para conseguir la victoria, como en el pasado. Alemania tomó la iniciativa, contratando al astrólogo suizo Karl Ernst Krafft, mientras que Inglaterra hizo lo propio con el astrólogo de origen húngaro Louis de Wohl. El lector que quiera un relato

---

121   El juez dijo exactamente: «La acusada eleva la astrología a la dignidad de una ciencia exacta».
122   Fundadores de la marca de automóviles Rolls-Royce en 1906.

más o menos pormenorizado de lo que ocurrió, desde la perspectiva del astrólogo aliado (digámoslo así), puede leer la historia en algunas de las obras de Louis de Wohl.[123] La astrología aplicada a la guerra consistía en estudiar los horóscopos de los países en guerra, de los dirigentes políticos y de los principales mandos militares, entre otras cartas mundanas de interés. Una actividad casi cotidiana era el intentar adelantarse al enemigo, contraprogramando posibles ofensivas. Pero era mucho más que eso. Además, los dos astrólogos que se enfrentaron indirectamente por motivos bélicos eran realmente competentes, de eso no cabe ninguna duda. La singladura de cada uno de ellos, por separado, así lo avala. En cualquier caso, la guerra no se decidió en los despachos astrológicos, entre otras cosas, porque la astrología tiene sus límites materiales y, además, porque en la gran guerra participaron otros muchos países y la situación adquirió una extensión y una complejidad que superó el margen de maniobra de los astrólogos. Aun así, estoy convencido no solo de que la astrología decidió movimientos de tropas, sino de su carácter decisivo en algunas batallas.

A continuación repasaremos brevemente, por separado, las biografías de uno y otro astrólogo. Empecemos por el astrólogo que asesoró al bando y mando alemán:

Karl Ernst Krafft nació en 1900 en Basilea (Suiza), y estudió diferentes materias científicas en las universidades de Basilea, Ginebra y Londres. Su sólida formación en matemáticas, y particularmente en estadística, le permitió abordar su gran pasión: la astrología, desde un prisma científico, emprendiendo ya desde muy joven investigaciones que intentaron probar el fenómeno astrológico y delimitar su alcance en otras disciplinas, como la medicina y otras. Su obra *Traité d'astro-biologie*, publicada en 1939 en Bruselas (Bélgica), es una muestra de las teorías y ambiciones de Krafft en materia astrológica. Pero antes, este astrólogo se mostró activo escribiendo otras obras menores y artículos para revistas astrológicas, así como participando en congresos de astrología, lo que le dio una cierta publicidad y prestigio. A consecuencia de esto, algunos líderes del partido

---

123 En español tenemos dos ediciones de la misma obra: *Usted y la astrología*, la primera publicada por AHR (Barcelona, España) en 1955, y la segunda, más reciente en el tiempo, a cargo de la editorial Teorema. De todas maneras, deberán consultarse en bibliotecas, pues ambas ediciones están agotadas.

Karl Ernst Krafft

nazi —aficionados a la astrología y al esoterismo en general— propiciaron que empezara a colaborar con el gobierno alemán, elaborando informes astrológicos que le llevaron, en poco tiempo, a trabajar casi en exclusiva para el bando del eje, liderado por Alemania. En verdad, su único contacto y destinatario de los estudios astrológicos fue el país germano. Trabajar como astrólogo para un gobierno puede parecer un salto de gigante en la carrera de un profesional de esta disciplina, pero en el caso de Krafft y de la Alemania nazi eso estaba sujeto a un juego muy peligroso, como la historia nos lo demuestra después. Nuestro astrólogo, suizo de nacimiento y no necesariamente afín a las ideas nazis, se vio obligado a abandonar su residencia en Commugny, un pintoresco y pequeño pueblo suizo donde vivía con su esposa, para trasladarse a Berlín, que ya entonces, a finales de la década de los treinta, se situaba en el ojo del huracán de la guerra. La labor de este astrólogo para el gobierno alemán también involucró al ministerio de Propaganda, pues allá por 1941 se publicó en España una obra firmada por él: *Nostradamus predice el porvenir de*

Europa,[124] traducida al español (y a otras lenguas), donde interpretaba algunas cuartetas del astrólogo francés favoreciendo al bando alemán.[125] Obviamente, fue obligado y manipulado en esto y en otras actividades astrológicas. Lamentablemente, Krafft nunca regresó a casa. Cuando la situación en la guerra empeoró y se complicó,[126] fue encarcelado y murió tras una larga enfermedad a principios de 1945, mientras era trasladado al campo de concentración de Buchenwald (Alemania). De esta manera, el régimen nazi privó a la astrología de uno de sus más grandes talentos del siglo xx.

El otro protagonista de esta historia es Louis de Wohl, nacido en Berlín (Alemania) en 1903, aunque de padre húngaro y con raíces judías. De Wohl pasó su infancia y juventud en Alemania y, al contrario que Krafft, era más de letras que de ciencias, ganándose la vida escribiendo en el país germano hasta 1935. Algunas de sus novelas incluso fueron llevadas al cine. Con la llegada al poder de los nazis y con su creciente antisemitismo, abandona Berlín en dirección a un país más seguro: Inglaterra. Nuestro astrólogo intentó empezar desde cero en Londres, pero pronto se dio cuenta de que, a pesar de su ya dilatada carrera como autor en Alemania, en Inglaterra existían otra mentalidad y otros gustos, y lo peor es que el idioma era otro. Con todo, se dispuso a estudiar inglés y a escribir como pudo, publicando alguna obra como *I Follow my Stars*.[127] Sin embargo, su carrera como escritor se interrumpió al estallar la Segunda Guerra Mundial, aunque pronto encontró una importante ocupación: encabezar el gabinete astrológico de guerra, departamento recién creado por el ejército y el gobierno británico. De Wohl encajaba muy bien en el rol de astrólogo del bando aliado. Su biografía: *I Follow my Stars* sugería un conocimiento astrológico que era real, y su perfil personal y profesional en general se ajustaba al cargo recién creado. Por ello, algunos vieron en este novelista-astrólogo a la persona ideal

---

124   Edición a cargo de Ediciones Españolas, Madrid (España), 1941.

125   Solo a un personaje tan retorcido como Goebbels, ministro de Propaganda del Tercer Reich, se le podía ocurrir algo así.

126   Muy probablemente la deserción, huida o viaje surrealista de Rudolf Hess a Escocia en 1941 también influyó, empeorando el clima ya de por sí crispado en relación a los astrólogos y al gobierno nazi. No olvidemos que Hess era uno de los dirigentes del partido que creía firmemente en la astrología.

127   En español, algo así como «Yo sigo mis estrellas». Esta obra se publicó en inglés en 1937.

que podía contrarrestar al astrólogo que suponían que estaba con el enemigo. De Wohl, con su inteligencia y su don de gentes, convenció a los ingleses[128] para poner en marcha tal empresa. Y así empezó todo. Como podemos imaginar, al final su asesoramiento astrológico tuvo mejor suerte que el de Krafft. No tanto por su pericia como astrólogo —algo que también se daba— como por la realidad nacional británica: una verdadera democracia, un régimen po-

Louis de Wohl

lítico basado en la libertad del individuo. Por añadidura, el curso de la guerra empezó a decantarse poco a poco a favor de los aliados y, al final, el astrólogo aliado pareció ganar su particular guerra. Aunque L. de Wohl escribió más de un libro relatando su aventura como astrólogo en medio de dos bandos en guerra, algunos dudaron de que fuera cierto. Solo en una época reciente se ha reconocido el papel que la astrología jugó en los primeros compases de la gran guerra en Europa. Durante la contienda y después de ella siguió escribiendo, prodigándose también en algunos círculos sociales selectos, donde incluso confeccionó horóscopos caros para algunas personalidades. Acabada la guerra asistió a congresos, impartió conferencias y siguió con su carrera como escritor. Siempre fue más un novelista que un astrólogo profesional, aunque haya pasado a los libros de historia de la astrología. También podemos destacar de su carrera como literato que después de la guerra se dedicó a escribir novelas históricas de corte religioso, especialmente pensadas para el lector cristiano.

---

128   Oficialmente, colaboró con el MI5 británico.

De Wohl pasó sus últimos años viviendo de forma apacible junto a su esposa en la ciudad suiza de Lucerna, falleciendo en 1961.

CARROLL RIGHTER

Si hay un profesional de esta disciplina al que podamos llamar el astrólogo de las estrellas de Hollywood, ese es Righter. Aunque no ha sido el único,[129] ni siquiera el más conocido, su historial asesorando a actores, actrices, directores o productores de la industria cinematográfica es el más dilatado, y el más exitoso también. Nació en 1900 en Salem (EE. UU.), y falleció en 1988 en la californiana Santa Mónica. Estudió derecho, pero dudando acerca de qué rumbo profesional debía tomar, llegó a recalar en Nueva York. Allí, siendo todavía muy joven, llegó a conocer a la mismísima Evangeline Adams, siendo ella la que le aconsejó dedicarse al mundo de la astrología. Aunque al principio vacilaba sobre su posible carrera como astrólogo, en 1939 hace las maletas y viaja a Hollywood, estableciéndose para siempre en California. Aunque viajó y trabajó en otros estados de la unión, ese fue su hogar a partir de entonces. Una vez allí, empieza a confeccionar horóscopos bien pagados a los miembros más famosos y ricos de la industria: desde las estrellas a los productores, ávidos estos de conocer si sus inversiones cinematográficas tendrían el retorno esperado. Poco a poco teje una lista de clientes numerosa pero selecta y su fama se acrecienta.[130] Hay muchas anécdotas de su etapa dorada en el cine americano, como su advertencia a Marlene Dietrich: le aconsejó evitar un rodaje en el estudio en un día determinado, pues podía tener un accidente, pero esa estrella mítica hizo caso omiso de la advertencia de su astrólogo y ese mismo día se rompió un tobillo de manera fortuita. Algunos

---

129 Una astróloga muy conocida en la meca del cine e incluso en los círculos políticos de Washington D. C. fue Joyce Jillson (1945-2004), que también fue actriz y escribió para algunos periódicos. Se dice de Jillson que fue la astróloga oficial de los estudios Twentieth Century Fox, seleccionando la fecha para el estreno de películas como *La Guerra de las Galaxias*. También colaboró con otras empresas, como la Ford o Los Ángeles Dodgers, un conocido equipo de béisbol norteamericano. Pero hubo otros muchos astrólogos en Hollywood, no cabe duda.
130 Curiosamente, al principio de su etapa en Hollywood un joven Robert Mitchum colaboraría con Righter escribiendo para él horóscopos y textos astrológicos, a modo de «negro literario».

de los consultantes más conocidos que admitieron seguir sus consejos fueron, por ejemplo, Joane Fontaine o Grace Kelly. Otros prefirieron mantener en secreto su asesoramiento, o bien este no ha trascendido a la opinión pública.

Carroll Righter

Paralelamente a su asesoramiento astrológico, en 1951 inicia su etapa como redactor en periódicos y revistas. Sus columnas astrológicas consiguieron millones de seguidores en América durante muchos años, llegando a colaborar en 166 periódicos distintos, entre los Estados Unidos, Canadá y Europa. Aparte, publicó varios libros de divulgación, para todos los públicos, como *Astrology and You* y otros. En este sentido, su producción editorial no fue muy extensa, pero sí tuvo un alcance considerable a nivel de ventas. Desde el punto de vista puramente astrológico, y a pesar de su imagen de astrólogo popular, podemos decir de él que verdaderamente era un astrólogo competente. Como curiosidad, apuntar que Righter se refería a sí mismo como el «acuario gregario»[131] (este era su signo zodiacal). Pero si realmente hay algo curioso, por no decir sorprendente, es que durante muchos años fue el astrólogo del matrimonio Reagan. Al menos, mientras estos pertenecieron a la industria del cine y cuando Ronald Reagan fue gobernador de California. Al llegar este a la presidencia en 1981, Righter contaba ya con ochenta y un años, y posiblemente ya no estaba por la labor de asesorar a un presidente estadounidense en ejercicio, por la presión que esto comportaba. Además, Reagan se trasladó a la costa este y se volvió menos accesible.[132] Carroll Righter vivió tranquilamente sus últimos años

---

131   *The gregarious aquarius.*
132   Está demostrado que durante sus dos mandatos presidenciales, en los años ochenta, Reagan estuvo asesorado por Joan Quigley, una astróloga de San

retirado en la soleada California, entregado a su escuela de astrología, más por devoción que por obligación.

Para cerrar esta ilustre lista de astrólogos famosos, he creído oportuno incluir a los Magos de Oriente, llamados comúnmente Reyes Magos. Para muchos puede resultar sorprendente, dado que su aura bíblica se confunde entre la niebla de la leyenda, pero créanme que está justificado. Esperen a leer lo que viene a continuación.

LOS MAGOS DE ORIENTE

Dice la leyenda que unos sabios de Oriente, a los que tiempo después se les llamó Reyes Magos, vieron una estrella en el cielo que anunciaba el nacimiento del Mesías y, desde su lejano lugar de origen, se pusieron en camino para encontrarle y adorarle. Dos mil años después, la figura de los Magos de Oriente está presente hoy en medio mundo cada Navidad. Todo empezó en Belén, hace más de dos milenios. Mateo relató esta bella historia en su Evangelio y, desde entonces, se han sucedido los comentarios, interpretaciones y estudios sobre este texto del siglo I d. C. En ocasiones, en forma de otros testimonios, como los evangelios apócrifos. Otras veces, como serias investigaciones que trataban de dilucidar la veracidad de su contenido. En todo caso, en todo este tiempo se cuentan en cientos o miles de libros las obras dedicadas a los Reyes Magos: desde ensayos muy académicos y doctos, llenos de referencias y datos históricos cruzados, hasta inocentes obras destinadas a un público infantil o juvenil, pasando por obras con una motivación literaria, artística o religiosa, entre otras. Pero aquí analizaremos la figura de los magos y de su historia a partir de la astrología. ¿Qué pudo llamar la atención en el cielo a esos astrólogos a los que llamaban magos?, ¿cuál pudo ser su país de origen? o ¿qué tipo de conocimientos astronómicos y astrológicos tenían? Intentaremos dar respuesta a estas y otras preguntas en este apartado.

Francisco (California). Al respecto, puede consultarse el libro de memorias de Donald Regan (publicado en 1988), del que fue secretario del Tesoro con Reagan. Allí habla del asesoramiento astrológico del presidente, algo que vio con sus propios ojos, pues Regan formaba parte del gabinete de Gobierno de los Estados Unidos.

Para empezar, es imposible afirmar a ciencia cierta si son una leyenda o si realmente existieron: no existen pruebas a favor ni evidencias claras en contra de su existencia. A nivel documental no tenemos mención alguna de cronistas de la época ni tenemos conocimiento de ellos por otro tipo de fuentes habituales. No obstante, esto no significa nada, pues no se trata de un hecho histórico relevante: solo es el viaje de unos magos desde Oriente a Belén. Es importante para el cristianismo, pero no para la historia de los pueblos ni para buena parte de la humanidad. Solo tenemos una única referencia clara en la *Biblia*, en el Nuevo Testamento, concretamente en uno de los llamados evangelios canónicos. Se halla en el Evangelio según san Mateo, La adoración de los magos (San Mateo, 2: 1-12), y dice así:

«*Nacido, pues, Jesús en Belén de Judá en los días del rey Herodes, llegaron del Oriente a Jerusalén unos magos, diciendo: "¿Dónde está el rey de los judíos que acaba de nacer? Porque hemos visto su estrella al oriente y venimos a adorarle". Al oír esto, el rey Herodes se turbó y con él toda Jerusalén, y reuniendo a todos los príncipes de los sacerdotes y a los escribas del pueblo, les preguntó dónde había de nacer el Mesías. Ellos contestaron: "En Belén de Judá, pues así está escrito por el profeta": 'Y tú, Belén, tierra de Judá, de ninguna manera eres la menor entre los clanes de Judá, pues de ti saldrá un caudillo, que apacentará a mi pueblo, Israel'. Entonces Herodes, llamando en secreto a los magos, les interrogó cuidadosamente sobre el tiempo de la aparición de la estrella; y, enviándolos a Belén, les dijo: "Id e informaos exactamente sobre ese niño, y, cuando le halléis, comunicádmelo, para que vaya también yo a adorarle". Después de haber oído al rey, se fueron, y la estrella que habían visto en Oriente les precedía, hasta que vino a pararse encima del lugar donde estaba el niño. Al ver la estrella sintieron grandísimo gozo, y, llegando a la casa, vieron al niño con María, su madre, y de hinojos le adoraron, y, abriendo sus cofres, le ofrecieron como dones oro, incienso y mirra. Advertidos en sueños de no volver a Herodes, se tornaron a su tierra por otro camino*».

Es interesante que unos sabios o magos vengan de Oriente buscando al Mesías que ha nacido, guiados hasta Jerusalén por una estrella, y que desconozcan un pasaje bíblico que sí conocen bien los asesores de Herodes, donde se ubica el nacimiento en un lugar determinado. Esto sugiere que los magos procedían de una cultura y un país en el que no se conocía que Belén era una candidata preferente a acoger el nacimiento de Jesús. Sin embargo, sí fueron capaces de interpretar una señal en el cielo como indicadora de su nacimiento. ¿Pudo ser porque la señal venía precedida de una profecía procedente de otra cultura? Porque una de las hipótesis que tienen más fuerza con respecto a la procedencia geográfica de los magos es su origen persa. Y es allí donde la profecía de Zaratustra —también llamado Zoroastro— aguardaba su cumplimiento entre los astrólogos del lugar, esperando una señal celeste que anunciara el nacimiento del Mesías. La profecía que sitúa a Belén como lugar en el que nacerá el Mesías procede de Miqueas, un profeta de finales del siglo VIII a. C. que nació cerca de Jerusalén. Miqueas es el autor de un libro homónimo en la Biblia, en el Antiguo Testamento, en el que se recoge lo siguiente (Miqueas, 5: 2): «Pero tú, Belén de Efrata, pequeño entre los clanes de Judá, de ti me saldrá quien será Señor en Israel, cuyos orígenes serán de antiguo, de días de muy remota antigüedad». Esta profecía acertada es, ciertamente, sorprendente, y una de las más precisas del Antiguo Testamento. Otra profecía del Antiguo Testamento que puede haber tenido su importancia en esta historia es la que tiene como protagonista a Balaam, personaje bíblico, más adivino que profeta, del área de Mesopotamia. En ella, dice (Números, 24: 17): «La veo, pero no ahora; la contemplo, pero no de cerca. Alzase de Jacob una estrella, surge de Israel un cetro, que aplasta los costados de Moab y el cráneo de todos los hijos de Set». Esta es una vieja profecía que pudo ser lanzada mil quinientos años antes del nacimiento de Cristo. Se la ha relacionado con el surgimiento del Mesías, a modo de alegoría que lo vincula con la estrella. Los protagonistas de esta historia pudieron haberla conocido mucho antes del nacimiento de Jesús; no en vano Balaam era originario de Mesopotamia y su vaticinio procedía de un área relativamente próxima a los magos. Hay que suponer que para un astrólogo de la época todo lo relacionado con profecías y predicciones era algo digno de ser estudiado o, al menos, de ser tenido en cuenta. Volviendo al episodio de los magos según lo relata Mateo: en el siguiente apartado de este mismo evangelio, donde se narra la huida a Egipto y la matanza de los niños inocentes, san Mateo se refiere de nuevo a los magos, contándonos que Herodes, viéndose burlado por ellos, se enfadó y decidió vengarse a su manera. Así, ordena matar a todos los niños menores de dos años que había en Belén y en sus alrededores, según el tiempo que con astucia estimó Herodes como suficiente, de acuerdo con su conversación con los magos.

A partir de aquí, dejando atrás estos textos históricos redactados en el siglo I y de otros a los que llamamos evangelios (incluidos los apócrifos), toda referencia a los Magos de Oriente, tanto en forma de escritos como en creaciones artísticas y en otros productos del ingenio humano, es o bien inspiración o desarrollo de estos textos o pura imaginación de su autor. Y todo lo que se ha dicho, escrito o representado acerca de su existencia son simples suposiciones, cuando no mera fantasía. Con toda la información con la que contamos, a favor y en contra, no es posible determinar si la historia de los magos es leyenda o realidad. No hay suficientes elementos de juicio, aunque a nivel personal encuentro la historia verosímil. Como autor y astrólogo la historia me parece suficientemente coherente y mínimamente bien fundamentada. De hecho, el encaje de piezas de esta historia hace que me incline por aceptar el relato de Mateo. Y le corresponde al lector formarse su propia idea personal sobre la veracidad o no de este relato bíblico. Pero para ello, es necesario que siga leyendo y que no abandone aquí su viaje a través de la historia y del tiempo. Y espero que lo encuentre tan fascinante como me ha parecido a mí…

Pero ¿quiénes eran? Existen diferentes teorías al respecto. La primera y principal pista nos la proporciona el Evangelio según san Mateo (San Mateo, 2: 1): «Nacido, pues, Jesús en Belén de Judá en los días del rey Herodes, llegaron del Oriente a Jerusalén unos magos…». Tradicionalmente se ha asociado la palabra «mago» a todo aquel que practicaba algún tipo de ciencia oculta, a hechiceros, augures sacerdotales, adivinos o astrólogos. Pero con respecto al evangelio de Mateo, este vocablo procede en realidad del persa «magusha», que después devino en el griego «magoi» y que derivó después en el latín «magi». Los magos, según el viejo lenguaje persa, eran sacerdotes de Zaratustra, el profeta fundador del mazdeísmo, y por ello seguidores del zoroastrismo, una especie de religión ancestral. Etimológicamente, siguiendo el rastro de la palabra a través del espacio y del tiempo, podemos llegar a la conclusión de que mago era sinónimo de astrólogo en la Persia de la época en que nació Jesús. El estatus de sacerdote-astrólogo en la antigüedad era equivalente al de un alto asesor, un cargo de confianza del rey. Por todo ello, la acepción correcta y concreta de «magos» dentro del contexto del evangelio es el de profesar la astrología. No cabe extender el significado del término a la magia o a la hechicería, prácticas estas que, por otra parte, son reprobadas en el Antiguo y en el Nuevo Testamento. Sería dudoso que estas actividades figurasen en la *Biblia* como ocupación o dedicación de unos adoradores del niño Jesús. Y más siendo la misma Adoración una escena bíblica tan importante, anclada en un lugar preferente en el relato del nacimiento del Salvador en el Evangelio. En suma: que el término «magos» no se refiere aquí, como ya he apuntado antes, como equivalente a hechiceros o practicantes de magia, sino a sacerdotes-astrólogos, a hombres sabios o de ciencia. Es de destacar que en algunas traducciones al inglés de la *Biblia* aparece el término *wise men* (hombres sabios) en lugar de *magi* (magos). El texto principal que habla de los magos, el Evangelio según san Mateo, aparte de no mencionar de dónde proceden —más allá del impreciso «Oriente»— tampoco nos dice quiénes eran exactamente los magos. Pero por todo lo dicho podemos suponer que los Magos de Oriente eran astrólogos, aunque otros vocablos, como «magos», puedan haberse utilizado en el pasado para describirlos y definir su actividad. Su cometido en la comunidad a la que pertenecían, lo que hoy llamaríamos profesión o algo muy cercano a ese concepto, era estudiar los astros y estrellas y determinar la influencia celeste en todo lo terrestre. Esto, junto con sus obligaciones como sacerdotes de la religión zoroástrica, mayoritaria y oficial dentro del Imperio parto, con sus ritos y demás actividades. Más aún, su condición de astrólogos les confería un papel fundamental dentro del imperio: el de consejeros reales. Siguiendo con la teoría más probable con respecto a su origen: la antigua Persia, en ese contexto geográfico y temporal los magos no eran simples sacerdotes persas o medas, sino que su casta se dedicaba también a escrutar los cielos, observando astros y estrellas no como meros astrónomos de hoy, sino como astrólogos. Es decir: su labor era, por decirlo de alguna manera, la de asesorar a la clase dirigente —al rey, príncipe o jefe de la tribu o nación— para determinar el destino de su pueblo. Los mismos sacerdotes-astrólogos pudieron pertenecer a un linaje o nivel social superior. Pero eran, en definitiva, astrólogos. Los autores del *Diccionario Bíblico*, James D. Douglas y Merrill C. Tenney, definen de forma precisa la palabra mago: una casta religiosa persa practicante de la astrología. Y en lo tocante al nacimiento del Mesías, los magos o sabios persas trataron de ver en el cielo la señal astronómico-astrológica que confirmara la supuesta profecía de Zaratustra, en la que anunciaba un nuevo rey para los judíos. Y cuando esa señal en el cielo llegó, emprendieron un largo viaje para encontrarse con el Mesías. Ese viaje no pudo ser una especie de periplo cultural baldío e intrascendente; tuvo que representar mucho más para esa casta de sacerdotes-astrólogos. Sin duda, el viaje tuvo un componente religioso importante; en caso contrario, de ninguna manera hubieran arriesgado su vida —en toda la extensión de la palabra— en un trayecto tan costoso, largo, complicado y peligroso. El Evangelio de san Mateo tampoco menciona cuántos eran los magos, ni su edad, raza o etnia ni ninguna otra característica distintiva. Tampoco se afirma en el relato de Mateo que sean reyes. En cuanto a su improbable condición real, esta es una asignación que se remonta a los siglos ii y iii, por medio del prolífico escritor cartaginés Tertuliano. Posteriormente, otros estudiosos han seguido apostando por el rango real de los magos, como el arzobispo francés Cesáreo de Arlés (siglo vi), o como el monje benedictino y autor eclesiástico del siglo ix Pascasio Radberto, entre otros.

¿De dónde procedían los magos? El historiador griego Heródoto de Halicarnaso, que nació alrededor del 484 a. C. y ha sido considerado como el padre de la historia occidental, menciona a los magos siglos antes de que estos aparezcan por Jerusalén, de camino a Belén. Habla de ellos en *Los nueve libros de la historia*[133] como una de las seis tribus medas. Por aquel entonces el Imperio medo o media era un imperio asiático que comprendía áreas pobladas por esta tribu entre el mar Caspio y los ríos de Mesopotamia, lo que correspondería al actual noroeste de Irán. Ecbatana era su capital, y las actuales Teherán e Isfahán se encuentran en el antiguo territorio meda. Con el tiempo fue conquistado e incorporado a Persia y, siglos más tarde, formaría parte ya del Imperio parto, hacia la época en que nacía Jesús en Belén. Heródoto también nos cuenta en sus escritos que los magos practicaban la adivinación. Parece ser que también se ocupaban de prácticas religiosas y funerarias. El zoroastrismo era la religión y filosofía de vida de los magos persas, pero incorporaron a su acervo cultural conocimientos como la astrología. De esta manera, siendo magos o sacerdotes de Zaratustra podemos acotar su posible

---

133   *Los nueve libros de la historia*. Heródoto de Halicarnaso. Editorial EDAF, Madrid (España), 1989.

área geográfica de procedencia al antiguo Imperio persa. Mateo afirma en su Evangelio que los magos vienen de Oriente y el lugar de procedencia más probable es el área geográfica que una vez habitaron los magos en la antigua Media. Ese fue su origen y quizá sea más lógico pensar que en esa zona nacieron, vivieron y observaron el cielo para aconsejar a los reyes del momento. Al fin y al cabo, el Imperio parto llegó a extenderse mucho más allá de la antigua Media a finales del siglo I a. C. Esta es, a mi juicio, la hipótesis más probable, aunque no es la única, claro está. También hay un hecho histórico muy curioso que apoya esta suposición: en el año 614 el emperador sasánida Cosroes II, del segundo Imperio persa, invade y arrasa Palestina, destruyendo todo vestigio cristiano a su paso. Sin embargo, se salva de la destrucción la iglesia de la Natividad de Belén, pues los persas ven en sus paredes un mosaico donde se representa la escena de la Adoración y reconocen a los magos como sus compatriotas. El motivo no es otro que en el arte cristiano primitivo se representaba a los magos con la típica indumentaria persa: túnicas ceñidas, mangas largas, pantalones estrechos con falda corta y gorro frigio. Entiendo que, con dos, tres, cuatro o seis siglos, la distancia en el tiempo entre un artista y un hecho histórico le permite representar más fielmente una escena histórica, con mayor exactitud que si hubieran transcurrido dos mil años. Es lógico, pues cabe suponer que, por medio de testimonios, escritos, grabados o pinturas más recientes en el tiempo, se logra transmitir con mayor fidelidad y acierto la imagen o el origen, en este caso, de los magos, por ejemplo. Y muchos de estos documentos o testimonios físicos se van perdiendo por el camino a través de la historia, siendo una forma de carrera de relevos que puede truncarse en cualquier momento.

¿Cómo pudo ser la vida de un sacerdote-astrólogo o mago en la antigua Persia? La figura de los magos, los sacerdotes-astrólogos de la antigua Persia, debe situarse en lo más alto de la jerarquía social del Imperio parto, que entonces comprendía no solo el actual Irán, sino la Mesopotamia histórica. Su rango elevado resulta obvio de acuerdo con el largo viaje que hicieron hasta Belén. Y deben verse como verdaderos consejeros reales. Asesoraban a los reyes del Imperio a partir de la astrología, como ya he apuntado antes. Es decir: interpretando las señales de los planetas en el cielo, con su posible efecto en el mundo sublunar. Muy posiblemente pasaban sus días estudiando tablas y datos astronómicos diversos, haciendo cálculos sobre posiciones planetarias y pensando sobre los efectos de planetas, signos zodiacales y otros factores astrológicos. Podemos imaginarnos a los magos entre escritos y anotaciones en papiro o pergamino, donde otros magos persas o árabes de antaño dejaron sus cálculos astronómicos, sus estudios y predicciones. Pero nos imaginamos a los magos muy especialmente de noche, en esas magníficas torres de observación que eran los zigurats,[134] divisando astros y estrellas en el firmamento. No obstante, su actividad como astrólogos la debieron compaginar con el culto y los rituales propios de su religión: el zoroastrismo. Porque a pesar de que unas décadas antes del nacimiento de Jesús en el Imperio parto imperaba una notable diversidad religiosa, la casa real parta era adepta a la religión de Zaratustra.

¿Qué señal celeste vieron los Magos de Oriente para que decidieran ponerse en camino hacia otras tierras? Recordemos lo que dice Mateo en su evangelio: «…Llegaron del Oriente a Jerusalén unos magos, diciendo: "¿Dónde está el rey de los judíos que acaba de nacer? Porque hemos visto su estrella al oriente y venimos a adorarle"». El evangelio nos dice que fue una estrella la señal que los magos interpretaron como indicadora del nacimiento de Jesús. Pero no pudo ser una estrella más, de las que brillan en el firmamento desde siempre. Los sacerdotes-astrólogos persas conocían muy bien el cielo y solo un fenómeno astronómico extraordinario pudo llamar su atención hasta ese punto que conocemos. Pero si no fue una estrella, ¿qué tipo de cuerpo celeste atrajo y atrapó su atención para siempre? Algunos investigadores sugieren que pudo ser una supernova, un cometa u otro tipo de fenómeno celeste inusual. Pero sabemos por diferentes registros históricos, donde se recogen todo tipo de fenómenos astronómicos extraordinarios, que en el momento en que pudo nacer Jesús no hubo un suceso celeste fuera de lo común. Al menos, no tenemos constancia de un hecho así registrado en el área mesopotámica o persa y que simultáneamente haya sido visto en Roma, Grecia o China. Es cierto que hay otras teorías, como la del astrónomo Mark Kidger,[135]

---

134 Alrededor del 2800 a. C. se empiezan a erigir los primeros zigurats, que tendrían como una de sus funciones principales la de servir de torre de observación astronómica. El zigurat más antiguo del mundo es, hoy por hoy, el de *Tappeh Sialk*, que fue construido allá por el 2900-2800 a. C. Y pudo ser aquí donde los magos realizaron sus observaciones al final del siglo I a. C.

135 *The Star of Bethlehem*. Mark Kidger. Princeton University Press, Princeton (New Jersey, USA), 1999.

donde se apunta a una nova aparecida en el año 5 a. C. como la posible Estrella de Belén, fenómeno celeste constatado también por astrónomos chinos y coreanos de la época, según Kidger. Pero no es una teoría muy convincente. Aparentemente, nada fuera de lo común aconteció en el cielo. Entonces, ¿qué vieron los magos realmente? Según el astrólogo e investigador español Demetrio Santos[136] en el texto evangélico la palabra latina «stella» —o sus equivalentes en otros idiomas antiguos— indica indistintamente estrella, constelación, grupo de estrellas, planeta o grupo de planetas. Esto permite ampliar la naturaleza de dicho fenómeno celeste a otras realidades más habituales y menos extraordinarias, como una mera conjunción o agrupación planetaria. Si lo que observaron en el cielo los magos era una simple disposición de los planetas a lo largo de la Eclíptica —algo astronómica y astrológicamente habitual—, entonces: ¿por qué razón interpretaron el cielo del momento como precursor del nacimiento del rey de los judíos? Y, además, si en toda el área de Partia —que cubría la antigua Mesopotamia, Media y otras regiones del imperio— y en todo el Occidente habitaban y estudiaban los cielos miles de astrólogos, ¿cuál es la razón de que tan solo un pequeño grupo de astrólogos persas se diera cuenta de esa señal celeste y de su trascendencia? ¿Y por qué viajar a un lugar lejano?, ¿y en busca de qué? Si dejamos a un lado una eventual inspiración divina —un factor poco convincente hoy— o la casualidad, el acierto o la intuición, que tampoco son elementos muy creíbles, solo nos queda algo tan simple y racional como el mero estudio de los fenómenos celestes como indicador de los sucesos terrestres; es decir: el estudio mismo de la astrología. Pero el estudio y práctica de este conocimiento, aun en un supuesto nivel superior, elitista incluso, no se me antoja como suficiente. Ni hoy en día, más de dos mil años después y con toda la evolución conceptual y técnica consiguiente, podría la mejor astrología del mundo aventurar por una mera interpretación convencional de los astros un evento así. No es realista depositar todo el mérito de los magos en su ciencia, sin más. La única explicación creíble obedece a su condición de sacerdotes-astrólogos persas, seguidores del zoroastrismo. Pues además de astrólogos —algo imprescindible, evidentemente—, como seguidores de la religión de Zaratustra estaban

---

136 *Investigaciones sobre Astrología (tomo II)*. Demetrio Santos. Editora Nacional, Madrid (España), 1978.

sensibilizados y en alerta por esa profecía que indicaba que nacería el Mesías para el pueblo de Israel. En un párrafo anterior ya hemos podido leer diferentes profecías con respecto a su advenimiento, pero no hemos mencionado a Daniel, un profeta nacido en el siglo VII antes de Cristo que en su momento vierte una profecía en su medio que recogerá   después el Antiguo Testamento (Daniel, 9: 25-26):

«Sábelo, pues, y compréndelo bien: desde la salida de la orden de reconstruir Jerusalén hasta un ungido príncipe habrá siete semanas y sesenta y dos semanas y serán reedificados plaza y foso, pero en la angustia de los tiempos. Y después de las sesenta y dos semanas será muerto un ungido y nada le quedará, y destruirá la ciudad y el Santuario el pueblo de un príncipe que ha de venir... [...]».

Algunos comentaristas sugieren interpretar este pasaje no de forma literal en cuanto a su cómputo, sino en base a un cálculo que contemple las semanas como periodos de siete años. Esto no es nuevo entre los exégetas bíblicos, claro está. También según algunos estudiosos la profecía de Daniel ayudaría a establecer el periodo en que llegaría el Mesías, periodo este que ya se habría cumplido en la época de los magos. Esta conjunción entre la astrología y las antiguas profecías pudo permitir que unos astrólogos persas acertaran al ubicar en un tiempo y un lugar la llegada de ese rey-salvador para los judíos.

En relación al tipo de fenómeno astronómico que se vio en los cielos, entiendo que lo más razonable, pues, es intentar ver en los mismos planetas y signos zodiacales la indicación del nacimiento de Jesús. Si nada extraordinario se vio en el cielo para esa época, el mensaje del advenimiento del Mesías tiene que estar escrito con un lenguaje y una letra comprensibles para los astrólogos de ayer y de hoy. Y para aproximarnos a la realidad astronómica y astrológica que justifique el nacimiento de Jesús, lo primero es acotar en el tiempo su posible nacimiento. Sabemos hoy que la fecha propuesta en su momento por el monje Dionisio el Exiguo en el siglo VI para su nacimiento, situándola en el año 1 de nuestra era, no puede ser correcta. La idea de la Iglesia era contar la nueva era cristiana a partir del nacimiento de Jesús —y no de otras fechas paganas, ajenas al cristianismo—, pero Dionisio se equivocó en sus cálculos y el error se perpetuó por siglos. Hay que recordar que Herodes I el Grande, que interviene en el episodio bíblico de los magos, murió en el año 5 o, quizá con mayor probabilidad, en el año 4 a. C., por lo que el nacimiento tuvo que ser antes de esa fecha. El pasaje bíblico narrado por san Mateo donde se nos dice que Herodes, viéndose burlado por los magos, se enfada y decide vengarse ordenando matar a todos los niños menores de dos años que había en Belén y en sus alrededores, podría ayudar a acotar con mayor precisión la fecha del nacimiento del Mesías, según algunos estudiosos. Es decir: podríamos pensar que Jesús pudo nacer hasta dos años antes del encuentro con los magos, lo que situaría su fecha de nacimiento en el 7 o el 6 a. C. como mínimo. Debemos entender estos dos años como un margen de seguridad que Herodes marca para asegurarse de que se da muerte a ese rey de los judíos que ya había nacido, no como el tiempo en que los magos tardaron en llegar a Jerusalén desde su lugar de origen; debieron ser meses, en todo caso y como máximo, y no años. Pero esto es solo la hipótesis de algunos investigadores. En realidad, no sabemos en qué momento se encuentran los magos con Herodes. No tuvo que ser necesariamente en una fecha cercana a la muerte de este último. Pero sí tuvo que ser antes del año 5 o 4 a. C., fecha en que muere Herodes. Otra precisión histórica que no se sostiene es la fecha del 25 de diciembre como día y mes en que nació Jesús. La Iglesia fijó el nacimiento para el 25 de diciembre para suplantar la celebración pagana del *Sol Invictus* (Sol Invicto), fecha popular entre los romanos por tratarse del renacimiento anual del Dios Sol. Hoy todo estudioso serio sobre el cristianismo acepta que el nacimiento tuvo lugar en un mes con un menor rigor climatológico para el lugar; quizá en marzo o abril. Recordemos que en el Evangelio de san Lucas se nos dice que los pastores de la región, para el momento en que nacía Jesús, dejaban de noche sus rebaños de ovejas al aire libre (San Lucas, 2: 8): «Había en la región unos pastores que pernoctaban al raso, y de noche se turnaban velando sobre su rebaño». Esto es improbable en pleno invierno, pues en diciembre las noches son generalmente frías en Belén, pudiendo bajar hasta los 4 grados centígrados.

A partir de aquí, si aceptamos que el nacimiento pudo tener lugar entre el año 4 y el 7 a. C., cabe preguntarse, desde la perspectiva astrológica de ayer y de hoy, si hubo en el cielo alguna señal astrológica ordinaria que los magos pudieran interpretar como indicadora del nacimiento de Jesús. Ya sabemos que los sacerdotes-astrólogos persas estaban sobre aviso y solo esperaban un hecho celeste que les confirmara el advenimiento del Mesías. Desde entonces ha habido muchas fechas propuestas, con diferentes justificaciones astrales. Y una de las más sólidas y respetables llegó de la mano del astrónomo, matemático y, por qué no decirlo, astrólogo Johannes Kepler (1571-1630). Kepler propuso en su obra *De Jesu Christi salvatoris nostri vero anno natalitio (*1606) al año 7 a. C. como la fecha del nacimiento de Jesús, debido a la conjunción planetaria entre Júpiter y Saturno en Piscis. A mi juicio es totalmente verosímil. Posteriormente esta teoría ha ido ganando credibilidad y ha sido respaldada por otros investigadores del tema que nos ocupa, como el Dr. Percy Seymour (n. 1938), astrónomo y astrofísico sudafricano, que publicó una pequeña obra sobre la Estrella de Belén,[137] en formato electrónico y a la venta en Internet. Sabemos, además, que se produjo una curiosa reunión de planetas en el signo de Piscis alrededor del mes de marzo de ese año, pero esto lo abordaremos en breve. Volviendo a la conjunción Júpiter-Saturno: si pensamos con la lógica de los astrólogos de la época, los planetas más lentos —e importantes por ello— del cielo eran Júpiter y Saturno. Esto, sin entrar a considerar determinadas connotaciones regias propias de dicha combinación planetaria, que los astrólogos del momento pudieron inferir entonces. Desde siempre se sabe que cuando la conjunción o el encuentro de ambos astros acontece de forma cíclica cada 20 años, algo de importancia acontece en el mundo sublunar. Esta visión astrológica se toma desde la perspectiva de la llamada astrología mundial o mundana, que amplía el radio de actuación del influjo celeste desde lo meramente individual a lo colectivo. En otras palabras: cada veinte años acontece en el mundo un fenómeno de tipo político, social, económico o cultural acorde con lo que dicho ciclo representa, estando modulada dicha influencia por el signo que acoge a la conjunción planetaria en sí. No es necesario ahondar más en el significado y trascendencia del ciclo. Para el lector puede resultar aburrido e irrelevante. Es suficiente apuntar que ayer y hoy, con la llegada de esta conjunción de dos planetas en el cielo podemos inferir un efecto importante aquí en la Tierra. Eso mismo pudieron pensar los magos. Y no podemos olvidar el signo donde vio la luz la conjunción entre Júpiter y Saturno: Piscis. Hoy sabemos que este signo zodiacal está impregnado de la esencia y de las características del mismo cristianismo. Y también entonces el significado del signo pudo no pasar

---

137 *Science and the Stars of the Magi.* Percy Seymour, 2013.

desapercibido para los magos. Nótese que, en una obra astrológica de la época,[138] aunque occidental y de otras latitudes, ya se contemplaba para los diferentes signos zodiacales un significado cercano al de la astrología del siglo XXI.

Antes de ahondar y de acercarnos más en el tiempo y en el significado de la configuración celeste que pudo anunciar el nacimiento de Jesús, creo necesario abrir un paréntesis para considerar una realidad astronómica y astrológica que bien pudo enmarcar y condicionar de manera importante ese momento histórico. Empecemos por decir que aun siendo importante la conjunción entre Júpiter y Saturno no deja de ser una configuración relativamente común y usual. Cada generación de astrólogos, de hoy o de ayer, en Europa, en la India o en Persia, puede asistir a varias de estas conjunciones durante el momento en que le toca vivir. Aparte, incluso para la fecha en que aconteció la conjunción planetaria en tiempo de los magos, que además coincidió (lo veremos más adelante) con una inusual acumulación planetaria en el signo de Piscis, nada hace sospechar que no sea una renovación más del ciclo Júpiter-Saturno. Entonces, ¿por qué razón los sacerdotes-astrólogos persas que más tarde viajaron a Belén interpretaron ese momento como algo extraordinario? Ya he apuntado antes que no es convincente ni necesario —añado ahora— aducir una eventual inspiración divina que justifique la movilización de los magos ante tal señal cósmica. La realidad pudo ser mucho más prosaica: ¿pudieron los magos anticipar el cambio de era astrológica? ¿Fueron capaces de vislumbrar ese relevo en la era de Aries a Piscis? Sabiendo que el cambio de paradigma a nivel colectivo acontece cada 2100 años y que alrededor del año 1 —para nuestro cómputo, claro está, y de manera teórica y aproximada— se iniciaba la era de Piscis, ¿pudieron ver los magos en Jesús el avatar[139] de la nueva era de Piscis? No podemos saberlo y mi suposición es solo una hipótesis que, de ser correcta, puede ayudar a entender mejor su interpretación de los cielos y su posterior viaje a Belén, siguiendo esa estrella, por decirlo así. De no ser cierta mi suposición solo cabe entender que

---

138 *Astronomicon o Astronomica*. Marco Manilio.

139 En una de sus acepciones avatar sería en la religión hindú la encarnación terrestre de alguna deidad, pero aquí podemos redimensionar el término extendiéndolo a una especie de representante o símbolo terrenal de un movimiento o corriente histórica determinada.

la conjunción entre Júpiter y Saturno en Piscis, sumada a la inusual —pero no tan extraordinaria— aglomeración planetaria en el mismo signo, fue suficiente para ellos como para deducir la llegada del rey de los judíos.

Pero volvamos a lo más simple y seguro: nos acercaremos al tiempo en que pudo nacer Jesús y a la configuración celeste que en el cielo pudo anunciar su nacimiento. Estamos en el año 7 a. C., dentro del Imperio parto, más concretamente en el área geográfica de la antigua Media, donde habitaban los sacerdotes-astrólogos persas que estamos estudiando. Ellos escrutaban el cielo directamente, desde zigurats o torres de observación astronómica, pero también se adelantaban a las configuraciones celestes venideras a partir de cálculos hechos de antemano, que se ajustaban después a la realidad con una cierta aproximación. Faltaban muchos siglos aún para que las Leyes de Kepler[140] vieran la luz, pero dado el componente cíclico de todo fenómeno planetario, no era difícil calcular con una precisión aceptable la posición de los planetas en el cielo. De esta manera, el trabajo cotidiano de los astrólogos de la época pudo consistir tanto en la observación celeste directa como en la confección de tablas de posiciones planetarias —siempre imprecisas— a partir de cómputos matemáticos para determinar su ubicación en el cielo. Y en el año 7 a. C. acontece una configuración celeste singular, cuando menos: entre finales de febrero y finales del mes de marzo de ese año en el cielo se formó un *stellium*[141] en Piscis, con la conjunción[142] entre Júpiter y Saturno próxima a materializarse. Aparte de estos planetas, encontramos a Venus en el mismo signo y una conjunción entre el Sol y la Luna en el signo de Piscis (Luna Nueva), que se daba exactamente el 1 de marzo. Además, aunque los astrólogos de la época, entre ellos los magos, no pudieron verlo —faltaban casi 1800 años para

---

140 Las tres leyes de Kepler, enunciadas por Johannes Kepler entre 1609 y 1619, describían matemáticamente el movimiento de los planetas alrededor del Sol. Desde Claudio Ptolomeo a Tycho Brahe se avanzó considerablemente en la precisión para ubicar la posición de los planetas en el cielo, pero Kepler logró determinar con seguridad la ubicación y el movimiento planetario yendo más allá que Nicolás Copérnico y su teoría heliocéntrica; Kepler descubrió que los planetas describen órbitas elípticas y no circulares alrededor del Sol, entre otros hallazgos de importancia.

141 Agrupación de planetas en una parte de la banda zodiacal.

142 Unión o proximidad entre dos o más cuerpos celestes, generalmente medidos en longitud eclíptica.

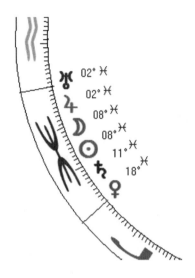

El stellium de Piscis del 1 de marzo del año 7 a. C.

que fuera descubierto—, Urano también estaba en el mismo signo. Para los estudiosos del cielo el hallar a cinco de los entonces siete astros (incluyendo al Sol y a la Luna, aunque no son planetas) visibles en este signo debió ser algo ciertamente extraordinario, mágico, aparte de ser meramente inusual. Pero el hecho de que los llamados planetas cronocratores (Júpiter y Saturno) se encontraran en dicho signo, próximos a unirse —algo de gran relevancia para los astrólogos junto con la conjunción solilunar—, debió llamar la atención de forma poderosa a los llamados magos. Máxime cuando la conjunción entre Júpiter y Saturno se mantendría prácticamente durante más de nueve meses en el cielo, algo que no siempre acontece. La conjunción entre el Sol y la Luna en Piscis bien pudo entenderse por los magos como el detonante o la señal de que ese y no otro era el momento del nacimiento del Mesías. Dado que ya se conocía desde tiempos remotos la importancia de toda lunación, el hecho de coincidir con esta acumulación de planetas necesariamente había de verse como algo excepcional.

Cabe apuntar que, desde un punto de vista astronómico, era materialmente imposible para los astrólogos de la época el poder ver en el cielo dicho *stellium*, que se formó alrededor del día 1 de marzo del año indicado. Al hallarse el Sol tan cerca del resto de planetas, su luminosidad impedía toda observación celeste directa. Sin embargo, ya por aquel entonces los astrólogos disponían de tablas planetarias, que ellos mismos confeccionaban, por lo que esto no representó un problema para ellos. La conjunción exacta de Júpiter y Saturno se formaría en el cielo a finales de mayo de ese mismo año (7 a. C.), posiblemente estando ya de viaje los magos en dirección a Belén. Sin duda, esa conjunción en el signo de Piscis, que marcaba astronómica y astrológicamente el inicio de una nueva era para la humanidad, sería la estrella que simbólicamente acompañaría a los magos en su trayecto hasta Belén.

Me parece interesante e incluso aceptable la suposición del astrólogo español Demetrio Santos, que incluye en una de sus obras: *Investigaciones sobre Astrología (tomo II)*. Nos dice este autor que el nacimiento de Jesús pudo haber tenido lugar el domingo 1 de marzo del año 7 a. C. Con todo, sabemos que fue Johannes Kepler el que ya en el siglo XVII, y en base a la conjunción Júpiter-Saturno, propuso el año 7 antes de Cristo como el posible año de nacimiento de Jesús. Hoy en día la tecnología permite reproducir el firmamento de aquellos años con una gran precisión y fiabilidad, y en ese primer día de marzo del año mencionado acontecía la conjunción entre el Sol y la Luna en el signo de Piscis, coincidiendo con el stellium en dicho signo. Nótese que acompañaban a esta lunación[143] Júpiter, Saturno y Venus. ¡Cinco de los siete astros visibles entonces en el signo de Piscis! Es realmente infrecuente esta coincidencia pues el signo de Piscis es solamente una duodécima parte de la banda zodiacal. Más aún: como ya he apuntado antes, Urano estaba también en Piscis, aunque faltaban muchos siglos para que fuera descubierto. La hipótesis de Demetrio Santos es una propuesta en la línea de Kepler y de otros estudiosos del tema, para quienes el eje de todo es la conjunción entre Júpiter y Saturno, que se iba a materializar en breve. Por añadidura, se daba en el signo zodiacal de Piscis, que es aquí ciertamente relevante; no en la constelación de Aries como apuntan otros investigadores. No debemos confundir signos con constelaciones ni olvidar que los signos del Zodiaco, tal y como los conocemos ahora, ya empezaron a utilizarse en el siglo V a. C.

Por otra parte, y con respecto a los signos o constelaciones —según sea la opinión de los diferentes investigadores— en que se materializó la conjunción, entiendo que es irrelevante el asignarle a Piscis o a Aries un significado concreto a nivel geográfico o en relación a un pueblo o país. Es decir, que por las profecías que se barajan, especialmente por la de Zaratustra, los magos esperaban el nacimiento del Mesías para el pueblo de Israel. Esto ya ubica geográficamente su nacimiento o procedencia, sin necesidad de recurrir al signo zodiacal para aventurar su posible origen. Aquí, lo relevante era cuándo, no

---

143   Se llama «lunación» a la conjunción periódica del Sol y la Luna.

dónde, y cuando los magos identifican en el cielo la señal oportuna, parten de viaje para Occidente, hacia Jerusalén; una vez allí, determinan con ayuda de los consejeros de Herodes que Belén era el lugar preciso del nacimiento del Mesías. Sin necesidad de signos o constelaciones reveladoras del lugar o de su procedencia ni de estrellas que se mueven en el cielo.

No podemos adentrarnos en la configuración astrológica de nacimiento de Jesús de Nazaret si perdemos de vista lo que él representaba. Como posible avatar de la nueva era de Piscis, su carta natal debía tener este signo de Agua[144] muy presente. Así fue, si verdaderamente su nacimiento se produjo alrededor del mes de marzo del año 7 antes de Cristo. Pudo ser un poco después, quizá, pero el stellium no desaparecía en unos días. Con Piscis flotando en el ambiente prevalecería el sentido pisciano de compasión, caridad o espiritualidad, entre otros valores que podríamos añadir en la línea de lo que este signo zodiacal representa. Dando por buena esta fecha de nacimiento y observando su posible carta natal, como astrólogo no puedo dejar de prestar atención a determinadas configuraciones astrológicas que, en verdad, se ajustan perfectamente a su perfil histórico, tal y como lo conocemos a través de los relatos bíblicos. Es el caso del trígono entre el Sol y Neptuno y de otros aspectos reveladores. Pero en referencia a su posible carta natal, ¿qué pudieron pensar los magos de alguien con tal acumulación planetaria en el signo de Piscis? Alguien nacido con esta configuración —uno de los que pudo nacer en aquel momento, claro está— encarnaría aquí en la tierra esa energía pisciana contenida en los cielos, manifestándose aquí lo que arriba se anunciaba. Ese avatar o señor de la nueva era era ya esperado por los estudiosos de los cielos vinculados al zoroastrismo, aunque más como rey de los judíos que como representante de los nuevos tiempos. No obstante, cabe suponer que advirtieron con antelación su naturaleza, su filosofía de vida y, acaso, su destino. Dejando de lado su naturaleza divina, que pudo ser evidente para los mismos magos, es más que posible que una vez en Belén se interesaran por el nacimiento de Jesús: ¿estudiaron su carta natal en base a la hora, el lugar exacto y el día, mes y año de nacimiento? ¿A qué conclusiones llegaron? ¿Qué vieron en su horóscopo o

---

144   En astrología, el Agua se relaciona con las emociones, la sensibilidad, la intuición, la imaginación o la inspiración. En los signos de Agua prima lo sensitivo y espiritual con respecto a lo material o lo intelectual.

carta natal? Nunca lo sabremos, pero es más que probable que regresaran a su lugar de origen con toda esta información. Y otra pregunta que cabe hacerse es: ¿cambió para siempre este nacimiento la vida de los tres magos? Es muy posible.

La conjunción de este par planetario: Júpiter y Saturno, es la que vieron y siguieron los magos, simbólicamente, hace más de dos mil años. Podemos imaginarnos lo espectacular de un fenómeno astronómico así para el astrólogo de la época, sin contaminación lumínica y con una atmósfera más limpia. En algunos días y meses del año 7 a. C. la conjunción planetaria Júpiter-Saturno aparecía más próxima que nunca, estando ambos planetas muy cerca por longitud y latitud eclíptica. Esto ocurrió desde mayo a diciembre de ese año. Sin duda, pudo coincidir con el viaje de los magos a Belén. La cercanía de los astros hacía más notable aún su impacto visual, pues aparecían como una sola masa de luz y con un brillo deslumbrante. No hacía falta ser astrólogo para mirar al cielo y maravillarse. La conjunción de estos planetas en el año 7 antes de Cristo fue realmente un fenómeno inusual; no solo por coincidir con el mencionado *stellium* en Piscis, sino porque la conjunción se extendió desde mayo a diciembre de ese año.

En lo que respecta a la Estrella de Belén —sabiendo que eran Júpiter y Saturno— y a su capacidad para guiar físicamente a los magos hasta la población en la que nació Jesús, no me parece muy realista ni necesario, incluso, contemplar esta posibilidad. Existen infinidad de leyendas que nos hablan de una estrella que guía a los magos, antecediéndolos y llevándolos hasta el mismísimo pesebre donde nació Jesús en Belén. Pero a mi juicio, la Estrella de Belén los guía simbólicamente, no físicamente. Recordemos que, como sacerdotes-astrólogos que profesan la religión zoroástrica, esperan que se cumpla una profecía de Zaratustra referida al nacimiento de un rey-salvador para el pueblo de Israel. Otra profecía, ya referenciada anteriormente y que también sitúa el nacimiento del Mesías en lo que es Israel, es la de Balaam (Números, 24: 17). Aunque era una vieja profecía, los magos pudieron conocerla y tenerla en cuenta porque este profeta bíblico pertenecía al área de Mesopotamia, no muy lejos del lugar de origen de los magos. Apuntala esta posibilidad el hecho de que, según el evangelio de Mateo, los magos llegan a Jerusalén, pero una vez allí preguntan a Herodes acerca del nacimiento de Jesús, ignorando dónde ocurrió. Los escribas y asesores de aquel informan a los magos que el rey de los judíos debería haber nacido en Belén de Judá. Según Mateo, después de haber oído al rey y a sus consejeros los magos se fueron y la estrella que habían visto en Oriente les precedía, hasta que se paró justo encima del lugar donde estaba el niño. Este pasaje es ciertamente bello, poético, pero bien pudo ser una licencia del copista que transcribió las palabras de Mateo; un adorno imaginario e inocente. Al fin y al cabo, los principios de la ecdótica no siempre acompañaron a los amanuenses en su trabajo. Realmente era innecesario el tener que seguir a una estrella, pues Belén está apenas a 9 kilómetros al sur de Jerusalén. Si de noche o de madrugada se pusieron en camino hacia Belén y mientras recorrían la distancia que separa Jerusalén de Belén tenían a la estrella (Júpiter y Saturno) a la vista, bien pudo ser algo astronómicamente real y de gran belleza simbólica, hay que admitirlo, pero no era necesario para llevarles a su destino. Una vez allí, encontrar a un niño que entonces pudo tener unos pocos meses de vida no tuvo que ser tan difícil. Belén era una población relativamente pequeña, quizá con solo unos pocos niños con los mismos meses de vida que Jesús. A buen seguro que el niño, acaso por su condición divina —si aceptamos esto—, ya destacó desde la cuna por una razón u otra, como haría más tarde en su niñez y adolescencia, mucho antes de llegar a ser el adulto joven que revolucionó su tiempo. En fin, no tuvo que ser difícil localizarle para los magos, ya sea que llegaran unos meses —lo más probable— o incluso unos pocos años después de su nacimiento.

El viaje a Belén fue un trayecto a través de una geografía accidentada, pero teniendo a las estrellas como luz y guía nocturna hacia su destino. Podemos imaginarnos cómo pudo ser esa expedición de más de 1500 kilómetros a través de parajes inhóspitos y desiertos sin piedad, pasando calor de día y frío de noche, sufriendo el cansancio tanto los magos y sus acompañantes, si los hubo, como los dromedarios o camellos que formaban parte de su histórica aventura. Pero también cabe envidiar la visión nocturna de un cielo estrellado, en pleno desierto, sin contaminación lumínica que condicionase esa visión mágica, con un bello espectáculo de estrellas en el firmamento desplazándose aparentemente en la noche del desierto. Y podemos imaginarnos lo que podían sentir los magos cuando veían a Júpiter y Saturno en el cielo, señalando su camino simbólico hacia el Oeste. Recordemos que la conjunción de estos dos astros sería visible en el cielo desde mayo a diciembre del año 7 antes de Cristo.

Según algunos investigadores los magos pudieron ponerse en camino inmediatamente, llegando a Belén en unos pocos meses, o bien

El viaje de los magos *(c. 1890), de James Tissot. Museo de Brooklyn, Nueva York*

llegaron dos años más tarde, deducción esta que obtienen algunos estudiosos del mandato de Herodes de matar a todos los niños nacidos con menos de dos años. Es decir, que esos dos años podrían sugerir que los magos llegan a Jerusalén dos años después de que tuviera lugar el nacimiento de Jesús. A mi parecer debieron partir poco después de descubrir en el cielo la doble señal de que había nacido el Mesías, que era el *stellium* en Piscis y la conjunción entre Júpiter y Saturno, próxima a formarse. Es difícil pensar en un viaje postergado por tanto tiempo, habida cuenta de la importancia que ellos mismos le atribuyeron a esa señal celeste. Ya ha quedado claro el estatus y los medios materiales de estos sacerdotes-astrólogos persas, siendo lo más razonable lo de un viaje inmediato, aunque no por ello precipitado. La fecha en que los magos pudieron iniciar su viaje bien pudo ser a mediados o a finales de marzo del 7 a. C. Es posible que esperaran a que la conjunción del Sol y la Luna en Piscis se materializara —algo que ocurrió el uno de marzo—, junto con el *stellium* planetario en Piscis, para decidir y planificar su viaje hacia tierras occidentales. Pudo no ser suficiente el prever esa configuración celeste a partir de sus cálculos o tablas. Quizá prefirieron esperar a que se consumara en el cielo la señal y el mismo nacimiento del Mesías para empezar a preparar su viaje. Entre avisos y permisos de la casa real parta, el acopio de provisiones y

Mapa actual de la región con el posible recorrido de los magos

la planificación detallada del viaje, pudieron mediar semanas antes de que partieran de viaje. Esto nos sitúa en el tiempo alrededor de mitades o finales de marzo, quizá a primeros de abril. Rozando la primavera el tiempo pudo haber mejorado, lo que también facilitaría el poder emprender el viaje al reducirse uno de los principales inconvenientes.

¿Cómo pudo ser un viaje desde la antigua región persa de Media, en el actual Irán, a Jerusalén hace más de dos mil años?, ¿qué rutas pudieron seguir?, ¿y cuánto tiempo pudieron tardar en llegar a su destino? Para empezar, señalemos que la distancia a recorrer entre Saveh (como hipotético punto de partida) y Jerusalén en línea recta es de unos 1450 kilómetros. Pero hace dos mil años la ruta para llegar a Jerusalén desde la antigua Persia pudo alargarse muchos, muchos kilómetros, siguiendo sinuosos caminos de montaña. Incluso hoy en día, viajando por carretera entre estas dos ciudades, la distancia total a recorrer se alarga hasta unos 1850 kilómetros. Además, los magos bien pudieron desviarse para hacer algunas visitas o paradas, por una razón u otra. Tampoco podemos descartar alguna gestión o misión que hoy llamaríamos diplomática. Debemos suponer que la caravana de los magos estaba formada, aparte de por ellos mismos, por diversos ayudantes o acompañantes, junto con animales que acarrearían todo tipo de provisiones, que les abastecerían durante el trayecto. Esto pudo suponer el hacer más lento el viaje. En condiciones normales, sin contar posibles contratiempos de todo tipo o posibles estadías en determinados puntos geográficos no contempladas aquí, podemos estimar el tiempo mínimo invertido en recorrer dicha distancia en unos noventa días. Con la precaución de que solo es una aproximación temporal para un viaje que necesariamente no se recorrió en línea recta, sino más bien de forma sinuosa, serpenteante, con desvíos frecuentes o a través de rutas hoy desconocidas y que bien pudieron acortar, o más probablemente alargar, la duración del viaje a Jerusalén.

Podemos especular sobre las posibles rutas por las que optaron, tanto por razones logísticas como por seguridad o por otros motivos que es imposible conocer hoy, pero no deja de ser un ejercicio arriesgado. Podemos imaginar que desde su Media de origen cruzarían el Imperio parto hacia tierras occidentales, pasando por algunas ciudades de la antigua Mesopotamia, enclaves estos llenos de significación astrológica para los magos. Bien pudieron visitar a algunos astrólogos de la región; incluso no podemos descartar que el mismo viaje sirviera para contrastar o consultar determinadas configuraciones del cielo. O quizá no; es posible que, por la naturaleza de su expedición, llevaran su misión en absoluto secreto. No lo sabemos. En cualquier caso, tras cruzar los ríos Tigris y Éufrates, dejando atrás tierras persas, se encaminaron hacia el territorio controlado por los romanos a través de la antigua Mesopotamia, en dirección ya hacia Jerusalén. Llegaron a Jerusalén tras una larga travesía, previsiblemente cansados, fatigados después de muchas semanas viajando por tierras frías de noche, calurosas de día, siendo áridas y desérticas en algunos puntos. Pero podemos pensar que, ya en la recta final de su viaje, también llegaron ilusionados, expectantes ante la culminación de su histórica iniciativa. Suponemos que llevaban con ellos sus regalos para el rey-salvador, a modo de ofrenda simbólica de respeto y consideración ante un Mesías largamente profetizado, por decirlo así. Y al final del camino les esperaba él, un niño que vino al mundo en un pesebre, pobre, humilde como cualquier otro recién nacido en la Judea de la época. Los magos hicieron un largo camino para encontrarse con el Salvador de los judíos, con el Salvador del Mundo podríamos decir hoy, con la perspectiva histórica actual. Un viaje que posiblemente cambió sus vidas, aunque no se conoce a ciencia cierta qué les aconteció más allá del mágico encuentro en Belén y del regreso a sus lugares de origen.

Pero antes de especular con su posible destino, detengámonos un momento en el fin que se proponían: adorar al Mesías. La Adoración es más que una escena bíblica única, mítica y maravillosa para los cristianos: es un encuentro entre dos mundos, un viaje, una aventura fascinante y una historia que narra la búsqueda de un niño de naturaleza divina por parte de tres astrólogos venidos de muy lejos. Lo encontraron y lo adoraron. El *Diccionario de la Lengua Española (DLE)*,[145] elaborado y editado por la Real Academia Española de la Lengua, define este vocablo (adoración) como acción de adorar, y en su acepción más ajustada al caso lo explica como: «reverenciar o rendir culto a un ser que se considera de naturaleza divina». Eso hicieron los magos, y además le llevaron tres presentes diferentes. Estos regalos no fueron un mero compromiso o formalidad, sino mucho más: simbólicamente, representan algo más elevado que lo que son en sí. Nos dice Mateo en su evangelio que los magos, en su Adoración, obsequiaron al niño Jesús con oro, incienso y mirra. El oro simboliza la naturaleza real del nacido, pues es un metal precioso propio de reyes y príncipes. No hay que olvidar que los magos hicieron su viaje para encontrar al «rey de los judíos»; es decir: por una parte, un rey terrenal. El incienso simboliza su naturaleza divina, más allá de lo mundano o terrenal, pues se usaba en el culto a los dioses. En la religión judía y en otros cultos paganos el incienso se utilizaba en sus rituales y prácticas litúrgicas. Y la mirra representa su naturaleza mortal, su futura muerte física, dado que se empleaba como embalsamador. Algunos eruditos en la materia sugieren que otra significación con respecto a la mirra podría ser su condición de anestésico, simbolizando que Jesús viene al mundo para evitar el dolor del género humano. Otro posible significado de este misterioso presente podría ser, por su sabor extremadamente amargo, el trágico destino terrenal de Jesús, con su martirio y muerte. En definitiva: los obsequios de los magos simbolizan el origen, pero también el destino de Jesús.

¿Cuál fue el destino de los magos después de ese histórico encuentro? Mateo nos dice en su evangelio (San Mateo, 2: 12) que los magos «advertidos en sueños de no volver a Herodes, se tornaron a su tierra por otro camino». A partir de aquí, desaparecen por completo del relato de Mateo; nada más nos dice este de su existencia. Debemos sobreentender que regresaron a su Persia natal —según la hipótesis más probable con respecto a su procedencia— y siguieron

---

145 *Diccionario de la Lengua Española*. RAE. Versión de 2017.

con su vida como sacerdotes-astrólogos. Quizá iluminados espiritualmente para siempre por su encuentro con el Mesías, podríamos pensar. Pero nada sabemos a ciencia cierta por la pluma de Mateo, el que les dio un protagonismo inmortal en las Sagradas Escrituras. Y verdaderamente, no podemos decir mucho más de ellos. Sin embargo, hay otras fuentes que nos hablan de los magos después de su encuentro con el niño Jesús: según dejó escrito el monje carmelita Juan de Hildesheim en el siglo XIV, el apóstol Tomás los encontró en el reino de Saba, los bautizó y consagró como obispos, empezando los magos desde entonces una labor de difusión del cristianismo. Al final fueron martirizados y, al morir, los enterraron juntos, en el mismo lugar. En cualquier caso, el rastro de los magos se pierde en la oscuridad de los tiempos, aunque su historia todavía vive hoy. No obstante, y con el permiso de Marco Polo y de su maravilloso libro de viajes, dice la historia, entrecruzada con la leyenda, que los restos de los Magos de Oriente descansan hoy en la catedral de Colonia (Alemania). La Iglesia no solo lo corrobora, sino que dos de los últimos papas, Juan Pablo II y Benedicto XVI, han visitado la catedral de la ciudad y han orado ante el relicario que contiene los restos de los magos. Allí siguen tras más de ochocientos años, descansando en el relicario más precioso y valioso de la cristiandad, dentro de una de las catedrales góticas más hermosas de Europa.

¿No es una historia fascinante? *Se non è vero, è ben trovato...*[146].

Hasta aquí he enumerado una serie variopinta de astrólogos de toda época y condición. Pero me parece interesante para el lector el destinar un pequeño espacio dentro de este capítulo a diferentes personajes —de cualquier ámbito— que, sin ser propiamente astrólogos, estudiaron o aplicaron este saber. Algunos como simple curiosidad intelectual, muy sana y loable, por cierto, y otros, más atrevidos, reflejaron su conocimiento en sus obras. En verdad, la lista es

---

146 Por cierto, esta apostilla tan utilizada hoy la usó por primera vez un personaje que aceptaba la esencia misma de la astrología: Giordano Bruno (1548-1600). En el proceso que le llevó a la hoguera, defendió la utilidad de este conocimiento. Más aún: cuando fue arrestado, se hallaba en posesión de un tratado de astrología. Con todo, es notorio que este italiano haya pasado a la historia por ser un notable astrónomo, filósofo, teólogo y poeta.

tan larga que merecería una obra entera —quizá con varios tomos— para incluirlos a todos.

Leonardo da Vinci

Es el genio por antonomasia, y tan hábil y talentoso con las artes como con las ciencias. Aunque en algún pasaje de sus obras duda y deja entrever un cierto distanciamiento con la astrología, contamos con dos ejemplos que demuestran que, en la práctica, la astrología no le era ajena. El primero de ellos es una de sus pinturas más célebres: *La última cena*,[147] considerada una de las obras pictóricas más bellas del mundo. En esta obra Leonardo escenifica lo que fue la última cena de Jesús con sus discípulos. En apariencia, es un lienzo más sobre este episodio bíblico, pero si nos adentramos en la representación de la escena podremos ver que en ella está contenida la caracterología zodiacal completa, con los doce signos en los doce discípulos. Para empezar, la distribución de estos en el cuadro en grupos de tres sugiere una posible referencia a los cuatro elementos: Fuego, Tierra, Aire y Agua. Sé que algunos estudiosos del tema han propuesto un significado distinto, pero por el conjunto de la obra y por lo que expondré a continuación, entiendo que debemos interpretarlo todo en clave astrológica. Así, a la derecha tenemos los seis primeros signos (de Aries a Virgo), que están a plena luz. A la izquierda, los seis signos restantes, casi en la penumbra. Recordemos que la escena representa el preciso momento en que Jesús les dice a sus discípulos que uno de ellos le traicionará.

De acuerdo con esto, el pintor intenta captar la reacción de cada uno de ellos, lo que nos permite identificarlos por sus respectivos gestos y actitudes. De esta manera, si empezamos por la derecha vemos a Simón (Aries), representado con una cabeza marcada, calva y huesuda. Su actitud es cerebral, permaneciendo pensativo. Además, parece ser el único al que se dirigen otros discípulos, pues el resto mira hacia Jesús, que es el centro de la acción. Podemos relacionar esto con el primer signo: Aries, y su capacidad de liderazgo. Además, la forma de las manos nos recuerda a los cuernos de la cabra, animal asociado al signo. A su lado está Judas Tadeo (Tauro),

---

147   Pintura mural ejecutada al temple y óleo sobre una preparación de yeso. Pintada entre 1495 y 1498, se encuentra en el refectorio del convento dominico de Santa Maria delle Grazie, en Milán (Italia).

que destaca por su cuello y mantiene una actitud tranquila, pero de rabia contenida. Su mano derecha parece representar el símbolo de Tauro... Y podríamos continuar así hasta Bartolomé (Piscis), que se sitúa a la izquierda de la imagen, en oposición al ariano Simón. Note el lector que Bartolomé lleva una túnica azul y verde, con colores y tonos que podemos asociar al signo de Piscis. Además —y es algo propio de su signo—, observa la escena de forma pasiva. En él destacan los pies, parte del cuerpo relacionada con el último signo: Piscis. Por otro lado, podemos destacar la posición central de Jesús en la escena, como el Sol

Leonardo da Vinci, autorretrato

en el sistema solar. No es casualidad que dijera: «Yo soy la luz del mundo...». En fin, esta obra es como un pequeño tratado astrológico, visual y simbólico. Si el lector quiere guiarse a través de él por mi interpretación simbólica personal, puede hacerlo a partir de mi obra *Astrología a su alcance*,[148] donde incluyo en mi análisis a los doce signos zodiacales al completo y a los doce discípulos. Lo que queda claro aquí es que este maestro del Renacimiento tenía conocimientos y motivaciones astrológicas.

Pero sigamos con Leonardo da Vinci y con sus representaciones astrológicas: el segundo ejemplo que les presentaré a continuación es menos conocido y es de mi propia cosecha, al contrario que el ejemplo anterior, que ya ha sido analizado en clave astrológica por otros astrólogos en el pasado, como mi amigo y colega Boris Cristoff.[149] El

---

148   *Astrología a su alcance*, pp. 169-172.

149   Una de las últimas y más sorprendentes interpretaciones simbólicas y esotéricas de esta obra es la de la investigadora italiana Sabrina Sforza. En su libro *Il cenacolo di Leonardo in Vaticano*, publicado en 2009 por la Librería Editrice Vaticana, asegura que la escena pintada por Leonardo esconde un código basado en la astrología y

La última cena. *Leonardo da Vinci*

segundo ejemplo es una de las más bellas representaciones de Jesús, y es tan equilibrada como enigmática. Es la pintura del gran Leonardo titulada *Salvator Mundi*.[150] Esta verdadera obra maestra fue pintada alrededor del año 1500 y muestra frontalmente a Jesús, ofreciendo su bendición con la mano derecha alzada y con los dedos cruzados. Su mano izquierda sostiene una esfera —aparentemente de cristal de roca, una variedad de cuarzo transparente— que representa la esfera celeste. Durante el Renacimiento se vio en esta imagen de Jesús su rol como salvador del mundo y señor del cosmos. Esta verdadera obra maestra, pintada al óleo sobre un soporte de madera de nogal, mide 45 x 65 centímetros. Es una de las veinte obras conocidas y reconocidas del artista y la única que estuvo en manos privadas en los últimos tiempos. En noviembre de 2017 ese cuadro se subastó en la sala Christie's de Nueva York (Estados Unidos), alcanzando el precio más alto que se haya logrado jamás en una subasta de arte. Su nuevo propietario es un príncipe saudí, que pagó por esta obra de arte alrededor de 450 millones de dólares USA.

---

en las matemáticas que, entre otras cuestiones, podría contener una importante predicción para el futuro.

150   Cristo como salvador del mundo. Aunque algunos críticos y estudiosos de la pintura creen que esta obra podría haber salido de los pinceles de un discípulo de Leonardo, esto parece improbable a partir de algunos detalles de la obra que, a juicio de los expertos, se identifican claramente con el mismo Leonardo. Con todo, la autentificación del cuadro es un tema controvertido a día de hoy.

Invito al lector a que examine esta obra y se adentre en su mágico equilibrio. Puede disfrutar de su composición, de su geometría perfecta y de su color, a pesar de las restauraciones que ha tenido que soportar. Pero quiero llamar su atención únicamente hacia un detalle: la esfera de cristal de roca[151] que Jesús sostiene con su mano izquierda. En sí, representa un orbe o esfera celeste, donde encontramos representadas algunas estrellas en forma de brillantes puntos blancos sobre su superficie. El mensaje que nos llega de la mano de Jesús, sosteniendo la esfera celeste, es que tie-

Salvator Mundi. *Leonardo da Vinci*

ne bajo su mando al mismo universo. Pero acerquémonos al cuadro, concentrémonos en la esfera celeste: en ella, aparecen tres puntos de luz que claramente representan algunas estrellas del cielo. Algunos investigadores han propuesto, en el pasado, diferentes hipótesis acerca de las tres estrellas del orbe. Pero ninguna me parece convincente. Hay que ir más allá de las apariencias, más allá de la astronomía, hasta llegar a la misma astrología. No puede ser casualidad que el genial Leonardo, tan inclinado a esconder en sus cuadros elementos simbólicos, disponga aleatoriamente la distribución de tres estrellas; un número cargado de simbolismo, por otra parte.[152] Mi teoría es la

---

151   El cristal de roca es el cuarzo de mayor pureza, una variedad que se compone casi en su totalidad de dióxido de silicio. Tradicionalmente, el cuarzo simboliza el equilibrio y la perfección, y se utiliza como piedra de sanación. John Dee (1527-1608), el astrólogo, ocultista y matemático inglés, consejero de la reina Isabel I de Inglaterra, poseía una esfera de cuarzo como parte de sus herramientas de trabajo.

152   El tres es un número sagrado para muchas culturas. Representa el cielo, la tierra y el hombre y, para los cristianos, el Padre, el Hijo y el Espíritu Santo: la Santísima Trinidad.

siguiente, partiendo de la astrología: las estrellas representadas en el orbe que sostiene Jesús son la cabeza de la figura de la constelación de Libra. Es decir: son las tres estrellas principales de la constelación, las que asemejan —al unir sus puntos con líneas imaginarias— los elementos principales de una balanza de brazos iguales, con la parte superior de la cruz, el fiel y los mismos brazos de la balanza. La estrella Zubenelgenubi, prácticamente sobre la eclíptica, es el vértice de ese triángulo escaleno imaginario, a modo de fiel de la balanza. Es la parte de la constelación más fácil de identificar, razón por la cual, al incluirla en su pintura, ya le bastaba a Leonardo como símbolo de Libra y de su significado astrológico. Representar a la constelación por completo sería mostrar su intención de manera demasiado clara, y eso no era propio de él. Además, limitando dicha representación a tres estrellas conectaba simbólicamente al número tres en su pintura. Por todo ello, a mi juicio el detalle de las tres estrellas es una alegoría que simboliza lo que mejor representa el signo de Libra: la Justicia, con mayúsculas. Para Leonardo, el Salvador del Mundo trae la justicia total, donde todos son iguales y tienen los mismos derechos, ya sean pobres o ricos. Esa igualdad, ese equilibrio que tan bien simboliza la Balanza (Libra), cubre con su manto estrellado todos los aspectos de la vida humana: igualdad de derechos, armonía entre congéneres o templanza en las necesidades y placeres, entre otras cuestiones. Al final de la vida, un Dios justo (Libra) juzgará y recompensará o castigará a cada cual según sus obras; no olvidemos que el signo de Libra también está relacionado con las leyes, los jueces y la justicia. El signo de Libra tiene aquí su punto de encuentro con el cristianismo de la mano del *Salvator Mundi*, nunca mejor dicho. Conviene apuntar que un genio multidisciplinar como Leonardo da Vinci, culto y abierto a todo conocimiento e inmerso en la revolución cultural que supuso el Renacimiento, tuvo que conocer a fondo el lenguaje astrológico. Como hemos visto anteriormente, en otra de sus obras, *La última cena*, se aprecia un claro trasfondo astrológico, pues la imagen de los doce apóstoles parece inspirada en los doce signos zodiacales.

Observen las imágenes siguientes, con el detalle de la esfera y, al lado, de la constelación de Libra (las estrellas principales): la distancia que se observa entre las estrellas del orbe reproduce aproximadamente la distancia entre las tres estrellas principales (parte superior de la figura) de la constelación de Libra.

 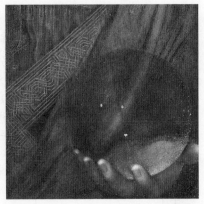

La constelación de Libra (parcial)   Salvator Mundi *(detalle)*

Es innecesaria una aproximación más rigurosa para determinar si la proporción entre ambas figuras es matemática. Entiendo que es suficiente. Al fin y al cabo, no sabemos sobre qué carta del cielo se basó Leonardo para representar parcialmente la constelación de Libra en su cuadro. A finales del siglo XV no cabía esperar en este tipo de mapas celestes ni una exactitud ni una fidelidad absolutas. Es un triángulo escaleno, son estrellas en el cielo y podemos adivinar una motivación oculta en esta discreta representación en una parte del cuadro. El lenguaje simbólico, los mensajes velados, crípticos, ocultos en detalles de su obra, son característicos del Leonardo da Vinci artista. Ir más allá de este punto no es necesario, así que podemos detenernos aquí. Los estudiosos de la obra del pintor florentino, especialmente los que investigan en ella todo mensaje oculto, pueden partir de aquí para ahondar más en mi teoría,[153] tal y como la expongo en este apartado del libro.

---

153   Encuentro interesante la relación que puede establecerse entre las tres estrellas pintadas en el orbe del lienzo de Leonardo y los tres magos, aun siendo una idea demasiado simple. En este nivel, y al igual que ocurre con el deporte-juego del billar, pueden contemplarse las «carambolas a tres bandas». Hay un nexo de unión entre Leonardo y los magos, aun indirectamente: en la ciudad de Florencia, tan importante para Leonardo, se fundó a finales del siglo XIV o principios del siglo XV —la primera noticia que tenemos data de 1417— la llamada *Compagnia dei Magi* o *Compagnia della Stella*, una especie de hermandad o asociación dedicada a estudiar y difundir la figura de los Magos de Oriente. Esta hermandad, que profesaba una gran devoción por los magos, tenía el respaldo de la poderosa e influyente familia de los Médici, los cuales patrocinaron innumerables iniciativas artísticas, culturales y de otro orden sobre los magos durante décadas; al menos,

EL HORÓSCOPO DE QUEVEDO

Allá por 2009 hice un sorprendente descubrimiento: Francisco de Quevedo, el gran escritor del Siglo de Oro español, dejó codificado astronómica y astrológicamente en uno de sus romances su propio horóscopo. Mi hipótesis es innegable, y se puede demostrar a partir de los datos y claves que este autor inmortal ofrece en su poema. Indirectamente, puede averiguarse también con exactitud su hora de nacimiento y puede confirmarse que nació el 14 de septiembre de 1580, tal y como recientemente se ha podido evidenciar a partir de otra investigación paralela.[154]

Tal y como sugiero, podemos reconstruir su horóscopo, perdido en el tiempo durante varios siglos. Sí, es posible hallar, escondidas, colgadas discretamente entre las líneas de las estrofas de uno de sus romances, las claves para poder calcular rigurosa y fielmente, casi cuatro siglos más tarde, el horóscopo de este célebre autor. Es evidente, una vez completado el estudio en el que ahora les introduzco, que en su tiempo nuestro autor ya calculó, estudió y referenció, por añadidura, en al menos uno de sus romances, su propia carta natal. Es justamente gracias a las referencias que vierte en uno de sus romances, a modo de pistas o claves astrológicas, lo que me ha permitido reconstruir o hallar y desempolvar el horóscopo de Quevedo en nuestro siglo xxi. Hasta el día de hoy, no hemos tenido constancia documental del mismo. Su horóscopo no ha sido hallado, ni siquiera referenciado en otras obras, por otros autores. Ni tan solo teníamos constancia, hasta hace poco tiempo, del verdadero día de su

---

hasta 1494. Leonardo da Vinci, cuya vida transcurrió entre 1452 y 1519, vivió de lleno este periodo de esplendor florentino referido a los tres astrólogos de la Biblia. Recordemos que Leonardo pintó su inacabada pero revolucionaria *Adoración de los Magos* en esta época, entre 1481 y 1482, por encargo de los monjes agustinos de San Donato a Scopeto. Aparte de esto, algunos estudiosos e investigadores también podrán añadir una nueva dimensión a lo que puede ser una simple alegoría o un detalle en el cuadro del maestro florentino, a modo de un posible legominismo. Esto es: que en un detalle de una obra pictórica, por ejemplo, exista un motivo oculto, velado a los legos o, mejor dicho, a los no iniciados, y que tiene como fin el transmitir —de acuerdo con el sentido que el místico y escritor armenio George Gurdjieff le da al término legominismo— un mensaje trascendente a un público entendido o en sintonía con un lenguaje o nivel de conocimiento determinado.

154 J. L. Rivas Cabezuelo, Sobre *el nacimiento de Francisco de Quevedo*, La Perinola, 12, 2008.

nacimiento. Por otra parte, el elemento astrológico es recurrente en las obras de este autor. Cabe suponer que Quevedo entró en contacto con la astrología de su tiempo por una vía culta, académica. No hay que olvidar que, en la España del siglo XVII, la astrología se hallaba en boga, a pesar de que ya había iniciado su declive existencial. El grado de penetración de esta disciplina entre las clases más cultas o doctas, así como su posicionamiento académico, era una realidad. Recordemos que en la

Francisco de Quevedo, retrato de Juan van der Hamen (antes atribuido a Velázquez)

España de la época las universidades aún contaban con cátedras de astrología.

Mi aportación, que expongo en este apartado, incide transversalmente en la línea de investigación que se inició, en forma de hallazgo documental, a mediados del pasado siglo XX. Fue a partir de la publicación de una carta inédita del mismo Quevedo cuando, por primera vez después de varios siglos, pudimos inferir, a partir de la misma, el día en que nuestro inmortal autor había nacido. Más recientemente en el tiempo, la rigurosa investigación documental de José Luis Rivas ha aportado la prueba definitiva acerca del verdadero día en que vio la luz nuestro autor universal. Mi aportación, pues, no solo permite reconstruir fielmente el horóscopo de nuestro eximio autor, sino que, en la línea de los hallazgos referidos, demuestra inequívocamente, con el aval de una realidad astronómica incontestable, la hora exacta en que nació, a la par que confirma, también, que don Francisco de Quevedo nació el 14 de septiembre de 1580.

A estas alturas de la obra, el lector podrá seguir, aun mínimamente, las indicaciones que el mismo Quevedo suministra en su romance, las claves literarias que permiten reconstruir su horóscopo. Pero antes, es menester recapitular los hechos que han permitido este descubrimiento: hasta mediados del siglo xx, solo se conocía de nuestro autor que fue bautizado el 26 de septiembre de 1580, y en la parroquia de San Ginés, en Madrid, por más señas. No se sabía su fecha de nacimiento. Sin embargo, a mediados de los años cuarenta aparece publicada la obra *Epistolario completo de don Francisco de Quevedo y Villegas*, a cargo de don Luis Astrana Marín.[155] Allí, entre diferentes documentos y cartas inéditas, hallamos en una de estas misivas una pista acerca del día de su nacimiento. Así, en una carta de Quevedo dirigida a su amigo don Sancho de Sandoval, de fecha 31 de mayo de 1639, dice aquel: «Yo aguardo el tratado que V. M., como por ser de la devoción que tengo a tan grande sancto (sic), y tener su nombre por haber nacido el día de sus Llagas». En esta carta, Quevedo asegura haber nacido el día de las Llagas de San Francisco; es decir, el sábado 17 de septiembre de 1580. A partir de entonces, y hasta hace muy poco tiempo, esta fecha (17 de septiembre) ha venido siendo anotada en diferentes enciclopedias, biografías y otros textos como el día en que nació el autor que aquí es objeto de estudio. Es, en verdad, la fecha en que se celebra la festividad de las Llagas de San Francisco. Más adelante en el tiempo, y como consecuencia de una certera reinterpretación de la supuesta fecha en que nació nuestro autor inmortal, José Luis Rivas, investigador y presidente de la *Fundación Francisco de Quevedo*,[156] expuso en la revista de investigación quevediana *La Perinola* su particular tesis: Quevedo no nació un 17 de septiembre, tal y como cabía deducir de una interpretación simple de la carta referenciada anteriormente, sino que realmente nació el 14 de septiembre. La asignación del 17 de septiembre como fecha natal de Quevedo es, a juicio de Rivas, errónea. Según su trabajo de investigación, la fecha del 17 de septiembre corresponde a la celebración del acontecimiento, a su festividad litúrgica, pero no a la fecha en la que ocurrió realmente el acontecimiento milagroso. A nivel documental, no existen dudas acerca de la fecha en que la Impresión de las Llagas tuvo lugar: el 14 de septiembre de 1224. Por

---

155   L. Astrana Marín, *Epistolario completo de don Francisco de Quevedo y Villegas*, Instituto Editorial Reus, Madrid (España), 1946.

156   Fundación Francisco de Quevedo. c/ Quevedo, 36. 13344 -Torre de Juan Abad. Ciudad Real, (España).

determinadas circunstancias históricas y religiosas que no vienen al caso, la Iglesia postergó la celebración litúrgica al 17 de septiembre, pero a todos los efectos prevalece la verdadera fecha en la que tuvo lugar el milagro. Según Rivas, Quevedo era conocedor de este hecho y, al escribir a su amigo Sancho de Sandoval, en relación al día de su nacimiento, se refería al día 14 de septiembre y no a otro día. Como muy bien apunta este investigador, confirman esta suposición acerca de que el verdadero día en que nació Quevedo fue el 14 y no el 17 de septiembre de 1580 dos hechos que no permiten discusión, apuntalan su tesis y hacen encajar todas las piezas como en un rompecabezas: primero, que Quevedo señala en uno de sus romances (transcrito parcialmente más adelante) que nació entre un martes y un miércoles. Y aquí coincide con la fecha, pues el 14 de septiembre de 1580 era miércoles. Segundo, anota también Quevedo en el mismo romance una referencia a la fase lunar para esa fecha, donde concretamente se producía el paso de la Luna Nueva al Cuarto Creciente, pero especificando que no alcanzaba todavía a esta última fase. Y también aquí se corresponde con la fase lunar del miércoles 14 de septiembre de 1580. Ninguno de los dos puntos o realidades anteriores se dan con la fecha del 17 de septiembre de 1580, obviamente, pues el día de la semana sería ya el sábado y, en relación a la fase lunar, hallaríamos ya completado e iniciado el cuarto creciente. Todo esto está expuesto con detalle en el trabajo de investigación de José Luis Rivas, ya referenciado anteriormente.

Con lo que hemos visto en el párrafo anterior, acaba el sucinto relato de este hallazgo sobre el día en que nació Quevedo. Importante, por supuesto, pues saca a la luz, con el respaldo documental necesario y con el aval de una realidad astronómica innegable, un dato biográfico capital en la vida de todo personaje ilustre: el conocimiento cabal de su fecha de nacimiento. Y aquí empieza mi pequeña aportación, que complementa el esclarecedor trabajo de investigación de José Luis Rivas. Ciertamente, mi hipótesis complementa el citado trabajo por diferentes razones: la primera de ellas, debido a que completa el estudio y análisis del ya célebre romance de Quevedo, aunque esta vez en clave no solo astronómica, sino astrológica también. La segunda, por haber podido deducir, indirectamente, o hallar la hora exacta —con un margen de error de solo unos minutos de tiempo— en que nació Quevedo, más allá del día de nacimiento, que ya quedó establecido. Esto, también gracias a las indicaciones que, en forma de pistas o claves para la posteridad, sembró este autor en el susodicho romance. Y finalmente, una tercera razón, que no por ser la tercera es menos importante: el permitir, de acuerdo con ello, reconstruir el horóscopo de Francisco de Quevedo. Y esto último no solo no es nada despreciable, a nivel biográfico e histórico, sino que es, en sí, importante; no hay que olvidar que algunas de las claves que da nuestro autor inmortal sobre su propio horóscopo, como la fase lunar de su nacimiento, permitieron a José Luis Rivas confirmar su tesis acerca del verdadero día de su nacimiento.

Es importante, también, el rescatar su horóscopo por ser la astrología una materia muy cercana a nuestro insigne autor. A pesar de algunas contradicciones, dudas y críticas, que podemos ver en determinadas partes de su obra, en conjunto Quevedo se nos muestra como un firme partidario de esta disciplina. Va mucho más allá que un respetuoso Cervantes, en este sentido. Por sus propias palabras, muestra un conocimiento tal en este saber que roza el oficio y el conocimiento propios de un astrólogo de la época. En parte, así lo demuestran mil y un sonetos y romances o, más recientemente en el tiempo, la obra de Alessandro Martinengo, acerca de la astrología en la obra de Quevedo.[157] Al respecto, debo añadir que al final de la obra de Martinengo figura una relación parcial de la biblioteca de nuestro autor universal, centrada especialmente en los libros de temática astrológica. Y a partir del examen de la lista, se me antoja, en conjunto, una biblioteca de un nivel técnico muy elevado; baste mencionar obras como el *Speculum astrologiae*, del florentino Francesco Giuntini (Francisco Junctino), un completo compendio astrológico, consultado y referenciado incluso tres siglos después de su aparición. De hecho, tengo pendiente en un futuro próximo el abordar el estudio de esta lista de obras de contenido astrológico, pues ello nos permitirá hacernos una idea más cabal acerca de las pretensiones y de la profundidad de los conocimientos de Quevedo en esta materia.

Volviendo a lo que nos ocupa: el horóscopo de Quevedo, y antes de transcribir para el lector el famoso romance, conviene recordar que nuestro insigne autor quiso dejarnos a las generaciones venideras de lectores y estudiosos de su vida y obra unas claves acerca de su

---

157 A. Martinengo, *La astrología en la obra de Quevedo: una clave de lectura*, Ediciones Universidad de Navarra, Pamplona (España), 1992.

nacimiento. Su horóscopo está escondido, esbozado, dibujado entre líneas. Hemos tardado cuatro siglos en poder descubrir estas claves, pero ahora están aquí, desveladas y aprovechadas. Con todo, hay que reconocer que, durante siglos, la ausencia de un referente natal fidedigno, al desconocer el día en que nuestro autor vino al mundo, ha hecho pasar desapercibidas estas indicaciones. Ningún historiador, biógrafo o astrólogo acudiría a este presumible reto quevediano en la distancia. Antes no teníamos el respaldo documental e histórico que hoy tenemos, sabiendo que nació un 14 de septiembre de 1580.

Bien, entiendo que es imprescindible el transcribir, casi por completo, el romance donde Quevedo señala indirectamente el día de su nacimiento. Además, y como sostengo en forma de hipótesis, Quevedo dibuja entre líneas su horóscopo natal con una gran precisión.

He aquí el romance que *Refiere su nacimiento y las propiedades que le comunicó*:[158]

Parióme adrede mi madre,
¡ojalá no me pariera!,
aunque estaba cuando me hizo,
de gorja naturaleza.

Dos maravedís de luna
alumbraban a la tierra,
que por ser yo el que nacía,
no quiso que un cuarto fuera.

Nací tarde, porque el sol
tuvo de verme vergüenza,
en una noche templada
entre clara y entre yema.

Un miércoles con un martes
tuvieron grande revuelta,
sobre que ninguno quiso
que en sus términos naciera.

---

158   F. de Quevedo, *Antología poética*, Espasa-Calpe, Madrid (España), 1959.

Nací debajo de Libra,
tan inclinado a las pesas,
que todo mi amor le fundo
en las madres vendederas.

Dióme el León su cuartana,
dióme el Escorpión su lengua,
Virgo, el deseo de hallarle,
y el Carnero su paciencia.

Murieron luego mis padres,
Dios en el cielo los tenga,
porque no vuelvan acá,
y a engendrar más hijos vuelvan.

Tal ventura desde entonces
me dejaron los planetas,
que puede servir de tinta,
según ha sido de negra.

[...]

Hasta aquí el romance donde Quevedo nos desvela, en forma más o menos críptica, detalles astronómicos y astrológicos de su nacimiento. No he transcrito la totalidad del romance, sino únicamente la primera parte, la que contiene la información que nos ayuda a dilucidar el día, la hora de su nacimiento y su horóscopo.

A continuación, analizaré las palabras y frases que claramente transparentan un doble sentido o que, simplemente, en sentido figurado o en forma de metáfora sugieren determinadas realidades del día y de la hora de su nacimiento, a la vez que lo hacen de su mismo horóscopo.

En primer lugar, por lógica y para tener una perspectiva adecuada, abordaré el conjunto de indicaciones sobre las que se ha basado José Luis Rivas para confirmar con seguridad el día de su nacimiento. Son estas:

«*Dos maravedís de luna alumbraban a la tierra, que por ser yo el que nacía, no quiso que un cuarto fuera*».

Claramente, Quevedo señala una fase lunar próxima a completar el Cuarto Creciente, pero sin llegar a hacerlo. La metáfora a la que alude Rivas en su estudio, referida a la moneda, me parece correcta, como no. Con todo, en el cielo del momento no se observaba exactamente una posición de la Luna a mitad de camino entre la Luna Nueva y el Cuarto Creciente, sino que la Luna se hallaba ya algo pasada de este punto medio teórico. Nótese que si entendemos la Luna Nueva como una posición (eclíptica) de conjunción exacta (distancia de la Luna al Sol de 0 grados de arco) y la fase de Cuarto Creciente como una posición, eclíptica también, donde la Luna dista 90 grados del Sol, para que la Luna estuviera a mitad de camino de la Luna Nueva y el Cuarto Creciente esta debería hallarse a 45 grados del Sol y, en la madrugada del miércoles 14 de septiembre de 1580, estos dos cuerpos celestes se hallaban a unos 60 grados el uno del otro. ¿Invalida esto la suposición apuntada anteriormente? Rotundamente no, pues, aunque la fase creciente se inicia, de facto, con una distancia de 90 grados de arco de la Luna al Sol (creciente o en una dirección contraria a las agujas del reloj), en realidad esta fase se extiende prácticamente hasta alcanzar la siguiente fase lunar: la Luna Llena (Luna a 180 grados del Sol). Así, la interpretación que este investigador hace en su estudio acerca de las palabras de Quevedo es perfectamente compatible con esta realidad astronómica. Es decir, la relación angular entre la Luna y el Sol para esa madrugada seguía estando en la mitad de otra eventual relación angular en fase de Cuarto Creciente, aunque no en su mismo inicio, sino algo después de completarse.

«Un miércoles con un martes tuvieron grande revuelta, sobre que ninguno quiso que en sus términos naciera».

En este segundo punto hallamos una importante confirmación acerca de la verdadera fecha de su nacimiento, pues el día 14 de septiembre, el día de las Llagas de San Francisco, era justamente un miércoles.

Y a continuación, abordaré el conjunto de indicaciones que me han permitido acotar, con una gran exactitud, la hora en que nació nuestro insigne autor, a la vez que me han concedido el honor de poder calcular y reconstruir su horóscopo por primera vez desde que Quevedo dejó escritas estas líneas para la posteridad. He aquí las claves:

Nací tarde, porque el sol tuvo de verme vergüenza, en una noche templada entre clara y entre yema.

Aquí nuestro autor no solo sitúa su nacimiento con el Sol debajo del horizonte, lo que bastaría para justificar la primera parte de esta estrofa, sino que especifica que el alumbramiento tuvo lugar durante la noche. Esto delimita el nacimiento a unas pocas horas después de la medianoche del miércoles 14 de septiembre, pues sabemos por él mismo que nació la noche del martes al miércoles y, más concretamente, el mismo día de las Llagas de San Francisco; es decir, el mismo día 14. De acuerdo con ello, cabe suponer que el parto tuvo lugar entre las 0 y las 5 horas, aproximadamente, del día 14 de septiembre. Más allá de esta hora, parece improbable, pues toda cercanía del evento a las luces del alba contradice en parte el sentido de la estrofa objeto de análisis. También nos dice que «nació tarde», no temprano, como sería el caso de situarse el nacimiento a las 4 horas 30 minutos o a las 5 horas, o incluso algo más allá de esta hora. Esto hace más plausible una hora próxima a la medianoche. Recuérdese, además, lo comentado anteriormente con respecto a la estrofa que hace alusión a que nació entre un martes con un miércoles, en clara referencia a que el alumbramiento aconteció en una hora cercana al cambio de día; es decir, en una hora cercana a las 0 horas o a la medianoche. Aunque no estoy muy versado en los giros y el léxico del castellano empleado en el siglo XVII, entiendo que la expresión «entre clara y entre yema», que sigue a «una noche templada», cabe conectarla preferiblemente a la temperatura, por lógica, siendo menos probable una eventual alusión al grado de luz, derivado del paso de la noche al día.

«Nací debajo de Libra, tan inclinado a las pesas, que todo mi amor le fundo en las madres vendederas».

Aquí nos encontramos con la primera estrofa donde Quevedo alude directamente a una configuración puramente astrológica. Y la primera alusión a la astrología es, también, la más importante, pues es sabido que el denominado signo solar es una configuración astrológica de primer orden; con seguridad, la más relevante. El nacer debajo de Libra equivale a decir, aquí, nacer con el Sol en el signo zodiacal de Libra. Quevedo dice, apropiadamente, «debajo de Libra», pues es conocido, tal y como anteriormente se ha explicado, que el Sol recorre a lo largo del año la banda zodiacal o Zodiaco, situándose esta banda imaginaria más allá del Sol, a modo de trasfondo o decorado de fondo. Concebido así, se entiende la expresión de nuestro querido autor.

Como sabemos, el día en que una persona nace determina su signo solar. Como ya hemos visto anteriormente, los signos del Zodiaco son doce particiones de 30 grados de arco cada una, iniciándose con el primer signo (Aries), justo en la intersección del ecuador celeste con la eclíptica. De esta manera, el signo de Libra se sitúa entre los 180 y los 210 grados del Zodiaco. Anualmente, el Sol recorre (aparentemente, desde el punto de vista de la Tierra) el signo de Libra desde el 23 de septiembre al 22 de octubre, aproximadamente. Sin embargo, estas fechas solo son válidas para el actual calendario gregoriano (introducido en España en 1582). Para el calendario juliano, que estaba en vigor para la fecha en que nació Quevedo, el Sol permanecía en el signo de Libra desde el 13 de septiembre al 12 de octubre, aproximadamente. Esto nos dice, obviamente, que dado que el mismo Quevedo asegura haber nacido «debajo de Libra», su fecha de nacimiento tiene que estar comprendida, para el año 1580, entre el 13 de septiembre y el 12 de octubre. En verdad, este dato no nos es de ninguna ayuda ahora, pues todas las fechas susceptibles de haber acogido su nacimiento: el 14 de septiembre, el 17 de septiembre o el mismo día de su bautizo, el 26 de septiembre, se hallan comprendidas entre aquel lapso de tiempo. A lo sumo, puede confirmarnos que nació entre el 13 de septiembre (inicio del signo de Libra) y el 26 de septiembre, la fecha de su bautizo, pero nada más; y esto, solo nos hubiera sido de utilidad hasta mitades del siglo xx, pues hasta entonces se desconocía por completo en qué día había nacido nuestro ilustre escritor.

Pero volvamos al signo de Libra y a la estrofa en donde se le menciona. Cabe prestar atención a lo que dice Quevedo después: «Nací debajo de Libra, tan inclinado a las pesas». Bien, aquí hace referencia a las pesas de la balanza, ese instrumento de medición que determina el peso de los objetos; un artilugio que ya se conocía y utilizaba en el antiguo Egipto. En la época de Quevedo, cabe suponer que ya era una de las herramientas de trabajo de lo que él llama las vendederas (vendedoras), para agotar el significado de la frase y de la estrofa que estudiamos ahora. Pero lo importante, aquí, es la referencia a la balanza, pues el signo de Libra está representado, desde siempre, desde mucho antes de que Quevedo naciera, por este artilugio: la balanza. Fíjense, si no, en la representación del signo, que asemeja una balanza. De ahí todo lo que Quevedo menciona en relación a este objeto: pesas y vendederas, también. No cabe aquí un error de interpretación: de acuerdo con la fecha en que nació Quevedo (14 de septiembre), su signo solar era Libra; nació debajo de Libra, por decirlo de otra manera. Quevedo lo afirma así y nos habla, indirectamente, del objeto que simboliza a dicho signo desde tiempos inmemoriales; y esto, este conocimiento, más que pertenecer a la misma cultura astrológica, escapa ya de ella para fundirse con la palabra cultura, con mayúsculas; al menos, para nuestra actual civilización. Es notorio que Quevedo se refiere a que nació con el Sol en Libra, y a nada más.

«Dióme el León su cuartana, dióme el Escorpión su lengua, Virgo, el deseo de hallarle, y el Carnero su paciencia».

Esta es la estrofa más importante en relación a las referencias a su horóscopo. Aquí, Quevedo nos indica, entre líneas, de forma velada, su horóscopo. Entiendo que, en el siglo XVII, cuando la astrología culta estaba fuertemente incrustada en la cultura de la época, siendo conocida y practicada por la gente docta del momento, entre eruditos de diferentes campos o literatos, esta ristra de voces astrológicas y los comentarios que les acompañaban tendrían pleno significado para muchos lectores. Hoy, la astrología es una gran desconocida para la inmensa mayoría de estudiosos de la vida y la obra de Quevedo. Así, solo mediante el conocimiento cabal de esta disciplina podemos apreciar, en toda su dimensión, en las coordenadas exactas en que el autor las dispuso, estas palabras y oraciones.

Quiero hacer notar al lector el orden de las diferentes estrofas en la primera parte del romance que aquí es objeto de estudio. El orden es, aquí, relativamente importante, pues nuestro autor va desgranando, con un cierto orden —a mi juicio, nada aleatorio— los elementos que nos ayudan a determinar su horóscopo; y, además, como veremos más adelante, con una gran precisión: con unos pocos minutos de margen. He aquí lo que Quevedo nos dice desde el principio del romance, estrofa a estrofa:

1.º Nos indica la fase lunar del momento, con una cierta precisión: poco antes de completarse el Cuarto Creciente. Esto acota el día con un cierto margen: solo fue posible del 11 al 16 de septiembre, aproximadamente, de 1580, tomando como referencia la fecha de su bautizo.

2.º Dice, en otra estrofa que le sigue, que el nacimiento tuvo lugar de noche. Esto permite, también, descartar las horas diurnas.

3.º Nos dice que nació entre un martes y un miércoles, lo cual permite localizar la fase lunar previa a su bautizo y confirmar, por coincidir los días de la semana, el día exacto de su nacimiento.

4.º Quevedo asegura haber nacido con el Sol en el signo de Libra. Y, como he apuntado anteriormente, esto solo fue posible desde el 13 al 26 de septiembre (fecha en que fue bautizado) de 1580. También este dato nos ayuda a confirmar la horquilla de posibilidades, si me permiten la expresión, en cuanto a las fechas natales. Pero no del 13 al 26, sino del 13 al 16 de septiembre, de acuerdo con la fase lunar que nos indica Quevedo en otra estrofa anterior.

5.º En la estrofa capital que le sigue, desde un punto de vista astrológico, nuestro autor nos da toda una serie de detalles que permiten, inequívocamente, determinar su horóscopo con una exactitud o margen de error de solo unos minutos de tiempo, como demostraré en breve.

Quiero resaltar que solo con la primera parte del romance que también se conoce como *Refiere su nacimiento y las propiedades que le comunicó* (que, por cierto, es muy explícito al respecto), ya puede calcularse su horóscopo. Puedo afirmar, con rotundidad, que con las seis primeras estrofas de este romance cualquier astrólogo experimentado puede erigir su horóscopo y, a partir de él, indirectamente, determinar con una precisión de unos pocos minutos la hora y el día en que nació Francisco de Quevedo. Y ello solo partiendo del sentido astrológico puro, tradicional e inequívoco, con el que nuestro autor impregnó sus palabras; nada tiene que ver con una elaboración alambicada de esta disciplina. Dentro de unos límites, todo aquí, en sus palabras, es diáfano y claro. Es un hecho astronómico, además; son realidades astronómicas incontestables: basta calcular las posiciones del Sol, de la Luna y del resto de planetas para la época y conocer las coordenadas geográficas de su nacimiento.

La razón de esta afirmación, anotada en este último párrafo, es muy simple de entender: sabemos que Quevedo fue bautizado el 26 de septiembre de 1580 y tenemos pruebas documentales de ello; por lo tanto, no pudo nacer después, por lógica, sino solo antes. Siendo generosos, podemos entender que fuera bautizado no ya el mismo día (como era frecuente en la época, por cierto), ni la misma semana, ni el mismo mes sino en el mismo año. Pues bien, ni aun así puede haber dudas: solo pudo nacer del 13 (inicio del Sol en el signo de Libra) al 26 de septiembre de 1580 (fecha de su bautizo); antes, no. Y, dentro de este lapso de tiempo, solo podemos hallar, por lógica astronómica, a la Luna en una fase lunar próxima a completar el Cuarto Creciente del 11 al 16 de septiembre. Descartamos los días 11 y 12, pues el Sol todavía no había entrado en el signo de Libra. Y nos queda este lapso de tiempo: del 13 al 16 de septiembre. Bien, el autor nos dice que nació un martes o un miércoles y eso limita la fecha de su nacimiento a dos días: el 13 de septiembre (martes) o el 14 de septiembre (miércoles). Y a partir de aquí, como veremos más adelante, podemos llegar a determinar el momento de su nacimiento con una precisión de solo cinco minutos de tiempo.

Ahora sabemos, gracias a unas cartas inéditas publicadas a mediados del pasado siglo xx, que el mismo Quevedo dice haber nacido el día de las Llagas de San Francisco. Y sabemos, también, gracias al hallazgo de José Luis Rivas, que el día en cuestión era el miércoles 14 de septiembre. Y coincide, cuadra perfectamente con todos los elementos de que disponemos. Si no tuviéramos ese dato, la seguridad de ese día 14 (recuerden que a partir de datos astronómicos y astrológicos pudimos llegar hasta el día 13 o 14), a partir de este célebre romance también podríamos saber no solo el día, sino la hora en que nació Quevedo. Esto lo demostraré más adelante, dentro del presente estudio. Con todo, el poder confirmarlo con los hallazgos previos y paralelos, ya referenciados, refuerza la tesis con respecto al nacimiento de nuestro autor.

Mi opinión, examinando el romance y repasando panorámicamente la vida de Quevedo en el siglo xvii, es que nuestro autor sabía que un lector culto, con conocimientos astronómicos y astrológicos, podría deducir su horóscopo a partir de este romance. Es decir, fue más allá de justificar con determinadas configuraciones astrales una característica personal o de su propio destino. No fue un recurso literario más para adornar un romance. Ello hubiera sido fácil, mostrando únicamente una sola posición o aspecto astrológico, o más de una, incluso. Pero ¿por qué razón apelar a tantas de significativas, que nos llevan a seguir un hilo, por su efecto individualizador, y a poder determinar con exactitud su horóscopo? Este acertijo, ese mensaje casi críptico, esa intención o nota quevediana, es congruente con su mismo perfil, como autor y como persona.

Quevedo quizá jugó, en su tiempo, con el hecho de que su día de nacimiento no era del conocimiento de sus contemporáneos. Prueba de ello es que hasta hace relativamente poco tiempo no hemos sabido en qué día nació realmente. Por ello, aunque su horóscopo estuviera insertado y esbozado, de una forma más o menos diáfana en su romance, el lector con conocimientos astronómicos y astrológicos (esto último, *conditio sine qua non*) que lo dedujera tampoco podía contrastarlo ni corroborarlo con un documento o con un dato biográfico que no existía como tal. ¿Es posible que alguien lo hubiera descifrado? No podemos saberlo a ciencia cierta, pero no existen —al menos, yo no tengo conocimiento de ello— datos (astrológicos) acerca de su nacimiento en ningún sentido: ni citas en otras obras, ni teorías o suposiciones en textos literarios o astrológicos ni tampoco su horóscopo figura en ninguna compilación antigua de horóscopos notables, ni en ninguna base de datos astrológica moderna. Es una incógnita, su nacimiento. Como he dicho, prueba de ello es que hasta hace poco no sabíamos ni tan siquiera el día en que nació.

Después de este paréntesis, es menester volver al principio, es necesario retomar el análisis de las palabras y oraciones de este monstruo de la literatura para extraer todo el jugo de las mismas, para destilar después su intención, por medio de una diáfana interpretación astronómica y astrológica. Nos habíamos detenido en la estrofa que hace las veces de piedra angular del acertijo. Y es la más importante por contener o describir los elementos principales de todo horóscopo. Bien, como sabemos, los elementos principales de un horóscopo son, por orden de importancia:

— El signo solar (la posición del Sol en un signo zodiacal determinado).
— El signo ascendente (comúnmente llamado Ascendente, ya descrito antes).

— El signo lunar (la posición de la Luna en un signo zodiacal determinado).

— El Mediocielo (ya descrito anteriormente).

Le siguen en importancia las posiciones del resto de planetas, el Parte de la Fortuna y los nodos lunares. También se consideran el resto de sectores o casas, angulares o no. Y a partir de aquí, es la combinación (infinita, añado yo) de todos sus elementos lo que permite el desarrollar un horóscopo en concreto: las relaciones angulares entre el Sol, la Luna y los planetas, la ubicación del Sol, la Luna y de los planetas en las casas y de los planetas en los signos y otras consideraciones de importancia. Pero, en cualquier caso, el signo solar, el signo ascendente, el signo lunar y el signo que se halla en el Mediocielo al nacer son, sin ninguna duda, las configuraciones principales. Y como veremos a continuación, Quevedo nos suministra la información necesaria para que conozcamos las configuraciones capitales de su horóscopo: primero, el signo solar (Libra), que, de hecho, ya nos facilitaba en el párrafo anterior, no en este. Así, ya que es el elemento más importante de todo horóscopo, precede en el orden al resto de elementos; más aún: nuestro autor le concede una estrofa completa. Segundo, el signo ascendente (Leo). Tercero, el signo lunar (Escorpio). Cuarto, el signo donde se halla el Parte de la Fortuna (Virgo). Y en quinta posición, el signo donde se halla el Mediocielo (Aries). Es sorprendente que Quevedo nos muestre, indirectamente, las configuraciones más importantes de su horóscopo; de hecho, solo faltaría nombrar, de forma más o menos clara, a los planetas Mercurio, Venus y Marte. Estos son, en astrología, por ser planetas personales, mucho más importantes e individualizadores que los más lentos. Quizá él entendió que mencionar a los elementos principales bastaba y que, por medio de ellos, un lector hábil podría recomponer todo el conjunto. Nótese que, para la época, los planetas que se inscribían en todo horóscopo eran: Mercurio, Venus, Marte, Júpiter y Saturno. Faltaban aún muchos años para que fueran descubiertos Urano, Neptuno y Plutón.

Para poder justificar con rotundidad los elementos de su horóscopo a los que Quevedo menciona, ahora vamos a examinar la estrofa por partes:

«Dióme el León su cuartana…».

Primero, note el lector que esta oración encabeza la estrofa. Dado que en la anterior ya nos facilitó su signo solar —la primera configuración de entre las más importantes—, la segunda en importancia encabeza ahora la estrofa. Cuando dice «León» (con mayúscula inicial, además: noten y valoren la diferenciación), se refiere al signo zodiacal de Leo; de hecho, puede llamársele León a este signo, como Toro al signo de Tauro, forzando los términos, las acepciones tradicionales y su etimología. ¿Por qué razón le atribuyo yo a Leo precisamente el Ascendente de Quevedo? Por dos motivos: primero, por su mismo orden, que denota una configuración de importancia. La lógica nos dice que, después del signo solar, cabría referenciar al signo que ascendía por el horizonte al nacer. Segundo, porque ni en el día 14 ni en el día anterior, el 13 de septiembre de 1580 (únicos días posibles en que pudo nacer, antes de conocer la tesis de José Luis Rivas) hallamos a ningún planeta en ese signo. Por supuesto, ni al Sol ni a la Luna, pero tampoco se hallan en este signo Mercurio, Venus, Marte, Júpiter o Saturno. Ni tampoco el Parte de la Fortuna, para las horas y días en que pudo nacer. Ningún elemento se halla o puede hallarse allí. ¿Acaso nuestro autor mencionaría en vano a un signo que no contiene ningún elemento? ¿Justificaría un rasgo de su personalidad con un elemento inexistente? No. Y menos, en el primer lugar de la estrofa. Tercera razón: de acuerdo con el día en que nació (aunque sería posible también para el día 13), poco después de medianoche, cuando Quevedo sitúa su nacimiento, el signo de Leo ascendía en el horizonte de su ciudad natal. Encaja perfectamente. Y existe un matiz importante que confirma al signo zodiacal de Leo como el «León» (con mayúscula inicial) al que se refiere nuestro autor: Leo es, tradicionalmente, uno de los signos del elemento Fuego. Y cuando Quevedo dice «cuartana», entiendo yo que se refiere a la «fiebre cuartana», a esa fiebre o calentura tan mencionada en los textos y documentos de antaño. No es difícil atar cabos con respecto al elemento «Fuego», propio del signo zodiacal de Leo (cuyas características fogosas son bien notorias, por otra parte): fuego, fiebre (cuartana), calentura o temperatura alta. En suma: Quevedo nos dice que el signo de Leo, que se hallaba en su Ascendente, «le dio su cuartana», su fuego, su naturaleza fogosa, brava, temperamental. Y podemos quedarnos aquí, para no incursionar en el campo meramente astrológico.

«Dióme el Escorpión su lengua…».

Esta es la segunda oración de la estrofa y cabe entender que, a juicio de Quevedo, es también una referencia a una configuración astrológica importante. Hasta ahora, nuestro autor ha enumerado los puntos más importantes de todo horóscopo: el signo solar (en su caso, Libra), el signo ascendente (Leo es el suyo) y, ahora, el signo lunar (Escorpio, sugiere). Se corresponde al guion esperado. Podemos apreciar en ello, en el orden, una especie de guía o hilo conductor. Quevedo no nos da toda la información —al fin y al cabo, es un romance y tiene sus límites formales—, pero también evita que nos confundamos. El orden, pues, puede que esté deliberadamente considerado en atención a ello. Pero la razón de asignar el signo lunar (la posición zodiacal de la Luna) a Escorpio —otro término, también con mayúscula inicial, que equivale al «Escorpión»— no podemos basarlo exclusivamente en el orden teórico de los elementos más importantes de un horóscopo. Tiene su peso, pero la idea no es suficientemente consistente. También es importante, al igual que ocurría con el signo de Leo en el punto anterior, constatar que el signo no acoge a ningún punto, factor o planeta para las horas y días en que pudo haber nacido el autor. Solo en función del día y de las horas de la noche en que pudo haber tenido lugar el alumbramiento hallamos en el signo de Escorpio a la Luna. Y nuevamente nos preguntamos, ¿acaso mencionaría Quevedo a un signo zodiacal de no hallarse en él un elemento importante del horóscopo? ¿Acaso justificaría una manera de ser con algo que no existe en su cielo de nacimiento? Es altamente improbable, no tiene sentido, atendiendo al contexto del romance y en relación al mensaje que claramente nos quiere ofrecer. Y solo la Luna puede ser ese factor; astronómicamente y por el orden lógico de importancia, al que ya hemos hecho referencia anteriormente. Cuando nuestro autor dice: «dióme el Escorpión su lengua », ¿a qué se refiere? Básicamente, a su naturaleza crítica, mordaz, cáustica, a su ironía, a su sarcasmo, a sus sátiras, y a sus formas incisivas. Él mismo, en boca de sus personajes, emplea la expresión «lengua de escorpión» en más de una ocasión; por ejemplo, en uno de sus romances: *Advertencias de una dueña a un galán pobre*. Dice Quevedo, haciendo hablar a su personaje: « viendo cocer en suspiros dos rejas y unas paredes, con su lengua de escorpión esto le dijo a un pobrete ». Y otros autores contemporáneos, célebres también como el autor de

El Buscón, como el mismo Lope de Vega, también utilizan esta expresión allá por el siglo XVII. Dice Lope de Vega en *El perro del hortelano*, y en palabras de Teodoro: « bien sabes que con lengua de escorpión pintan la envidia». Ahora bien, ¿es congruente el «dióme el Escorpión su lengua » o el tener una «lengua de escorpión», mejor dicho, con la combinación astrológica pertinente? Absolutamente. Aquí, es necesario dotar a esta oración de la dimensión astrológica adecuada. Hay que entender que si, como es patente, Quevedo le dio a estas palabras y frases un componente o carga astrológica determinada, solo mediante la astrología podremos comprender lo que nos quiere decir. Lo importante es no separarse de la doctrina astrológica tradicional, no redimensionar términos a nuestro antojo ni forzar los significados, sino atender estrictamente al significado, al simbolismo tradicional que, en buena parte, en su esencia, permanece inalterable desde tiempos del astrónomo y astrólogo Claudio Ptolomeo, hace ya más de dos mil años. Bien, la combinación en sí, el tener a la Luna en el signo de Escorpio como Quevedo, comporta una naturaleza afín a lo dicho. Sin adentrarnos en una senda que nos desvíe de nuestro objetivo, puede ser clarificador el combinar ambos elementos astrológicos para nuclear una primera capa de significados. Así, la Luna simboliza en astrología a las emociones, a la respuesta instintiva y, por extensión, atendiendo a su importancia, a buena parte de la manera de ser de un individuo. En combinación con el signo de Escorpio, a modo de matiz cualitativo, obtendremos una lectura bien definida. El signo del Escorpión se asocia a vocablos o sentencias como: sarcasmo, crítica, habilidad para la sátira, suspicacia, celo excesivo o, por ejemplo, una manera de ser profunda, penetrante, incisiva. Puede bastar para justificar esta combinación. Y todo ello, en consonancia con el cuerpo o doctrina astrológica más pura, en conformidad con la tradición.

«Virgo, el deseo de hallarle».

La tercera oración de la estrofa del romance objeto de estudio y análisis hace referencia a un elemento del horóscopo también importante: el Parte de la Fortuna. Este es uno de los pocos puntos virtuales, no astronómicos, del horóscopo. Su relevancia no es equiparable al signo solar, al Ascendente o al signo lunar, ciertamente, pero merece ser referenciado atendiendo a su peso específico en todo horóscopo. Quizá debiera estar relegado al último lugar de la estrofa, por detrás de la configuración que analizaremos en el siguiente apartado, pero tampoco tiene por qué ser así, pues tal vez para Quevedo primaran otras razones, literarias o esencialmente astrológicas. Al hilo de esto último, es sabido que en el pasado se le dio una importancia mayor a este punto del horóscopo. Hoy pasa por ser un mero factor radical más, aun importante. Quizá esté ahí la clave. Al igual que ocurre con el signo de Leo (su Ascendente) y el de Escorpio (su signo lunar), tampoco en este signo zodiacal hallamos a ningún otro elemento del horóscopo. Este factor en Virgo, que depende estrechamente de la hora y el día, individualiza al horóscopo y acota el nacimiento entre los días 13 y 14. Más aún: nos ayuda, como veremos más adelante, a localizar la hora en que tuvo lugar el nacimiento. En relación a la expresión «el deseo de hallarle», esta puede tener connotaciones bien religiosas (la Virgen, con mayúsculas), bien morales, desprovistas o no de elementos religiosos: búsqueda de la pureza, de la castidad. Otras posibles interpretaciones, incluso alguna especialmente rebuscada, no pueden descartarse.

«Y el Carnero su paciencia».

Llegamos a la última parte de la estrofa. Aquí, nuestro autor hace referencia a uno de los elementos más importantes de todo horóscopo: el Mediociclo. Como ya expuse en otra parte de esta obra, el Mediocielo es uno de los ángulos y, junto con el Ascendente, un factor radical relevante, aunque no tan importante como este último. Es necesario aclarar que cuando Quevedo nos habla del «Carnero» (con mayúscula inicial) se refiere, inequívocamente, al signo zodiacal de Aries. Este signo del Zodiaco está representado, desde siempre, por el carnero, ese animal mamífero y rumiante. Así pues, ambos términos son sinónimos en este plano: Carnero y Aries. Al hilo de esto último, quiero hacer notar que la palabra Zodiaco proviene del griego «zoon», que significa «algo viviente», y en el pasado al Zodiaco se le llamó «el círculo de las bestias», pues de los 12 signos solo uno de ellos (Libra) no representa a una criatura viviente. Nuevamente, el signo de Aries se hallaría vacío, sin contener ni alojar a planeta o factor radical alguno, de no situarse justamente allí el Mediocielo del horóscopo. Hoy, sabemos que para la fecha en que nació Quevedo allí se hallaba el planeta o planeta enano Plutón, exactamente a 2° 48' de arco del signo de Aries. Pero nuestro autor no lo sabía entonces, pues faltaban prácticamente tres siglos para su descubrimiento. Y en relación a que el Carnero o Aries le dio «su paciencia», aquí nos hallamos ante una contradicción: el signo zodiacal de Aries es conocido justamente por su impaciencia e impulsividad. Cabe suponer que Quevedo quiso con esta contradicción mostrarnos su lado más irónico, en forma de figura retórica, pues el producto de esta combinación astrológica está diametralmente opuesto a lo que nuestro autor apunta.

Hasta aquí el estudio de las diferentes oraciones de la estrofa, que corresponden a diferentes configuraciones astrológicas del horóscopo. Mediante todas estas indicaciones, podemos levantar con precisión el horóscopo de Quevedo. Y es sorprendente el hecho de que este autor inmortal haya colgado, de las oraciones que forman las primeras estrofas del romance estudiado, las claves para poder descubrir no solo su horóscopo, sino, debido a ello, el mismo día e incluso la hora de su nacimiento. Y este romance tiene casi cuatro siglos de historia.

Finalmente, es conveniente transcribir de nuevo aquí una estrofa del romance, que nos confirma, por si había dudas, que Quevedo nos ha hablado en clave astrológica y no meramente en clave astronómica, mitológica ni de otro orden. Esto permite aventurar nuestras hipótesis dentro de este campo y no de otro. Dice nuestro autor en la octava estrofa del romance: «Tal ventura desde entonces me dejaron los planetas, que puede servir de tinta, según ha sido de negra». La referencia no permite equívocos: Quevedo achaca al pernicioso influjo de los planetas de su horóscopo su desgracia en la vida. Pero esto no es todo. Aunque a mi juicio es, ya de por sí, asombroso. Mas nos espera otra sorpresa, quevediana también. Si el rompecabezas o puzle parece encajar, bien pudiera haberlo hecho dentro de unos límites mayores, hasta el punto de no poder definir o precisar el horóscopo e, indirectamente, la hora o el día natal. Pero curiosamente, no es así, sino todo lo contrario. Hasta tal punto que, si aun haciendo encajar las piezas arriba enumeradas y descifradas adelantamos o retrasamos en unos pocos minutos la hora natal, alguna de estas configuraciones desaparece. En otras palabras: si calculamos el horóscopo para cinco minutos antes, ya no tenemos un Ascendente Leo, sino Cáncer. Y Quevedo no menciona al signo de Cáncer, sino al de Leo. Y si retrasamos la hora natal en cinco minutos, ya no tenemos al

Parte de la Fortuna en Virgo, sino en Libra. Si retrasamos la hora natal quince minutos, la Luna ya no se halla en Escorpio, sino en el signo de Sagitario. Más aún: el astrólogo experimentado o el lector con conocimientos astronómicos y un mínimo de nociones astrológicas podrá reparar en que todas las indicaciones pueden encajar para el día anterior, el 13 de septiembre, a la misma hora de la noche. Solo las posiciones de la Luna, del Parte de La Fortuna y, en menor medida, del resto de factores, varían un poco en sus posiciones. La Luna, empero, sigue en el signo de Escorpio; el Parte de la Fortuna también sigue en el mismo signo; incluso el Sol, a 0° de Libra, acaba de entrar en el signo. Pues bien, si no fuera por un detalle que nos proporciona el mismo Quevedo, conocedor de esta circunstancia, sin lugar a dudas, no podríamos determinar el día: podría ser el día 13 o el 14 de septiembre. Tendríamos la hora aproximada, sí, y dos horóscopos parecidos, pero no sabríamos a ciencia cierta el día en que aconteció el alumbramiento. ¿Saben cómo resuelve esta posible duda nuestro autor? Pues sencillamente, con estas palabras: «Un miércoles con un martes tuvieron grande revuelta, sobre que ninguno quiso que en sus términos naciera». De esta manera, si fuera el día 13 significaría que el nacimiento habría tenido lugar entre un lunes (12) y un martes (13), pues sabemos que fue por la noche y con el signo de Leo ascendiendo en el horizonte. Y Quevedo nos dice que el nacimiento tuvo lugar entre un martes (13) y un miércoles (14), con Leo en el Ascendente. Ello no deja lugar a dudas: solo puede ser el miércoles 14. Por cierto, ¿por qué razón menciona primero al miércoles? El orden natural nos empuja a mencionar primero al martes. ¿Es, acaso, una doble confirmación para el lector que sepa leer entre líneas? Es innecesaria, como hemos visto, pero no podemos descartar una posible intención en ello.

En base a la información que el propio autor nos brinda en algunas de las primeras estrofas de su conocido romance, una vez reconstruido el horóscopo, tal y como él lo conocía, lo veía y, más que posiblemente, lo estudiaba, podemos afirmar que don Francisco de Quevedo y Villegas nació en Madrid el miércoles 14 de septiembre de 1580,[159] entre las 00:59 y la 1:04[160] de la madrugada. Solo pudo

---

159   Fecha suministrada en el Calendario Juliano, en vigor en España hasta el año 1582.

160   Hora suministrada en Tiempo Universal.

nacer en este lapso de tiempo: 5 minutos exactamente. Solo para este día y dentro de esta franja de tiempo hallamos todas las características astrológicas y circunstanciales que Quevedo detalla en la primera parte de su romance. Más allá de la astrología, esta realidad es astronómicamente incontestable. Para que lo entienda el lector no habituado a los horóscopos o a la astrología culta ni a su terminología y conceptos: Quevedo parece que sabía de esa particularidad específica de su horóscopo y nos dio cuatro claves, sí, pero tan certeras y precisas, con tal peculiaridad en su engranaje astronómico que, si adelantábamos o retrasábamos la hora natal, esas piezas del reloj fallaban y el mecanismo no funcionaba. Mi opinión, objetiva y comprobable en el juicio —pues es una realidad astronómica— en base a todo esto, es que nuestro autor inmortal era consciente de ello y nos brindó, nos regaló, a modo de mensaje en la botella que se lanza al océano del tiempo, su horóscopo.

Debo decir que por mi condición de investigador y autor astrológico estoy en la orilla de esta disciplina. No obstante, este estudio original de 2009[161] lo he abordado con objetividad e imparcialidad, de forma aséptica, obviando lo astrológicamente prescindible y no pertinente, y apuntalando mis aseveraciones y mi hipótesis con realidades astronómicas, cercanas a lo que entendemos como ciencia. Y si en el hecho de poder contar con el horóscopo (descifrado ya) de Quevedo, interpreta el lector una intención o interés puramente astrológico, en realidad no es así. Entiendo que, independientemente de la materia en cuestión, la astrología, aquí lo que importa no solo es el poder rescatar un elemento histórico desconocido (su horóscopo) referido a una figura ilustre de la cultura de nuestro país y de nuestra lengua, es más que eso: es el poder descubrir, valorar y disfrutar, intelectualmente, de esa intención oculta —muy propia de Quevedo, pienso yo— en relación a su persona: su horóscopo escondido entre su obra.

---

161 *El horóscopo de Quevedo*. Juan Estadella. Registro de la Propiedad Intelectual, Barcelona (España): B-1451-09.

A continuación les muestro el horóscopo de don Francisco de Quevedo, según el tipo de gráfico o dibujo que se estila en nuestro siglo XXI:[162]

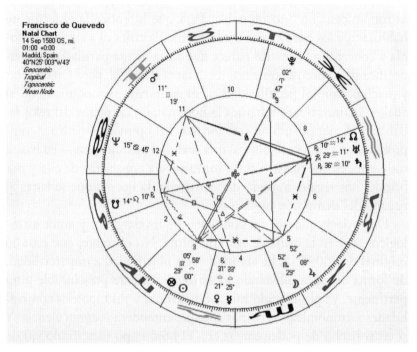

El horóscopo de Quevedo [164]

La carta natal de Quevedo ve la luz por primera vez después de cuatrocientos años. Más allá de poder redescubrir su horóscopo, de averiguar indirectamente la hora en que nació o de poder confirmar la suposición de que nació un 14 de septiembre de 1580, entiendo que mi aportación refuerza la idea, cada vez más consistente, de que Quevedo era un firme partidario de la astrología. Mas no por ello dejaba de mostrarse especialmente crítico con los astrólogos, que son cosas distintas. En cualquier caso, cuatro siglos más tarde Quevedo nos sigue sorprendiendo.

---

162   Se incluyen los planetas Urano, Neptuno y Plutón, aunque Quevedo no llegó a considerarlos, obviamente.

163   Nótese que el horóscopo se ha calculado para la 1:00 de la madrugada (TU). El margen de error es de ± 5 minutos de tiempo, en cualquier caso.

Velázquez astrológico

La obra cumbre del pintor español Diego Velázquez (1599-1660) es *La familia de Felipe IV* o, como se la conoce desde una época más reciente: *Las meninas*. El cuadro se pintó en 1656 y muestra una curiosa escena de palacio, donde el mismo Velázquez aparece en la imagen pintando un gran lienzo, junto a la infanta Margarita y a otros personajes que la acompañan, como meros sirvientes o ayudantes. También se vislumbra al fondo a la derecha la figura de José Nieto, aposentador de la reina, y a los mismos reyes: Felipe IV y Mariana de Austria, aunque no en persona. No voy a enumerar aquí las excelencias pictóricas de esta obra: su curiosa y original perspectiva, su cromatismo y otras cualidades. Pero sí voy a poner de manifiesto otra realidad que se esconde en la escena pintada: su vertiente oculta y misteriosa, con una simbología astrológica que parece acompañar al cuadro y que parece querer trasladarnos un mensaje a través del tiempo. He de decir que tengo como asignatura pendiente analizar en profundidad esta obra maestra en clave astrológica. Hasta ahora no he invertido ni diez minutos en ello, pero al igual que me detuve en el romance de Quevedo y en el *Salvator Mundi* de Leonardo, en algún momento me adentraré en él para intentar encontrar otros posibles significados ocultos. Otros investigadores y estudiosos lo han hecho antes, y han descubierto algunos elementos del cuadro de un cierto interés. Por ejemplo, el español Ángel del Campo[164] halló que uniendo las figuras de los principales protagonistas de la escena se dibuja la constelación de Corona Boreal. Curiosamente, la estrella más brillante de la constelación es Alphecca, llamada también Margarita Coronae (el nombre de la infanta), pero hay que decir que este nombre se le ha dado en una época más reciente. El investigador español al que hacíamos referencia también encontró que el símbolo astrológico de Capricornio estaba escondido en la escena, dispuesto de forma velada al igual que la constelación. Este signo de Tierra era el signo zodiacal de la reina Mariana de Austria, pues había nacido el 23 de diciembre de 1634. Además, según Ángel del Campo la escena se pintó posiblemente un 23 de diciembre de 1656, con el Sol en este mismo signo. Es solo una suposición, que habría que analizar mejor. Por mi parte, *a priori* encuentro interesante el hallar doce

---

164 Ingeniero de Caminos, Canales y Puertos y académico de Bellas Artes.

Las meninas. *Diego Velázquez*

figuras (contando al perro mastín) en la escena, el mismo número de los signos del Zodiaco. Pero es posible que haya más elementos astrológicos dispuestos discretamente en el cuadro, y si existen, los encontraremos. De momento, solo me queda decir —y es importante esta información— que Velázquez tenía a su alcance el conocimiento astrológico. Lo sabemos a ciencia cierta porque en el inventario que se hizo de los aproximadamente 150 libros que dejó al morir, algunos de ellos eran de temática astrológica. Es el caso de la *Summa Astrológica* de Antonio de Nájera (publicado en 1632), pero hay otros de contenido astrológico. También contaba en su biblioteca con libros sobre astronomía y cosmografía e incluso sobre el uso del astrolabio. Por supuesto, la biblioteca de uno casi siempre refleja sus gustos, aficiones o incluso materias con las que tiene que trabajar en su día a día laboral. Y en Velázquez no parece ser de otra manera, pues en la lista de sus libros vemos tratados de dibujo y pintura, libros de arquitectura o de geometría, entre otros muchos temas. Probablemente necesitó estos conocimientos para crear sus pinturas e incluso para su cometido como aposentador real. Pero, además, podemos estar seguros de que en sus dos viajes a Italia entró en contacto con artistas y obras que le inspiraron en el sentido de incluir este tipo de mensajes ocultos en sus propias obras. Es el caso de artistas como Leonardo da Vinci, del que ya hemos visto que esto era una práctica habitual en sus lienzos. Y muy posiblemente de otros. Velázquez aprendió de los maestros del Renacimiento a través de sus mismas pinturas, como es natural, aunque no llegara a conocerlos.

GIOVANNI PICO DELLA MIRANDOLA

Volvamos a las letras y al mundo del pensamiento por un momento, pues quiero cerrar este capítulo con un conocido intelectual del siglo XV: Pico della Mirandola. No solo no fue astrólogo, sino que fue un enemigo declarado de la astrología.[165] Sin embargo, merece figurar aquí por su fallecimiento en extrañas circunstancias —que no ha podido ser aclarado hasta el siglo XXI— y por una serie de predicciones astrológicas que en su momento anunciaron su muerte prematura, y que al final se revelaron como acertadas. Pero antes, tenemos que presentar al lector a este personaje, si es que hace falta: Pico della Mirandola fue un humanista y pensador italiano, nacido en 1463 en Mirandola, en el norte de la península itálica. Como hombre del Renacimiento cultivó diferentes disciplinas, como la filosofía, la religión o incluso la cábala, habiendo estudiado en las universidades de Bolonia y Ferrara, en su Italia natal. Se dice que llegó a reunir una de las bibliotecas personales más importantes de su tiempo. Durante su corta vida viajó por Europa y demostró ser una persona de gran ingenio, memoria y capacidad dialéctica, con una oratoria brillante, siempre dispuesta a batirse en duelo. Desde muy joven mostró una actitud ambiciosa y desafiante en el plano intelectual,

---

165 Su escrito *Disputationes Adversum Astrologiam Divinatricem*, texto póstumo publicado en Bolonia (Italia) en 1494, es un alegato en contra de la astrología.

IOĀN·PICVS·MIRANDVLA·

Giovanni Pico della Mirandola

lo que le granjeó algunas enemistades y le ocasionó algunas disputas con algunos de sus coetáneos. Más aún: llegó a ser excomulgado y encarcelado por sus ideas y opiniones. Afortunadamente, en un momento difícil de su vida Lorenzo el Magnífico lo tomó bajo su protección, instalándose Pico della Mirandola en Florencia. Durante varios años seguirá estudiando y escribiendo, hasta que alrededor de los veintiocho años su pensamiento vira desde la filosofía hacia la religión, con un fervor místico que le hace renunciar a la vida material. El papa Alejandro VI permite su vuelta al seno de la Iglesia y poco después ingresa en la Orden de los Dominicos. Sin embargo, su vida no será muy larga, pues fallece en 1494 en extrañas circunstancias. Solo tenía treinta y un años.

Hasta aquí, una sucinta biografía sobre el personaje. Pero volvamos ahora al principio: decía al empezar este apartado que había una predicción astrológica formulada por varios astrólogos que advertía que la vida de este humanista, pensador y escritor sería muy corta. Tenemos una referencia sobre ello en la obra del notable astrólogo inglés John Gadbury: *A collection of nativities*, publicada en Londres (Inglaterra) en 1661. En las páginas 50 y 51 el autor nos muestra el horóscopo de Pico della Mirandola[166] y nos dice que dadas las críticas aceradas de Pico della Mirandola en contra de la astrología, varios astrólogos (cita a tres con nombre y apellido, incluyendo la fuente original) estudiaron su tema natal y pronosticaron —para probar la exactitud de la ciencia astrológica— que «Pico no llegaría a los 33

---

166   Nació una tarde-noche del 24-02-1463 en Mirandola (Italia), con un Ascendente a 17º de Libra, según Gadbury. Existe un error de transcripción, pues en el gráfico aparece el año 1464. Está claro que es un error del impresor, pues las posiciones planetarias corresponden a su verdadero año de nacimiento: 1463.

años de edad por una dirección mortal de Marte al Ascendente…».[167] Hoy sabemos que estimar una vida corta a partir de la carta natal es posible. Y sabemos que predecir un suceso como el que los tres astrólogos vaticinaron también es posible. Aquí, la astrología acertó y le demostró a Pico della Mirandola y a los críticos de la astrología que estaban equivocados. El primero falleció a los treinta y un años y nueve meses, por lo que la predicción de que moriría antes de los treinta y tres años (antes, no a los treinta y tres y unos días o meses más), es más que aceptable para la época. Hoy sabemos que este humanista y pensador del Renacimiento murió envenenado por arsénico. Su cuerpo fue exhumado hace unos pocos años en la iglesia de San Marcos de Florencia e identificado y analizado por métodos modernos.[168] Los resultados no arrojan ninguna duda: no fue la sífilis ni ninguna otra fiebre repentina, sino un envenenamiento por este metaloide sumamente tóxico.[169] Ahora bien, ¿quién fue o por orden de quién? Se dice que el responsable fue su secretario personal, acaso instigado por Pedro II de Médici o por alguno de sus muchos enemigos, ya fuera dentro de la Iglesia o de otro ámbito. Solo espero que no haya sido un astrólogo, sobre todo si es uno de los tres que acertadamente pronosticaron su muerte…

---

167 Las direcciones (primarias) son una técnica predictiva muy antigua, y tan exacta como compleja, pues requiere cálculos trigonométricos, entre otras complicaciones técnicas. El lector interesado en conocer más en profundidad esta técnica predictiva puede consultar el capítulo 5 de mi obra *Predictive Astrology,* Digital Star, Barcelona (España), 2019, 3.ª edición. Puede conseguirse gratuitamente en Internet.

168 El estudio se publicó en el *Journal of Forensic and Legal Medicine* (Vol. 56, Mayo 2018, pp. 83-89).

169 En forma de polvo blanco, inodoro e insípido, es uno de los venenos más conocidos y usados de la historia.

Retrato verdadero y notable del famoso Michel Nostradamus, famoso astrólogo, *por Jean, editor en París, antes de 1837*

Predicciones

S i la astrología natal y la mundial son las ramas más leídas y seguidas, no es por casualidad. La primera, porque nos habla de nosotros mismos: nuestro carácter, nuestra salud o nuestro trabajo. La segunda, porque se refiere a nuestro colectivo o país, y al mundo, en definitiva. Pero como ya hemos visto, toda astrología se divide básicamente en dos apartados: la interpretación de la realidad presente, una visión puramente estática, y su faceta dinámica: la predicción de la realidad futura, el pronóstico de nuestro destino personal o colectivo. En este capítulo introduciré al lector en lo que son las predicciones astrológicas. Estas pueden referirse a un horóscopo individual, a la carta de una empresa, a la de un país o a otras realidades que conviven con nosotros en el mundo sublunar.

Un astrólogo levantando un horóscopo [171]

---

170   Imagen incluida en la obra de Robert Fludd *Utriusque cosmi maioris...* (1617), y que nos muestra a un astrólogo de la época levantando e interpretando un horóscopo. Bien pudo representar a un estudioso de la materia pronosticando el

En el apartado referido a las ramas astrológicas ya tuvimos oportunidad de exponer y entender la mecánica relativa a los tránsitos planetarios, en relación a la carta natal. También mencionamos otras técnicas predictivas usadas habitualmente en la astrología natal. Sin embargo, en este capítulo y en lo que ahora nos ocupa: las predicciones, nos centraremos preferentemente en la astrología mundial. Veremos algunas predicciones famosas del pasado, enumeraremos someramente algunas de sus técnicas, y compartiré con el lector algunas de mis predicciones para el futuro.

PREDICCIONES FAMOSAS DEL PASADO

En este apartado incluiré un puñado —permítaseme la expresión— de predicciones astrológicas famosas del pasado. Puede ser una pequeña y modesta muestra representativa, al incluir diferentes países o culturas y distintas épocas. Sobra decir que solo mencionaré predicciones exclusivamente astrológicas, dejando al margen mancias e intérpretes ajenos al campo astrológico, que aquí no pintan ni aportan nada.[171] Tampoco tienen cabida aquí los profetas bíblicos, a pesar de que algunos de ellos bien podrían haberse basado, aun en parte, en el mismo conocimiento astrológico. Sin embargo, la fabulosa historia de los Magos de Oriente —que ya hemos expuesto en otro capítulo— no deja de ser una predicción astrológica. ¿Acaso dichos astrólogos orientales no interpretaron una señal en el cielo que anunciaba el nacimiento del Mesías? Lo único que cabe objetar es si la historia es realidad o leyenda.

Damos un salto en el tiempo de más de mil años hasta llegar a Guido Bonatti, el astrólogo florentino del siglo XIII que tanto destacó en su campo en la época que le tocó vivir. De este astrólogo y autor ya hemos hablado en otras partes del libro, por lo que aquí solo consideraremos una de sus predicciones más conocidas, que ha llegado hasta nuestros días. Se trata de un vaticinio formulado

---

futuro a un consultante. Es un dibujo o grabado clásico que muchos utilizan e incluyen en sus obras o páginas web sin conocer su procedencia.

171   Incluyo en este bloque a intérpretes y métodos de previsión tan diferentes como el llamado oráculo de Delfos, o la Profecía de los papas, atribuida a san Malaquías. No pongo en tela de juicio a estos u otros pronósticos, disciplinas, métodos o intérpretes, pero al no pertenecer a la misma astrología deben quedar al margen.

sobre el conde de Montefeltro,[172] al que aconsejaba astrológicamente. Bonatti le advierte a su protector y consultante que iba a resultar herido en la batalla donde se encontraba cercado en Forlì (Italia) por las tropas del papa Martín IV, allá por 1282. Parece ser que la advertencia no cayó en saco roto y el conde pudo escapar con vida. Los acertados consejos de nuestro astrólogo no se limitaron a salvarle la vida al conde, sino que fueron parte importante en la obtención de una victoria sobre los invasores. Al respecto, contamos con diferentes crónicas que detallan, con mayor o menor fidelidad, lo que aconteció en el campo de batalla.[173] En algunas de ellas, se nos dice que Bonatti indicó el momento exacto en que debía producirse el asalto contra el bando contrario. Parece ser que el resultado fue positivo, en todo caso. Evidentemente, esto entra dentro del campo de la astrología eleccional. Podemos imaginar lo que las acertadas advertencias y consejos astrológicos pudieron suponer para el mismo Bonatti e indirectamente, y en menor medida, para la astrología de la época.

Estoy tentado, amigo lector, a incluir aquí entre esta pequeña retahíla de predicciones famosas un suceso controvertido, que involucra directamente al famoso médico, matemático y astrólogo italiano Gerolamo Cardano.[174] Bien, pues se dice que este personaje del Renacimiento pronosticó su propia muerte, lo que aconteció de manera más o menos acertada en el tiempo. Sin embargo, no tenemos suficiente información como para poder afirmarlo rotundamente. Y no solo no hay pruebas sobre esta circunstancia, sino que algunos historiadores afirman que Cardano se abandonó a una inanición que le llevó a la muerte, para así ver cumplida su predicción. Personalmente, esto último me parece una exageración, pero esta anécdota añade un poco de sal a tantos datos fidedignos y rigurosos...

Recurrimos ahora al más famoso astrólogo de todos los tiempos:[175] Michel de Notre-Dame, al que conocemos como Nostradamus.

---

172   Guido de Montefeltro (ca. 1223-1298).

173   Aunque no se refiere directamente a Bonatti ni al hecho astrológico en sí, como curiosidad podemos mencionar que Dante incluye una referencia a la batalla de Forlì de 1282 en su *Divina comedia*: Infierno, canto XXVII (43-44).

174   Muy interesante su autobiografía: *Mi vida*, publicada en innumerables ediciones y en diferentes idiomas.

175   La fama de Nostradamus es universal. Como muestra, podemos mencionar que hasta el mismísimo Orson Welles participó como presentador en un documental

Este médico y astrólogo francés conocía y utilizaba la astrología en sus consultas privadas y predicciones. Sabemos que sus célebres *Centurias* (publicadas por primera vez en 1555) están desprovistas de fechas, figuran sin ningún orden cronológico y están redactadas en un lenguaje críptico, pero, aun así, se basan en el conocimiento astrológico. La inspiración o una divina intuición —digámoslo así— pudieron acompañarle en sus predicciones, podemos aceptarlo, pero es innegable que Nostradamus era básicamente un astrólogo y no un mero vidente o un profeta moderno. Contamos con muchos pronósticos aparentemente certeros, incluyendo a protagonistas de la historia moderna como Napoleón o Hitler e involucrando a países y ciudades que él jamás conoció. Sin embargo, nos quedamos con una célebre predicción por ser, quizá, una de las más certeras.[176] Se refiere a la terrible muerte del rey francés Enrique II, acaecida de forma fortuita en 1559 en un torneo. Así quedó impreso su vaticinio:

> **X X X V.**
> Le lyon ieune le vieux furmontera,
> En champ bellique par fingulier duelle:
> Dans caige d'or les yeux luy creuera,
> Deux claffes vne. puis mourir, mort cruelle.

Centuria I, cuarteta XXXV[177]

En esta cuarteta, Nostradamus se refiere a un león joven[178] que superará o vencerá al león[179] viejo (el rey) en un duelo en un campo

---

sobre el célebre astrólogo: *The man who saw tomorrow*, dirigido por Robert Guenette en 1981.

176 El mismo Isaac Asimov, un escéptico total con respecto a la astrología, se hace eco de ella en su excelente obra *Cronología del mundo*, figurando en la p. 326 de la edición en castellano a cargo de la editorial Ariel, Barcelona (España), 1992.

177 La imagen es de una edición facsímil de la publicación de las profecías de Nostradamus de 1568, impresa en Lyon (Francia). La reproducción de la obra estuvo a cargo de Éditions Michel Chomarat, Le Coteau (Francia), 2000.

178 Efectivamente, en ese momento el que fue triste protagonista del suceso: Gabriel I de Montgomery, contaba veintinueve años de edad, mientras que el rey sumaba cuarenta.

179 La referencia al león, en el caso del rey, quizá pueda justificarse por ser Leo el signo que tradicionalmente corresponde a Francia. En su oponente, el conde de

de batalla. Nos habla, supuestamente, de que algo atraviesa el yelmo y los ojos de uno de los contendientes, muriendo este poco después de forma cruel. [180] Es una traducción e interpretación libre, pero se entiende perfectamente. Todo parece encajar bien con la muerte del rey galo, por lo que no es de extrañar que muchos años después sea una de las cuartetas más populares de este astrólogo francés.

Otro astrólogo notable, y también francés, es Jean-Baptiste Morin, natural de Villefranche-sur-Saône (Francia). Dejando a un lado que es el autor de la gran *Astrologia Gallica*, fue astrólogo en la corte de Francia en tiempos de Luis XIII.[181] Ya hemos hablado de él anteriormente, aunque conviene recordar aquí que estuvo activo en la primera mitad del siglo XVII. Pero aquí nos interesa recordar algunas de sus predicciones más acertadas. La primera de ellas hace referencia al marqués de Cinq-Mars,[182] favorito de Luis XIII. Nuestro astrólogo predijo que sería ajusticiado, lo que ciertamente ocurrió pocos años después. El marqués de Cinq-Mars conspiró contra el cardenal Richelieu y contra el rey, y fue detenido, juzgado y decapitado en Lyon (Francia) en septiembre de 1642. Otra predicción asombrosa de Morin tiene como protagonista al rey Gustavo II Adolfo de Suecia.[183] Este renombrado monarca murió trágicamente

---

Montgomery, por defender su escudo de Escocia, que por aquel entonces —y hasta 1603— contaba con un león rampante como elemento importante del mismo. Gabriel, conde de Montgomery, aun nacido en Francia era originario de Escocia.

180 Tal y como sugiere la cuarteta, en el lance la pica del conde de Montgomery se rompió y la madera astillada atravesó la rejilla de la visera del yelmo (o casco) del rey, atravesando el ojo derecho y afectando a su vez al cerebro. La muerte de Enrique II ocurrió a los pocos días del percance, después de una dolorosa agonía. La herida era mortal de necesidad, y nada pudieron hacer los médicos del rey. Por cierto, aún no se ha agotado el significado de la cuarteta, pues la primera parte de la última línea de la misma bien podría referirse a dos heridas en una, según algunos intérpretes. Esto podría justificar tanto la afectación ocular doble (el otro ojo presentó una severa inflamación) como la herida doble en ojo y cerebro, que también la hubo.

181 Parece ser que estuvo presente en el nacimiento del futuro Luis XIV, el Rey Sol, en 1638. No era raro que un astrólogo real o afín al poder regio asistiera al parto, pues de esta manera podía registrar con exactitud la hora natal y calcular el horóscopo real —nunca mejor dicho— del recién nacido. Pero estando el cardenal Richelieu de primer ministro de Francia en ese momento aún es menos extraño, conociendo al personaje, con su interés por la astrología y su inclinación a maquinar en la corte del rey.

182 Henri Coiffier de Ruzé d'Effiat (1620-1642).

183 Nacido el 9 de diciembre de 1594 (calendario juliano) a las 7:30 horas, en

en el campo de batalla en 1632. No conocemos en detalle qué vaticinó Morin, pero viendo la carta natal del rey, un fin prematuro y violento estaba ciertamente esbozado.[184] Por si fuera poco, este astrólogo pronosticó la muerte del mismo cardenal Richelieu, ocurrida en 1642, con un error de solo 10 horas.[185] Existen otras predicciones exitosas de este maestro de la astrología, pero para no extender la lista, nos quedamos solo con una más. La historia es esta: María Luisa de Gonzaga, noble dama francesa, preguntó a Morín acerca de su posible boda con un noble de su entorno, pero aquel dijo que la unión no llegaría a producirse, pues ya había pronosticado previamente que María Luisa se casaría con un rey. El tiempo le dio la razón, pues en 1645 se casó por poderes con el rey de Polonia Vladislao IV. La nueva reina no olvidó la predicción del astrólogo francés y le recompensó con numerosos presentes. Pero hizo más que eso: permitió la publicación de la obra maestra de Morin, la *Astrologia Gallica*, que tantos años de trabajo y sacrificios le costó. Esta obra se publicó en 1661 en los talleres de Adrianus Vlaq, en La Haya (Países Bajos), cuando su autor, Jean-Baptiste Morin, ya había fallecido.

Otro astrólogo del siglo XVII, aunque posterior en el tiempo al caso anterior, es el inglés William Lilly (1602-1681). Para el astrólogo de hoy, no solo es el autor de la conocida obra *Christian Astrology*, sino un renombrado astrólogo en la Inglaterra de la época. Publicó otras obras, incluyendo almanaques donde vertía sus predicciones, algo usual y también demandado por el público en la Europa del siglo XVII. En este capítulo tiene cabida por una célebre predicción, que surgió discretamente en su momento, pero estallando en forma de escándalo tiempo después, como veremos a continuación. Pero antes, recordemos al lector un hecho histórico: el gran incendio de Londres en 1666. En ese año, concretamente del 2 al 5 de septiembre, un imprevisto y voraz fuego devoró la capital de Inglaterra, destruyendo el hogar de buena parte de los londinenses y afectando a edificios

---

Estocolmo (Suecia).

184 Me permito justificar esta aseveración, para los que puedan entender el lenguaje astrológico: Marte sobre la cúspide de la casa XII, en cuadratura a Saturno en la casa VIII, sumado a Plutón sobre el IC. Obviamente, esta última combinación no pudo juzgarla Morin, pero en cambio sí pudo ver que el regente natal (Júpiter) está en aspecto inarmónico tanto con Marte como con Saturno (en Exilio este).

185 Ver la obra de Alexander Marr *Prediction*, p. 61, publicada por la AFA, Tempe (Arizona, EE. UU.), en 1981.

históricos como la misma catedral de San Pablo. Se desconoce el número de víctimas mortales, ni siquiera aproximadamente, pero en cualquier caso el impacto del incendio en la sociedad inglesa de la época fue muy grande. ¿En qué afectó a Lilly el incendio de Londres? Pues en que este autor se vio involucrado indirectamente, siendo investigado y llevado ante el comité que indagaba sobre la causa del fuego. El motivo no fue otro que el haber publi-

El incendio de Londres[187]

cado, quince años antes, una imagen que simbolizaba la ciudad del Támesis sumida en las llamas. Para algunos, una imagen inocente y sin mucho sentido, pero para otros una curiosa y sospechosa alegoría que se conectó, *a posteriori,* con el incendio de la ciudad. Se buscaban responsables, desde los inmigrantes franceses y holandeses —supuestamente enemigos de la nación inglesa— a personajes como William Lilly, que a juicio de muchos no podía conocer el futuro incendio de otro modo que siendo partícipe del mismo.

En este dibujo o grabado aparecen los gemelos (el signo de Géminis) boca abajo ardiendo en un espectacular fuego que intenta ser apagado desesperadamente. Como es notorio para los estudiosos

---

186   Imagen alegórica sobre el gran incendio de Londres, incluida en la obra de William Lilly *Monarchy or no monarchy in England,* publicada en 1651 en Londres (Inglaterra).

de la astrología mundial, a la ciudad de Londres se le asigna tradicionalmente este signo y el mismo Lilly así lo entendía. Es decir, esta imagen podría representar que la ciudad de Londres arde bajo un fuego intenso, a pesar de los esfuerzos por extinguirlo. Es cierto que es una curiosa alegoría, pero cabe recordar que en esos tiempos no todo podía ser publicado de manera diáfana, y a menudo se recurría a mensajes discretos, velados o escondidos para hacer llegar una previsión astrológica así a los lectores. Según James H. Holden[187], Lilly se excusó al ser interrogado, indicando también que no pronosticó el año exacto del incendio. En cualquier caso, fue exonerado de cualquier sospecha, acusación o cargo, y todo quedó en una anécdota, que además cabe suponer que le brindó una cierta publicidad.

Más adelante en el tiempo, ya en el siglo XVIII, tenemos un sorprendente pronóstico de alcance mundial. Su autor es el polifacético Diego de Torres Villarroel, aunque básicamente es conocido por ser escritor y astrólogo, habiendo alcanzado fama y dinero con sus almanaques astrológicos. Ya hemos hablado de él en el capítulo dedicado a los astrólogos famosos, por lo que nos centraremos en su muy lograda y no tan conocida predicción. El caso es que este autor astrológico predijo la Revolución francesa en 1756, con 33 años de antelación. Lo hizo a través de una décima[188] destinada a formar parte de uno de sus almanaques —concretamente para el de 1756—, pero parece ser que no llegó a incorporarse por los problemas derivados de la censura del gobierno liberal de la época, que impedía por activa o por pasiva este tipo de información y predicciones.[189] A continuación transcribo esta décima:

Cuando los mil contarás
con los trescientos doblados
y cincuenta duplicados,
con los nueve dieces más,
entonces tú lo verás,
mísera Francia, te espera

---

187 *A history of horoscopic astrology,* James H. Holden, p. 188.
188 Poema de diez versos.
189 Al respecto, el lector puede consultar un interesante artículo periodístico aparecido el 7-02-2020 en *La Gaceta de Salamanca* (Salamanca, España), titulado: «El salmantino que pudo predecir la Revolución francesa».

tu calamidad postrera
con tu rey y tu delfín,
y tendrá entonces su fin
tu mayor gloria primera.

Como podemos comprobar, en la cuarta línea ya hemos sumado y obtenido una cifra: 1000 + 600 + 100 + 90: 1790. Esta cifra se corresponde con el año de 1790, que con una cierta aproximación señala el periodo crítico que va del inicio de la Revolución francesa (1789) a la ejecución del rey Luis XVI (1793). El resto de la décima justifica lo que significó la decapitación del monarca: fue el único rey ejecutado y el fin de mil años de monarquía en Francia. El delfín: Luis Carlos, también tuvo un fin trágico, falleciendo de enfermedad a los diez años de edad en 1795. Aunque se ha dicho que esta décima apareció *a posteriori*, una vez consumada la revolución en el país vecino de Torres Villarroel, hoy en día se acepta que verdaderamente fue redactada con bastante anterioridad a este suceso histórico. De hecho, no caben dudas acerca del talento astrológico de este autor en materia predictiva. Como prueba de ello podemos recordar que en uno de sus almanaques (el de 1794) pronosticó con acierto la muerte del rey español Luis I precisamente para el año de 1794, cumpliéndose puntualmente, pues el joven rey falleció el 31 de agosto de ese año en Madrid.[190] Nuestro astrólogo y autor se defiende de algunos críticos que cuestionan su predicción sobre la muerte del rey, de esta manera:

«Yo pronostiqué la muerte del malogrado Luis y la desgracia fue que murió. El celo de los físicos[191] de su cámara, su ciencia y buena aplicación (aun con el aviso de la astrología) acudió a remediar el libro de su vida que se descuadernaba. Pregunto: ¿le curaron?, ¿le dieron vida? No. ¿Pues quién lo acertó, el astrólogo que lo previno un año antes o el médico que no lo acertó nunca?».

---

190   A pesar de las controversias histórico-literarias que puedan contaminar este acierto predictivo, podemos recurrir a una fuente objetiva y rigurosa para confirmar que dicho pronóstico se redactó y registró con anterioridad al hecho en sí. Véase para ello el artículo de Emilio Martínez Mata en el *Bulletin Hispanique*: año 1990, tomo 92, número 2, pp. 837-845. Esta revista o boletín se publica desde 1899 en Burdeos (Francia).

191   Médicos.

Impresionante, ¿no es cierto, amigo lector?

Damos un gran salto hasta el siglo XX, con otra predicción conocida: el fin del comunismo y el desmoronamiento de la Unión Soviética y sus países satélites en 1989. El autor de este pronóstico es el francés André Barbault (1921-2019),[192] aunque otros astrólogos que cultivaron la astrología mundial también pudieron prever el fin o, al menos, un importante cambio más allá del llamado telón de acero, para el final de la década de los ochenta del pasado siglo. Y muy posiblemente algún artículo, conferencia o ponencia así lo recoja. La razón de ello es puramente astrológica. A estas alturas del libro, el lector ya sabe que la astrología no es intuición ni inspiración (aunque un poco de ambas siempre ayuda, como en otras disciplinas), y no es clarividencia, sino el estudio sistemático y profundo de esta materia. El conocimiento astrológico, como tal, es insustituible y no se compensa con ningún talento innato; es decir: todo o casi todo es estudio y más estudio... Pues bien, todo astrólogo que haya profundizado lo suficiente en esta rama astrológica, que se dedica más a lo colectivo que a lo individual, sabe que el ciclo Saturno-Neptuno se adscribe al comunismo, entre otras realidades que aquí no es necesario mencionar. Por ello, cuando el ciclo está activo por estar ambos planetas en conjunción (ángulo de 0º entre ellos) o en aspecto (armónico: 60º, 120º, o inarmónico: 90º, 180º), algo acontece con respecto a esa realidad; en este caso, con respecto a movimientos colectivistas, al socialismo y el comunismo, en general.[193] Por ejemplo, vea el lector como con las anteriores conjunciones (esta es la relación planetaria más fuerte, y la que provoca eventos o tendencias más acusadas) acontecen hechos importantes sobre este movimiento político y social: en 1846 acontece el lanzamiento del Manifiesto Comunista de Marx y Engels, en 1917 tiene lugar la Revolución rusa y en 1953 muere Stalin, con los

---

192   Barbault cultivó esta especialidad: la astrología mundial, durante muchas décadas. Sin embargo, se especializó dentro de la especialidad —valga el juego de palabras— en el estudio de los ciclos planetarios de los planetas más lentos.

193   La desaparición de un líder comunista es, también, un acontecimiento importante. Es el caso de la muerte de Stalin en 1953. A nivel personal, la oposición entre Saturno y Neptuno que se dio en 2006 —entre otras configuraciones que aquí no detallaré— me permitió detectar y pronosticar una crisis en otro líder del mundo comunista: Fidel Castro. En ese año cedía el poder en Cuba a su hermano Raúl, retirándose de la vida política debido a una enfermedad. La predicción se incluyó en una revista astrológica en 2005 y en una ponencia en 2006, antes del evento en sí, y está referenciada en mi libro *Astrología Mundial*, pp. 89-90.

subsiguientes cambios en la URSS. Entonces, ¿qué cabía esperar en 1989, con la siguiente conjunción? Sin duda, un cambio importante en la singladura socialista o comunista. Nótese que estoy simplificando al máximo esta realidad astrológica, y que había otros factores que señalaban que de 1988 a 1992 los cambios podrían ser históricos. Es el caso de la triple conjunción de Saturno, Urano y Neptuno, que aconteció en esos años, y que redimensionó la importancia del ciclo para convertirlo en un hecho que pasaría a los libros de historia. Obviamente, hay que decir que el analista astrológico no opera a ciegas y que conforme nos acercamos a la fecha clave (la renovación del ciclo Saturno-Neptuno tenía lugar justamente en 1989), al ojo del huracán, lo que acontece en el mundo nos ofrece una perspectiva mejor para apoyarnos en la realidad del momento y formular un mejor pronóstico astrológico. En el caso de la Unión Soviética y del comunismo —porque el ciclo se refería a ellos—, la elección de Gorbachov como líder soviético y el inicio de la *perestroika* y la *glásnost* en 1985 eran pistas de que algo importante se estaba cocinando. Pero, aun así, solo la astrología que estudia los ciclos planetarios nos permitía pronunciarnos con respecto a un posible cambio o no, y de producirse, en qué momento podía tener lugar aquel. Lo que ocurrió en 1989 ya es historia: la corriente social revolucionaria en los antiguos países comunistas de la Europa del este (la Unión Soviética, Polonia, Hungría, Alemania oriental y otros países) propició un giro político histórico, poniendo fin a los regímenes totalitarios comunistas. Este año también fue el de la caída del Muro de Berlín, que simbolizaba no solo la frontera entre el mundo libre y el oprimido por el comunismo, sino el de la denominada Guerra Fría, que atenazó al mundo por varias décadas. En suma: la predicción de Barbault[194] y de los astrólogos estudiosos de los ciclos planetarios acertó en lo esencial y ayudó, de paso, a consolidar una rama astrológica en ascenso.

A continuación, incluiré una última predicción acertada de alcance mundial, y muy reciente en el tiempo. Escribo estas líneas en los primeros meses de 2022, cuando la pandemia del coronavirus (SARS-CoV-2) todavía azota nuestro mundo en los cinco continentes. Y el lector se preguntará: ¿pudo la astrología predecir la pandemia?,

---

194 Encontramos esta predicción en varias de las obras de A. Barbault anteriores a 1989, no es difícil hallarla. Aparte, existen menciones de la misma en algunos de sus artículos y ponencias en congresos.

¿algún astrólogo publicó con anterioridad a la aparición del virus un pronóstico en el que hablara explícitamente de una pandemia para el año 2020? La respuesta es sí. Y lo cierto es que lo viví muy de cerca. Ocurrió así: en enero de 2017 mi amigo y colega Boris Cristoff (1925-2017), astrólogo y escritor uruguayo de origen búlgaro, estaba gravemente enfermo y me pidió, antes de morir, que completara e instara la publicación de su última obra, que era una suerte de compendio de toda su astrología, incluyendo una parte importante dedicada a la predicción de algunos hechos futuros. Entre ellos, anunciaba una crisis para el periodo 2020-2022. Paralelamente, yo mismo y otros astrólogos llegamos a la misma conclusión con respecto a la crisis, pues los métodos son los mismos, y las conclusiones parecidas, generalmente. Pero lo más sorprendente es que el libro contenía para el año 2020 una referencia a una posible pandemia. Por aquel entonces, ya fallecido Cristoff, entre 2017 y 2018 completé el libro con un capítulo final de mi autoría dedicado a predicciones mundiales, revisé la parte de mi amigo e intenté publicar el libro con una buena editorial. Pero fue imposible, pues los herederos uruguayos de Cristoff impidieron que el proyecto viera la luz, debido a un desacuerdo en la gestión de los derechos de autor del finado. Debido a ello, intenté cumplir mi palabra (juntos publicamos varias obras en el pasado) y edité una sola copia no comercial del libro y la deposité en la Biblioteca de Catalunya, en Barcelona (España), en 2018. En esta obra, escrita y publicada dos años antes de la pandemia, figura en el capítulo 23 y en otros una referencia a una posible epidemia mundial para el año 2020. En relación a esto último, me consta que llegó a esta conclusión estudiando otros ciclos planetarios y otras pandemias. La obra se titula *El futuro del planeta*[195] y está firmada por ambos, aunque el mérito de la predicción de la pandemia es únicamente de Boris Cristoff.

Herramientas predictivas del astrólogo moderno

Dado que este capítulo está pensado y escrito en clave de astrología mundana, rama también llamada mundial, aquí nos estamos refiriendo exclusivamente a las técnicas de previsión global, colectiva. El abanico de herramientas es ciertamente muy variado: desde el gran

---

195 *El futuro del planeta*, Boris Cristoff y Juan Estadella, Digital Star, Barcelona (España), 2018.

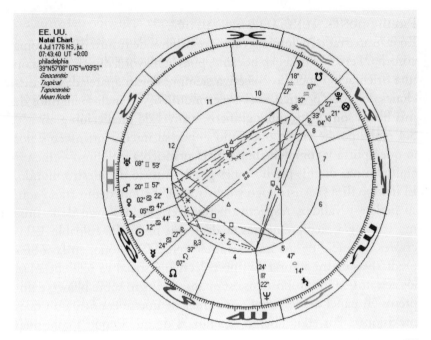

EE. UU.
Natal Chart
4 Jul 1776 NS, ju.
07:43:40 UT +0:00
philadelphia
39°N57'08" 075°W09'51"
Geocentric
Tropical
Topocentric
Mean Node

El horóscopo de EE. UU. [197]

marco histórico que es la era, de la que hablaremos más adelante, en otro apartado de este capítulo, hasta el simple horóscopo de una ciudad o de un país. En medio, tenemos importantes activos de previsión, como el Índice Cíclico de concentración planetaria, que ya hemos visto con anterioridad y que volveremos a ver en otro apartado. O los mismos ciclos planetarios, que también estudiaremos —ligeramente— en breve. El paso de los planetas —especialmente el de los más lentos— por los signos también nos aporta una información útil, en forma de contenido, como tendencias en uno u otro sentido, acerca de la realidad del momento, y en diferentes órdenes. Pero hay más: los llamados ingresos solares, las lunaciones o los eclipses, entre muchas otras técnicas de predicción. Dado que es una cuestión puramente técnica, prolija, intrincada y poco accesible, es mejor no adentrarnos en esta rama astrológica, pues el lector podría aburrirse o asustarse, o las dos cosas

---

196   Como ya sabemos a estas alturas, no solo las personas tienen una carta natal, también las empresas, los clubs de fútbol o los países. La carta natal de los Estados Unidos es plenamente operativa, describiendo perfectamente no solo la realidad

Predicciones mundiales del autor

En este apartado incluiré algunas previsiones de futuro de mi propia cosecha. Pero no voy a extenderme, pues la mayoría de mis obras con una orientación social o colectiva siempre llevan aparejadas predicciones de orden político, social o económico,[197] e incluso algunos de mis libros son textos monográficos, a nivel de predicción global.[198] Sin embargo, he creído oportuno —por su interés intrínseco y por lo que aporta y complementa a nivel práctico a este libro— incluir aquí algunas de mis predicciones para el futuro de nuestro mundo. El tiempo dirá si el astrólogo y la astrología habrán demostrado aquí su pericia y validez, respectivamente. Pero en descargo de la misma astrología, siempre hemos de decir que no es ella culpable de los errores de juicio de sus muchos intérpretes. Con todo, en las obras predictivas de mi autoría de tipo colectivo y social ya referenciadas, los aciertos en los pronósticos están ahí, en negro sobre blanco e impresos en papel desde varios años antes de que se confirmaran tales previsiones. Por ello, albergo esperanzas de que lo que a continuación se expone goce ya de una buena y sana predisposición por parte del lector en cuanto a su lectura y al juicio previo de tales previsiones. Porque puedo entender perfectamente cuán difícil es aceptar que nuestro destino colectivo esté, en cierta manera, predestinado. Aunque este vocablo no me gusta, pues comporta un sentido y sentimiento de fatalidad que, astrológicamente, no es tal. Sería mejor emplear otro vocablo, más afín a lo que entendemos como una pre-programación (valga la palabra) de nuestro destino colectivo. Es decir, un pronóstico más o menos abierto, una fuerte tendencia a que algo se cumpla, pero con la posibilidad de interactuar con nuestro destino común; siempre y cuando, eso sí, conozcamos esas líneas maestras o tendencias de futuro. Es justamente esa mi filosofía con respecto a la predicción individual o global, y por convicción y experiencia sé que es posible cambiar —dentro de unos ciertos márgenes— nuestro destino con ayuda de la astrología. No puede haber

---

del país en sí, sino todos los eventos de importancia que acontecen.

197 Véanse, entre otras, mis obras *Astrología Mundial*, *Astrología Empresarial* o *La era de Acuario*, ya referenciadas en esta obra.

198 *Predicciones para el siglo XXI*, Corona Borealis, Málaga (España), 2015, o *Future of the World*, Ediciones OP, Valencia (España), 2019.

una utilidad mayor, y es lo que convierte a esta disciplina en la gema, en la piedra preciosa que es.

En las siguientes páginas bosquejaré en cuatro trazos nuestro destino colectivo. Y dado que el lector potencial de esta obra puede residir en Madrid (España) o ser hijo de Bogotá (Colombia) e incluso puede vivir en otro de nuestros continentes, lo abordaré desde una perspectiva amplia, común. Es decir, no está pensado para un ciudadano español, ni colombiano o canadiense, con sus problemáticas en materia de política nacional, economía local y demás asuntos propios de cada nación. Vivimos ya en una aldea global —algo muy propio de la era de Acuario,[199] por cierto—, donde los vasos comunicantes de la realidad política, social o económica nos inundan a diario e instantáneamente con noticias, problemas o ventajas que nos afectan por igual vivamos en Nueva York o en Singapur. Sí, de la misma manera que todas las ciudades se parecen cada vez más, siendo uniformes en muchos aspectos —cadenas de restaurantes, gimnasios y demás— a causa de la globalización, que nos pinta a todos del mismo color; un color azul eléctrico, por cierto, como el de Acuario. Pero no perdamos el hilo: volvamos a las predicciones, y digamos simplemente que son genéricas, y que he querido destacar únicamente los cambios globales, los que nos afectarán a la mayoría de habitantes de este planeta.

Entiendo que no solo es interesante el conocer lo que nos depara nuestro destino como especie, en forma de tendencias o momentos importantes, sino que más allá de nuestra natural curiosidad por lo que nos espera mañana, cabe gestionar inteligentemente esta información para nuestro provecho. Efectivamente, le recuerdo al lector que conociendo lo que nos aguarda podremos interactuar con nuestro destino colectivo, aprovechando las tendencias futuras para ser más felices, tanto en el plano personal como en el profesional o social. En verdad, más que posible, esto quizá sea imprescindible para sobrevivir con éxito a un futuro que, hoy por hoy, se nos presenta a todos como incierto.

Empezaré con el gran marco astro-histórico (valga la expresión) que es la era astrológica, adentrándome después en nuestro futuro

---

199   Véase mi obra *La era de Acuario*, Digital Star, Barcelona (España), 2010, que circula libremente por Internet.

como especie a partir de algunas de las herramientas que hemos visto y descrito en el apartado anterior.

La nueva era de Acuario: del 2100 al 4200, aproximadamente

Lo que nos aguarda en el futuro podemos abordarlo, primero, a partir de un gran marco astro-histórico que cubre una macroetapa para la humanidad. Esto simplifica todo al máximo, y podemos detectar un denominador común que es la esencia de un periodo que cubre poco más de dos milenios. Para todo y para todos. Este gran marco astro-histórico es un extenso periodo que forma parte de un gran ciclo de más de veinticinco mil años. Este gran ciclo tiene diferentes fases, que se repiten sucesivamente como los mismos signos del Zodiaco, como las horas de un reloj eterno. Y cada una de ellas se extiende hasta más allá de dos mil años, tal y como he apuntado. Es la era astrológica. No tiene un principio definido en el tiempo, pero desde el pasado siglo xx ya hemos entrado en la nueva era de Acuario.

La era es la manecilla principal en el gran reloj cósmico de la historia, y señala la hora de los tiempos, mientras que el conjunto de cuerpos celestes del sistema solar, con sus ciclos, ingresos y configuraciones menores, señala los minutos de nuestra historia aquí en la Tierra, como si de la manecilla secundaria se tratara. La era señala los grandes periodos de tiempo que cubren civilizaciones y culturas enteras. Indica una macroetapa en la historia de la humanidad, con unas características determinadas, bien definidas, históricamente hablando. La era baña con su color a cada periodo de la historia, dotándolo de unas características comunes, generales o de fondo, acordes con la nota zodiacal de la misma era: es el contexto general de una civilización.

Actualmente vivimos un momento de influencias mixtas, un periodo bisagra, en la frontera que marca el paso de la era de Piscis a la de Acuario. Por ello, existe un solape entre las dos eras, donde en la frontera entre Piscis y Acuario se entremezclan las influencias, y las incipientes señales de la nueva era borran paulatinamente los signos de la vieja era. Algunos hechos históricos del pasado siglo xx y del presente siglo xxi, en el plano político, social, cultural o científico, ya denotan un cambio, pues contienen características plenamente acuarianas. Y bajo la perspectiva actual, podemos apuntar ya

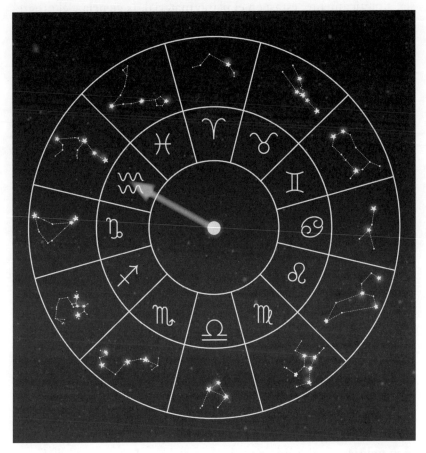

El reloj cósmico

algunas de las características de la próxima era, cuyo umbral estamos ya cruzando. Se nota, Acuario flota en el ambiente y es perceptible en muchos sentidos.

Siempre digo que la era de Acuario es el nuevo paradigma. Como paradigma, entendemos un modelo de pensamiento determinado, una concepción concreta de la realidad que nos envuelve, a nivel colectivo. Forma parte de una generación o de una civilización determinada y, aun esencialmente inconsciente para el ser humano, esta visión existencial condiciona la vida en la Tierra, envolviendo todo lo que afecta a nuestra especie, a nivel global. Y de acuerdo con lo que el signo de Acuario representa, sobre los próximos 2000 años cabe esperar un efecto doble: un gran avance a nivel científico y un acelerado progreso social. Las líneas maestras de la nueva era podrían ser, sintéticamente, estas: en el plano material, la ciencia y el progreso acelerado pueden llegar a transportar a las generaciones futuras a una vida altamente sofisticada, desde un punto de vista tecnológico. El planeta, una verdadera aldea global, puede alcanzar las más altas cotas de bienestar y comodidad. Con todo, esta vida tan alejada de la verdadera naturaleza humana puede conllevar una cierta contradicción existencial, donde la máquina sustituya al hombre, convirtiendo a la civilización futura en una vida desnaturalizada y sin alma. Sin embargo, a nivel espiritual —por decirlo así— el hombre del futuro tendrá una fuerte vocación humanista. Las generaciones futuras pueden alcanzar, ciertamente, un mundo más justo, donde palabras como solidaridad, cooperación o libertad signifiquen realmente algo y no sean meras palabras vacías.

Esta era cuenta con una serie de pilares que la sustentan, y son estos:

A nivel político, el modelo ideal del futuro se situará necesariamente dentro de un marco democrático, el más participativo de la historia de la humanidad. El modelo republicano, en sus diversas formas o variantes, es el que más se acerca al ideal acuariano. Y con respecto a regímenes políticos autocráticos o simplemente no democráticos, solo cabe apuntar que no tienen futuro, no tienen cabida en la nueva era. La palabra imperio, que da nombre a una organización política en la que un estado extiende su poder sobre otros países, dejará de tener significado antes de veinte siglos. La monarquía, régimen político arcaico adscrito al signo de Leo, desaparecerá de forma natural, dado que Acuario es un signo de igualdad social; además, el signo zodiacal de los nuevos tiempos está en oposición a Leo, el signo de la realeza, de los reyes y reinas. Y esto ya es visible en los últimos tiempos: desaparecen algunas monarquías y aumenta el rechazo hacia esta institución arcaica.

En cuanto al modelo económico y social del futuro, el sistema que se consolidará en los próximos dos mil años será uno muy próximo al existente hoy en día en el norte de Europa: el modelo nórdico. Se superarán viejas etiquetas del pasado, ya caducas, como el comunismo o el capitalismo. En las próximas décadas y siglos se impondrá una especie de capitalismo compasivo. Extinta ya la experimentación y la experiencia comunista, que fracasó por estar diametralmente opuesta a la naturaleza humana, la economía de mercado, aunque matizada y con mayor control, se generalizará en todos los puntos del globo. No es casualidad que haya pervivido miles de años, en contraposición a las pocas décadas que el socialismo-comunismo ha resistido; al fin y al cabo, es el sistema menos malo. Es evidente que la economía planificada (socialismo o comunismo) no permite la libertad y que el mercado (capitalismo) produce graves desigualdades. Y aquí entra en juego una tercera vía: el capitalismo social, arraigado en los países escandinavos, que sin duda será el régimen socioeconómico del futuro. Efectivamente, este modelo social y económico, adoptado por los países nórdicos (Suecia, Noruega, Finlandia, Islandia y Dinamarca), tiene como premisa la existencia de un estado fuerte, que controla y garantiza la igualdad de oportunidades, la subsistencia digna o el derecho al trabajo. Es el contrapolo al modelo capitalista liberal, imperante en los Estados Unidos de América, en Inglaterra y en otros países occidentales. Definitivamente, la humanidad optará por este modelo político, social y económico, imponiéndose masivamente a nivel global en un futuro no muy lejano. Y de paso, enterrará definitivamente al comunismo y al capitalismo más salvaje, que tantas desigualdades ha generado en el pasado.

Este nuevo sistema para un futuro globalizado incorpora al denominado estado del bienestar, que forma parte de los valores europeos y que es uno de los grandes logros del viejo continente en materia social. Obviamente, no es exclusivo de los países nórdicos (el modelo más protector de todos), sino que su implantación, aun con importantes diferencias, se extiende a la Europa continental y al área mediterránea, o desde Alemania hasta España. Como Estado del bienestar, entendemos la intervención activa del estado en materia social y económica, encaminada a mejorar el bienestar de la población y articulándose básicamente a partir de determinadas políticas o iniciativas. Entre ellas, las llamadas transferencias sociales, que son una forma de redistribuir los recursos nacionales, destinándose estos a pensiones, subsidios diversos y ayudas sociales. También se incluyen, como herramientas del Estado del bienestar, los servicios públicos como la sanidad, la educación o los transportes. Indirectamente, también se fomentan políticas sociales a partir de una legislación global enfocada a tal efecto, evitando los abusos y defectos propios del sistema político y económico imperante en la sociedad occidental. En el futuro, el estado asegurará la protección social, englobando esta la cobertura de la sanidad, la vivienda, la educación, las pensiones de jubilación, las prestaciones económicas por desempleo, por invalidez total o parcial u otras coberturas. Pero no piense el lector que todo será de color de rosa, pues la nueva era comportará nuevos inconvenientes.

En otro orden de cosas, podemos decir que la nueva sociedad que surgirá, de la que ya hoy podemos ver algunas de sus características más notables, será más idealista, más solidaria y altruista. Será más humana, en definitiva, aunque en conjunto, también algo más fría y distante, más desapegada emocionalmente. La gente guardará las distancias, a pesar del fuerte sentido social y colectivo que nacerá de los hombres y mujeres del mañana. Se conjugará independencia con sentido grupal y comunitario, aunque pueda parecer una incongruencia. Será una sociedad progresista y original hasta sus últimas consecuencias. Flotará en el ambiente un aire de libertad. El planeta vivirá una era de cambios sorprendentes y los seres humanos de las próximas décadas y siglos vivirán con un sentimiento permanente de renovación y de romper con los viejos corsés del pasado, que, en forma de tradiciones, normas sociales o etiquetas, hipotecan hoy el futuro de todos. Veremos nuevas generaciones que, en algunos aspectos, nos parecerían hoy utópicas, imprevisibles, demasiado inconstantes, erráticas e incluso excéntricas. La obstinación en cambiar constantemente, en renovarse y en desechar lo convencional será también una característica llamativa de los futuros pobladores del planeta azul. Serán seres creativos, intuitivos, claramente heterodoxos, en un sentido amplio de la palabra. Con la sensación de estar siempre adelantados a su tiempo y con el punto justo de rebeldía; pequeños revolucionarios, insatisfechos siempre de la realidad que les envuelve. Será una sociedad más espiritual, más evolucionada, más sensible y permeable a todo lo trascendente e intangible. En definitiva, será un mundo nuevo, donde el hombre y la mujer de Acuario borrarán para siempre la línea, la frontera que separan a mujeres y hombres. Harán desaparecer a las denominadas clases y castas sociales. Palabras como rey, príncipe, duque, conde o marqués serán términos arcaicos dentro de tan solo unos pocos siglos; quizá dentro de unas pocas décadas. Esta será, a grandes trazos, la sociedad del mañana, una nueva sociedad que ya se está haciendo notar en nuestro planeta Tierra.

Según vayamos entrando de lleno en la nueva era, dejando atrás el terreno donde se mezclan las influencias piscianas y acuarianas, se acentuarán las características de la nueva era de Acuario, percibiéndose más puros y cristalinos sus efectos. Sin embargo, esta información ya nos es útil en este momento, pues la nueva era ya se hace notar y nos afecta, para bien o para mal. Por ello, hay que tener presente esta influencia, que ya ha llegado para quedarse por un largo periodo. Y todos nosotros, si no queremos perder el tren del destino, debemos aprovechar la energía de esta nueva era y estar en sintonía con sus claves y tendencias. Hay que subirse a la ola, dejar que nos lleve y aprovechar su impulso, que será el de los nuevos tiempos. A nivel personal y profesional deberemos tener el chip acuariano permanentemente instalado y conectado, para no perdernos nada, para no desperdiciar ninguna de sus múltiples ventajas y oportunidades, que las habrá; tanto a nivel tecnológico como social. Todo lo que sea ir en otra dirección, será nadar contra corriente, hasta agotarnos e incluso ahogarnos en este mar de lo colectivo y grupal, que primará sobre todo lo demás en los próximos dos milenios.

Hasta aquí hemos dado un salto en el tiempo de hasta dos milenios, y eso es mucho. Pero ahora, daremos unos cuantos pasos dentro de nuestro destino colectivo más cercano: los siguientes años y décadas. Para este propósito contamos con otras herramientas astrológicas. Estas nos permiten vislumbrar más a corto y medio plazo lo que nos aguarda en el futuro, y nos dan una visión panorámica acerca de nuestro siglo XXI. Son estas:

EL ÍNDICE CÍCLICO: LAS CURVAS DEL DESTINO COLECTIVO

En un capítulo anterior ya he introducido al lector en esta gran herramienta de previsión astrológica colectiva. No voy a repetirme, ya sabemos cómo funciona y cuál es su utilidad. Además, pudimos ver y examinar el gráfico correspondiente al siglo XX, con sus altibajos en forma de crisis y épocas de auge, con eventos puntuales o con tendencias globales, positivas o negativas. Y más. Aquí, incluiré esta vez el gráfico del siglo XXI, para abordar la previsión global para las próximas décadas, que es lo que nos interesa. Y como ya sabe el lector a estas alturas, la lectura de este gráfico puede hacerse sin conocimientos sobre la materia —a pesar de que se basa en principios astrológicos puros—: un punto bajo en el índice, para un año en cuestión o una bajada del mismo es un indicador claramente negativo a nivel político, social o económico; por el contrario, si para un año cualquiera el índice se sitúa en un punto alto del gráfico o existe una subida en el índice, es de esperar que el mundo se halle en un buen momento a nivel político, social o económico. Así de simple. Ya vimos anteriormente que en el pasado siglo xx las curvas de nuestro destino colectivo prácticamente se superponen a los altibajos del gráfico casi matemáticamente. Y como ya apunté anteriormente, cabe suponer que en el futuro este diagrama maravilloso se comportará igual de efectivo y contundente.

A continuación presento el Índice Cíclico de concentración planetaria para el periodo 2000-2100. A partir de este gráfico, podremos confrontar las subidas y bajadas futuras del índice con la realidad histórica del siglo xxi. Pero en retrospectiva, pues escribo estas líneas en los primeros meses de 2022, podemos también hacerlo con las dos décadas de este siglo que ya hemos vivido. ¿Justificará el gráfico lo principal que ha acontecido hasta ahora, a nivel mundial? Vamos a verlo.

Más allá del año 2000 podemos ver una primera fase descendente de este índice, que alcanza su punto más bajo alrededor del año 2010. Evidentemente, este punto de inflexión se corresponde con la grave crisis económica internacional del periodo 2008-2010, una crisis de gran calado, sin precedentes en los últimos tiempos. Sacudió los cimientos de las finanzas internacionales, quebrando bancos históricos de gran renombre y poniendo contra las cuerdas a la inmensa mayoría de países, que vieron como sus economías se desplomaban y los índices de desempleo alcanzaban cotas inimaginables.

Esto ya es historia, sí. Pero quiero transcribir, literalmente, la interpretación que hice de esta caída del Índice Cíclico antes de que se produjera. Como sabemos, esta crisis tuvo como epicentro al año 2010, uno de los más duros de esta crisis económica y social. Esta predicción la avanzaba en mi obra *Astrología Mundial*, publicada en abril de 2007, antes del inicio de la crisis, que se localizó en septiembre de 2007 en los Estados Unidos. Lo que empezó siendo una simple crisis financiera se convirtió después en una crisis económica gigantesca. En mi libro (p. 110), decía literalmente:

> *«Más allá del año 2000 podemos ver una primera fase descendente del Índice Cíclico, que alcanza su punto más bajo alrededor del año 2010. Será, previsiblemente, la primera crisis importante del nuevo siglo y milenio».*

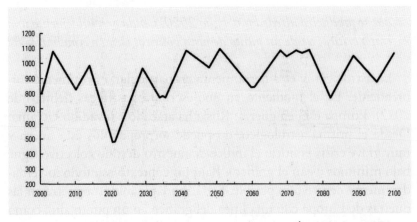

Índice cíclico (2000-2100)

Bien, y a partir de entonces, ¿qué podíamos esperar? Si examinamos el diagrama de nuevo veremos que con el descenso de la curva de este índice, a partir de 2012-2013 podíamos asistir a una lenta pero sostenida recuperación económica. También era previsible una cierta regeneración política y social, de acuerdo con las claves de lectura de este tipo de gráfico, que ya hemos explicado. Y así fue hasta 2014, pues, aunque el contexto general siguió un tanto deprimido, económicamente, pudimos ver como lo peor de esa gran crisis había quedado atrás y como la recuperación económica, aunque muy lenta e insuficiente, ya era un hecho. El punto más alto de este ciclo expansivo coincidió, cómo no, con las líneas del gráfico para esos años.

La siguiente bajada en la línea del gráfico, mucho más acusada, alcanzaba un índice mínimo alrededor del año 2020-2021. Es, de hecho, el punto más bajo de todo el siglo XXI, como podemos ver en el diagrama de la figura anterior. Con bastantes años de antelación, podíamos ya aventurar que la próxima gran crisis que vería la humanidad sería la que se produciría alrededor del año 2020. Sí, amigo lector: la gran crisis de 2020 pudo ser pronosticada solo con este gráfico. ¿No lo creen posible? Pues vean lo que decía el autor de estas líneas en su obra *Astrología Mundial*, ya en el año 2007 (p. 110):

«La siguiente bajada del índice, mucho más acusada, alcanza un índice mínimo alrededor del año 2020. Es el punto más bajo de todo el siglo XXI. Sin duda, con bastantes años de antelación, podemos ya aventurar que la próxima gran crisis que verá la humanidad será la

que se producirá alrededor del año 2020, siendo previsiblemente una etapa crítica, desde un punto de vista político, social o económico».[200]

La astrología, y esta herramienta en particular, es realmente sorprendente. En el momento en que escribo estas líneas (febrero de 2022), Europa está en guerra: Rusia ha atacado e invadido Ucrania. Desde el prisma astrológico, no puede sorprendernos esta nueva y muy grave crisis política: el índice de nuestro destino colectivo sigue bajo mínimos (vean el gráfico). Bajo un contexto así, todo lo verdaderamente negativo es posible. Sería inimaginable esta guerra en las puertas de Europa con una línea del gráfico en un punto alto, como en 2015 o 2030, por ejemplo. Hasta aquí llega su utilidad.

Pero pasemos página: invito al lector a que examine el gráfico del siglo XXI para que pueda ver y anticipar, por sí mismo, aun sin conocimientos de astrología, lo que nos depara el resto del siglo XXI. No es difícil, de acuerdo con lo que hemos visto y ateniéndonos a la fiabilidad de esta herramienta de previsión colectiva. Con todo, hay que decir que el máximo rendimiento de esta técnica se obtiene al utilizarla conjuntamente con otras herramientas propias de la astrología mundial. Es el astrólogo especialista en esta rama astrológica, además, el que realmente está facultado para emitir un dictamen mínimamente acertado. Sin embargo, la visión panorámica que nos permite el Índice Cíclico puede bastar para hacernos una idea general acerca de lo que nos depara, a grandes trazos, un siglo o un periodo de tiempo determinado.

Sigamos: como podrán apreciar, es significativa la subida del índice justo después de ese periodo bisagra, por decirlo así, que tiene como epicentro al año 2020. Alcanza su punto culminante allá por el 2029-2030 y podemos aventurar que la humanidad se hallará, por aquel entonces, en un momento positivo, de crecimiento y expansión en todos los órdenes. Lo mismo para el año 2042, aproximadamente, así como para el año 2051, tomando a este año como epicentro de este posible momento favorable. No es difícil entender que existirán otros años o periodos positivos para la segunda mitad del siglo XXI, como alrededor

---

200 Sobra decir que pretender, además, indicar la naturaleza o el origen de la crisis —en este caso, una pandemia— ya roza lo imposible, casi. Pero, aun así, la astrología estuvo a la altura: vean si no el apartado predicciones famosas del pasado, al principio del presente capítulo.

de la década de los setenta, en que se mantiene alto el índice o justo antes del año 2090 y, ya al final, justo antes del cambio de siglo.

En cuanto a los periodos más difíciles que viviremos, más allá del 2020 nos encontramos con una caída del índice alrededor del año 2035, así como al final de la década de los cuarenta. También en el 2060, a principios de la década de los ochenta y a mitades de la década de los noventa, aproximadamente.

Desde este punto solo estudiaremos las previsiones de futuro para la primera mitad del siglo XXI. El segundo decalustro[201] queda todavía muy lejos para todos, por lo que tiene un interés menor.

LOS GRANDES CICLOS PLANETARIOS

Otra poderosa herramienta de previsión en astrología mundial son los ciclos planetarios. Desde hace siglos, el astrólogo ha estudiado las grandes conjunciones planetarias. Grandes astrólogos árabes del pasado ya trataron ampliamente este apartado en los siglos VIII y IX. Sin embargo, es a partir del descubrimiento de los tres planetas más lentos cuando los ciclos planetarios adquieren el importante papel que les corresponde dentro de la astrología mundana. No es por casualidad que en las fechas en que dos planetas pesados se encuentran (o aspectan) en el cielo la humanidad asista a hechos o tónicas políticas, sociales o económicas importantes.

Es necesario decir que los ciclos más relevantes son los de los planetas más lentos: Urano-Plutón, Urano-Neptuno y Neptuno-Plutón. Son los ciclos más importantes, los que marcan las grandes épocas o periodos de la historia de la humanidad. Por la lentitud de los planetas intervinientes su efecto o influencia permanece durante meses o incluso años. Además, por la naturaleza de los tres planetas que se combinan, su influencia es más profunda y más compleja. Sin embargo, su efecto es determinante en todos los ámbitos: político, social, económico, científico o cultural.

En los próximos años, los ciclos planetarios más importantes que están o estarán vigentes son estos:

El ciclo Neptuno-Plutón (vigente hasta 2040), el más lento, profundo y sutil de todos los ciclos, estará activo, en su fase armónica,

---

201 No es muy usual este término, pero se refiere a un periodo de cincuenta años.

en este periodo. No será especialmente importante, en la práctica, pues su producto se mueve en unos registros hondos, inmateriales, a nivel del inconsciente colectivo, podríamos decir. Con todo, puede ayudar a que tengamos más presente el sentido de evolución colectiva y del crecimiento a nivel social, por decirlo así. También puede ser un factor que refuerce ese impulso regenerador que llegó con la crisis de 2020, que no dejó de ser una crisis de valores, y donde pusimos en la balanza de la vida lo que es, realmente, nuestra existencia aquí en la Tierra; muchos se dieron cuenta de lo efímero y lo relativo del ser, de la menor importancia de lo material con respecto a otras realidades, por ejemplo.

El Índice Cíclico y algunos ciclos así lo sugerían: tomando el 2020 como previsible epicentro temporal, deberíamos asistir a un cambio de paradigma socioeconómico. Un nudo histórico que comportaría cambios económicos y sociales. Un verdadero cambio de mentalidad a nivel colectivo, inevitable si queremos sobrevivir o vivir de forma sostenible con la mirada puesta en el futuro. Es posible que ya nada sea como antes: nuevos enfoques acerca de las finanzas y la economía mundial, nuevas soluciones a los nuevos problemas que surgirán o para los viejos problemas de siempre, quizá. La vida en nuestro planeta, el medioambiente y otras cuestiones importantes, estuvieron sujetos a replanteos profundos, casi filosóficos. La asimilación de todo ello será lenta, pero los libros de historia lo reflejarán, ya con la perspectiva temporal necesaria, dentro de unos años. La humanidad no será igual que antes. ¿Qué ocurrió allá por 2020? Se renovaron tres importantes ciclos,[202] algo que no es muy frecuente. Y uno de ellos, el ciclo Júpiter-Saturno, cobró una especial importancia pues se dio un hecho astronómico que solo ocurre una vez cada 240 años de media: el cambio de elemento, pasando esta vez de Tierra a Aire.[203]

Y la conjunción tuvo lugar justamente en el signo de Acuario, el de la nueva era. Esto puede vincularse con un cambio en las prioridades y también en nuestra escala de valores colectiva. Un apunte sobre el ciclo Saturno-Urano, adscrito a nuestro sistema capitalista:

---

202 Los ciclos Júpiter-Saturno, Saturno-Urano y Saturno-Plutón.

203 En verdad, fue la consolidación del elemento (Aire), pues el primer encuentro tuvo lugar en 1980. Ese fue el verdadero inicio del cambio de paradigma, pasando el centro de gravedad de todo al mundo digital, la revolución en las comunicaciones o Internet, entre otras tantas cuestiones científicas, tecnológicas y sociales también.

La conjunción Júpiter–Saturno de 2020

empezó a estar en aspecto inarmónico y en su fase involutiva desde 2020 y hasta 2022, apretando más las tuercas a nuestro viejo sistema capitalista.[204] Por ello, lo que cabía esperar es justamente lo que se ha dado en los últimos tiempos (de 2020 a 2022): inflación, tensiones y todo tipo de problemas con respecto a nuestro viejo sistema socioeconómico.

Viremos hacia la izquierda: más allá en el tiempo, allá por 2025, se renovará el ciclo Saturno-Neptuno, que está adscrito a todo tipo de revoluciones sociales y movimientos de masas, especialmente los de corte colectivista. Esto supondrá un cambio importante y, quizá, definitivo para las tesis socialistas y comunistas. Los últimos reductos colectivistas, ya sean Corea del Norte, Cuba u otros pequeños países, difícilmente podrán sobrevivir. A mi juicio, las tesis socialistas o comunistas no pervivirán, previsiblemente, más allá de 2025-2027.

Más cosas: en la segunda mitad de la tercera década del siglo disfrutaremos de dos ciclos lentos en aspecto armónico y en su fase

---

204 Como pronostiqué en su momento, y está en las hemerotecas, el conservador Donald Trump (Partido Republicano) perdió las elecciones en EE. UU. en noviembre de 2020. Al respecto, tengo una teoría sobre este ciclo y las elecciones a la presidencia de los Estados Unidos, pero exponerla aquí quizá no sea necesario, pues ya está en otras obras de mi autoría.

evolutiva, que favorecerán el crecimiento, el desarrollo sostenido y sostenible y la cohesión social a nivel mundial: el ciclo Urano-Neptuno, vigente de 2025 a 2029, y el ciclo Urano-Plutón, vigente de 2026 a 2029, aproximadamente. El primero de ellos permitirá, como ya ocurrió a finales de los años sesenta en el pasado siglo xx, abrazar nuevas formas de pensar, de vivir y de trascender la realidad mundana más material y aburrida. Nuevos ideales y nuevas fronteras que ayudarán a empujar la corriente renovadora y de esperanza de esta década. El segundo ciclo traerá el combustible para cambiar y romper los moldes de la vieja sociedad, pero al hallarse en un ángulo armónico y en fase evolutiva lo hará de manera suave, acompasada, sin giros bruscos en nuestro destino colectivo. Además, para enmarcar esta feliz década, el ciclo más lento de todos, el ciclo Neptuno-Plutón, estará presente, activo, en aspecto armónico y en fase evolutiva también desde 2020 a 2030. Esto se traducirá en profundos cambios en nuestra escala de valores a nivel personal y social. Y es posible que, para la historia, el periodo que va de 2025 a 2030 sea considerado como una época dorada: feliz, provechosa, de grandes progresos sociales y científicos. ¿Ven como sí podemos tener esperanza en un mañana mejor?

Los planetas Saturno y Urano renovarán su ciclo allá por 2032, algo que solo ocurre cada 45 años. Esto favorecerá toda corriente imperialista o expansionista, del color que sea. Cuando esto se da, normalmente asistimos a un relevo en la hegemonía política y militar de las naciones más poderosas. ¿Pasará de Occidente a Oriente el liderazgo o hegemonía mundial en ese momento?, ¿claudicarán los EE. UU. como primera potencia mundial y como referente primero de la nueva Aldea Global?, ¿será China el nuevo faro que alumbre al mundo en materia económica, científica, tecnológica o espacial? Es una posibilidad real, así que es cuestión de tiempo el averiguarlo.

Por otro lado, Urano y Neptuno estarán en cuadratura por varios años, entre 2037 y 2043, aproximadamente. Este ciclo puede evidenciar que el decorado de fondo, a nivel ideológico, esté deprimido, lleno de insatisfacciones y de ideales condicionados por la dura realidad.

Y algún tiempo después Urano y Plutón estarán en oposición entre 2046 y 2050, aproximadamente, que es cuando se notarán sus efectos. Aún nos acordamos de la influencia del anterior aspecto inarmónico del ciclo, que aconteció allá por 2008-2015. Y aunque en el fondo la influencia es la misma, la oposición o ángulo de 180° no es tan grave en sus efectos. ¿Qué cabe esperar esta vez? Una ralentización en el crecimiento económico, que puede convertirse en crisis económica si el contexto astrológico lo permite. También podremos asistir a movilizaciones sociales, fruto del desencanto popular, en muchos países.

EL PASO DE LOS PLANETAS PESADOS EN LOS SIGNOS

El estudio de la entrada y estadía de los planetas —especialmente de los más lentos: Urano, Neptuno y Plutón— a través de los signos del Zodiaco es una importante herramienta con la que cuenta el astrólogo para predecir qué ocurrirá en el mundo. Los signos aportan sus características al planeta, el cual ve modificada su influencia en el mundo sublunar. Basta con analizar el ingreso o el paso de uno de los planetas más lentos en un signo zodiacal determinado para obtener el clima o tónica para un periodo histórico determinado. A modo de contexto general, los planetas más lentos crean un decorado de fondo, sobre el cual transcurre la existencia humana aquí en la Tierra. Esto último siempre es más o menos visible, pero es una influencia real, que marca las diferentes épocas de un periodo de tiempo más o menos largo. Veamos algunos de los actuales o próximos pasos de los planetas por los signos:

Plutón en Capricornio (2008-2024). Se halla en este signo desde finales de la primera década del siglo y su efecto se ha dejado notar en forma de profundos cambios políticos, económicos y financieros, nacidos para corregir la primera y profunda crisis económico-financiera del siglo XXI. Y hasta 2024 seguirá operando, en este sentido, cambios importantes, de gran calado, en materia política, social y económica para nuestro mundo.

Plutón en Acuario (2024-2043). Propiciará profundos replanteos y cambios sociales, fomentando nuevas alianzas y pactos entre naciones a nivel mundial, lo que favorecerá que el término compuesto Aldea Global tenga sentido de una vez por todas. Y más allá de lo colectivo y mundial, a nivel individual nos añadirá una mayor consciencia del valor del grupo, del trabajo en equipo y de lo que debería ser la hermandad entre las personas y pueblos.

Plutón en Piscis (2043-2068). Esta estadía marcará un cambio de rumbo colectivo y nos sumirá a todos en un clima de confusión, de caos y desorientación. Miraremos hacia dentro, experimentando un cierto proceso de introspección, de replegarnos a nivel general. Otras cuestiones que pueden saltar a la palestra en estos años son nuevos enfoques y soluciones para las enfermedades y la delincuencia de todo tipo, así como la tendencia, muy a nivel global, a vivir encerrados dentro de una burbuja tecnológica, con menos movilidad física o real, algo que puede deberse a los avances tecnológicos del momento, impensables ahora.

Neptuno en Piscis (2011-2026). Lo estamos viviendo ahora, aunque ya está en vigor desde 2011, y no es una influencia cómoda ni agradable, sino más bien caótica, confusa, que nos hace perder el rumbo a nivel colectivo. Fue la antesala a un nudo histórico (2020-2022) que nos hizo ver la vida de un modo diferente, retomando el camino por una senda más lógica y sostenible, tanto para nuestra especie como para el mismo planeta en conjunto. Pero hasta entonces, hoy y hasta 2026, refuerza esa idea de caos y desorientación que la humanidad viene sufriendo desde hace años. Vivimos un periodo nebuloso, sin una brújula que nos señale el norte, pero más en lo espiritual que en lo material, más a nivel interno que externo o mundano, y nos afecta a todos.

Neptuno en Aries (2026-2038). La entrada de este planeta lento en el primer signo de Fuego será como abrir una ventana y que entre aire fresco: nos sentiremos renovados a nivel interno y espiritual, con un *leitmotiv* diferente, en consonancia con los nuevos tiempos; más confianza en nosotros, pero también en el grupo, en la sociedad, en nuevos ideales que iluminarán nuestro camino y evitarán que lo material y mundano primen. Así, el progreso material y espiritual irán de la mano en la recta final de la tercera década del siglo.

Neptuno en Tauro (2038-2052). No será extraño que, en conjunto, nos volvamos más solidarios y generosos, pues al fin y al cabo cada vez nos adentramos más en una era que tiene mucho de espiritual, de grupal y de solidaria. Aunque Neptuno sea sutil y discreto en sus manifestaciones, siempre flota en el ambiente el perfume del signo en el que se halla en un momento dado. Y el efecto de este paso planetario puede evidenciar una cierta desorientación y confusión en relación a los valores materiales, a nivel colectivo. El efecto puede ser doble: nuevas formas de concebir y manejar el dinero, con cambios en el soporte físico del papel moneda, en la forma de cobros y pagos u otras cuestiones de la economía cotidiana. Y también novedades financieras y económicas a nivel global: una nueva concepción del valor de lo material, de los recursos o de la misma economía, con variaciones en la forma y en el contenido de lo que entendemos por finanzas y economía, a escala global e individual.

Urano en Tauro (2018-2025). No es casualidad que este paso planetario haya coincidido con el difícil periodo que hemos vivido, con la crisis económica de 2020-2021 (a modo de epicentro). Desde el ingreso en este signo tenemos la mirada puesta en todo lo que tiene que ver con la economía, las finanzas o el dinero. Más aún: en la gestión de unos recursos que, hasta hoy, han estado injustamente repartidos y muy mal aprovechados. Es notorio que la deuda se ha disparado a raíz de la pandemia, y que la economía mundial —incluyendo los suministros de materias primas y otros bienes— haya entrado en barrena. La inflación subió como no lo hacía en décadas. ¿Queremos más pruebas? Con una combinación así[205] no es raro que el panorama socioeconómico mundial se oscurezca por unos cuantos años.

Urano en Géminis (2025-2032). En la segunda mitad de la década la economía, el dinero o las finanzas dejarán de ser tan importantes a nivel grupal, dejarán de ser noticia diaria, y serán las comunicaciones, los viajes y el intercambio comercial, por ejemplo, los nuevos apartados en los que habrá cambios vertiginosos. En los años en que Urano estará en este signo las comunicaciones, los viajes y el intercambio comercial se acelerarán. Veremos nuevas formas de desplazarnos, de comunicarnos y de expresarnos, en todos los niveles. Ahora no podemos ni siquiera imaginar lo que esto puede significar, pero todos estos apartados cambiarán. Podemos esperar liberalizaciones comerciales, impensables años atrás. Cambios en los aranceles y en la importación y exportación de mercancías a nivel

---

205   Urano simboliza los cambios y la volatilidad, y Tauro (equivalente a la casa II) tiene fuertes connotaciones económicas.

internacional. Y nuevas rutas comerciales y turísticas que sin duda nos sorprenderán.

Urano en Cáncer (2032-2039). ¿Qué cabe esperar? Sin duda, cambios en lo que entendemos hoy como hogar y familia. Nuevas formas de convivencia, nuevos núcleos familiares que podrían apartarse de lo más tradicional. O al menos, crecerá el porcentaje de nuevas formas de convivencia en estos años. También novedades, variaciones en las formas de construir y habitar las viviendas: desde cambios en las formas a nuevas modas en tonos, colores y otros detalles no estructurales, o estructurales también. Nuevos conceptos e ideas que romperán los moldes del pasado, en definitiva. También asistiremos a una mayor volatilidad a nivel familiar. Por razones políticas, sociales o laborales viviremos unos años de traslados a nivel general, de movilizaciones familiares entre regiones y países. También pueden cambiar algunos mapas geográficos, con estados que morirán y otros que nacerán.

Urano en Leo (2039-2045). Serán noticia los cambios y transformaciones en lo que se refiere a la natalidad y la infancia, y veremos nuevas formas de noviazgos y relaciones sentimentales temporales. También cambiarán las manifestaciones artísticas y culturales, con propuestas sorprendentes y novedosas en este sentido, tanto en la forma como en el contenido. Otros apartados en los que veremos aparecer novedades son los referidos al deporte, al ocio y a los placeres en general, pues las modas y gustos pasajeros cambiarán. Incluso en algo más serio —aunque no siempre más importante— como son las empresas, las inversiones y las especulaciones también veremos nuevas ideas y formas de apostar los recursos financieros. También podremos asistir a nuevos enfoques y planteamientos en el campo de la enseñanza, otro apartado representado por el signo de Leo.

Urano en Virgo (2045-2052). Por aquel entonces, el guion celeste hará hincapié en cuestiones más prosaicas, mundanas o materiales. Uno de los apartados que sufrirá cambios es el mundo laboral: problemáticas diversas, regulaciones y cambios, en definitiva, en lo que entendemos hoy como trabajo. Es posible que sean una consecuencia del contexto de crisis y dificultades que nos espera en la segunda mitad de la década, pero, en cualquier caso, todo lo relacionado con el empleo, las responsabilidades y las obligaciones laborales será modificado o depurado, por decirlo así. No todo será negativo, pues también pueden surgir ideas nuevas y ventajas, pero dado el contexto complejo y crispado de la segunda mitad del decenio, es necesario advertir sobre tal posibilidad. Y durante estos años también viviremos cambios en otros campos: la salud, la dieta y el cuidado del físico y, quizá, en otros menos importantes, como un cambio de gustos con respecto a los animales domésticos o en las mascotas que adoptaremos, por ejemplo.

Lo que hemos visto en este capítulo, en materia de predicción astrológica futura, solo es la punta del iceberg. Hay una complejidad y riqueza infinitamente mayor, con otras muchas técnicas que permiten incluso detenernos en la realidad nacional de un país en concreto, o en un asunto político, social, económico o cultural en particular. Por otro lado, como la astrología no es determinista, podemos usar en nuestro provecho esta información puramente astrológica acerca de nuestro porvenir colectivo. ¿De qué manera? Basta tener presente qué etapa vivimos o viviremos, en un sentido u otro, para saber a qué atenerse. Así, podemos adelantarnos a todo en lo personal y en lo profesional: desde tendencias políticas a modas culturales. En suma: no es difícil leer entre líneas y esbozar un plan personal que encaje armoniosamente en el contexto colectivo que nos aguarda, según estas predicciones colectivas.

El lector que quiera profundizar en las previsiones astrológicas para nuestro mundo, con más detalle y década a década, para todo el siglo XXI, puede hacerlo a partir de mis obras exclusivamente predictivas. O desde otros autores astrólogos y otras obras, no hace falta decirlo. Pero lo que hemos visto hasta aquí quizá sea más que suficiente. En relación a nuestro porvenir colectivo, he intentado apuntar lo más importante (épocas de crisis o de bonanza), con algunas fechas clave para los próximos años. De cumplirse algunas de ellas, las más inmediatas, esto quizá anime al lector a querer ir más allá. De acuerdo con esto, nos quedamos aquí y esperamos tranquilamente, sin prisas, a que el tiempo juzgue estos pronósticos. Y pasamos a otro capítulo.

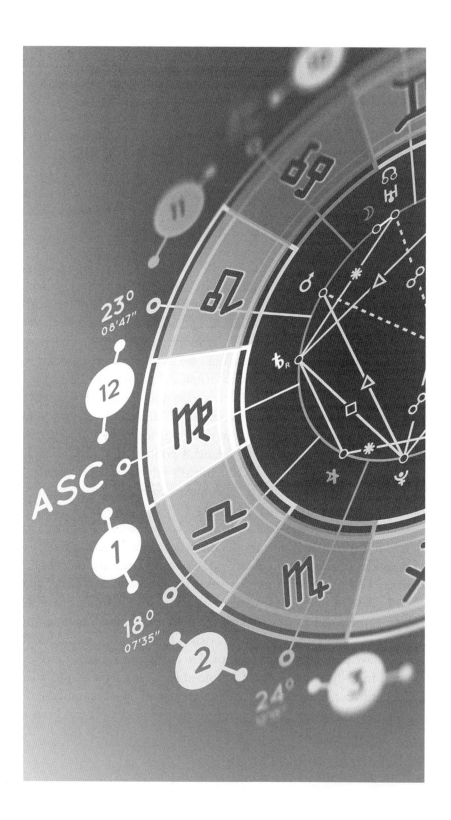

La astrología en el siglo XXI

E n los capítulos anteriores hemos hecho un recorrido histórico sobre la astrología, y hemos visto a este saber por dentro: cómo se calcula una carta natal y cómo funciona en la práctica la astrología. También nos hemos detenido en sus diferentes ramas, con ejemplos reales y útiles de cómo aplicar cada apartado para un fin concreto. Hemos conocido algunos de los astrólogos más conocidos de los últimos veinte siglos y lo que han hecho dentro de su campo. Y finalmente, hemos recordado algunas predicciones célebres del pasado, y nos hemos adentrado en el futuro a partir de nuevas previsiones astrológicas. Pero en este capítulo final nos centraremos brevemente en la realidad astrológica actual, para tener una visión panorámica más cercana, auténtica y ajustada a nuestro siglo XXI. Porque la astrología no es una ciencia muerta del pasado, sino un conocimiento vivo con un gran futuro.

LA ASTROLOGÍA, HOY

Quizá no sea el oficio más viejo del mundo, pero probablemente es el conocimiento más antiguo del que tenemos noticia. Ya lo hemos dicho antes, y ha quedado demostrado. Es evidente que, a lo largo de milenios y siglos, la astrología ha evolucionado y se ha adaptado a los nuevos tiempos. Así fue en la Edad Media o en nuestra Edad Contemporánea. Hoy, en pleno siglo XXI la astrología continúa teniendo una función social. No es una actividad meramente lúdica —aunque para algunos sea una afición—, ni a día de hoy es una disciplina universitaria que encontremos en las facultades de las principales ciudades del mundo, pero es un conocimiento tan longevo como útil. De sus diferentes ramas o apartados nacen distintas aplicaciones: desde la meteorología al análisis político y económico a nivel mundial. Es un saber tan válido como la psicología, la sociología o la medicina, y en algunas materias de ayer y hoy puede ser un complemento más que perfecto: imprescindible. Es el caso de la astrología médica, por poner un solo ejemplo. Aunque muchos de nuestros familiares, amigos o vecinos aún relacionen a la verdadera astrología con los doce signos zodiacales que aparecen en periódicos, revistas o en Internet, el lector de esta obra ya conoce, a estas alturas, otra realidad. Pero hay que decir que no todos los que estudian esta materia se dedican después a elaborar estudios astrológicos a nivel profesional. Ni mucho menos. La inmensa mayoría de los que leen, estudian e incluso investigan son personas anónimas que, desde sus casas, se maravillan en silencio con este saber ancestral, y modestamente lo aplican a nivel personal. O no, pero lo valoran como lo que es: una información sorprendente, útil, que se amortiza desde el primer día si uno así lo desea. El dinero y el tiempo invertidos en un libro o en un curso de astrología tiene un retorno fácil y generoso para el que emprende este camino estrellado. Y nunca dejará de sorprenderle, pues cuanto más conocimiento adquiera, más crecerá la capacidad de poder aplicar con éxito esa teoría. Por supuesto, los que por vocación o por circunstancias diversas inicien una carrera astrológica profesional podrán poner en práctica lo aprendido durante años, y podrán especializarse en una de las ramas astrológicas que, en otro capítulo, ya hemos descrito. No hay límites en su aplicación: desde la típica consulta abierta a todo tipo de clientes, donde aparte de los habituales estudios de la carta natal siempre surgen cuestiones de salud, de pareja o profesionales, al asesoramiento empresarial o de inversiones en bolsa. Hay mil y una salidas profesionales para ello, aunque no es fácil y hay que remar a contracorriente, dado que esta disciplina todavía no ha encontrado su sitio en la sociedad moderna. No obstante, no tengo ninguna duda de que en los próximos años y siglos la astrología alcanzará el estatus que en su día tuvo y que siempre ha merecido. Ya sea a nivel social o a nivel académico, universitario. Pero de momento, el mundo astrológico sigue muy vivo: se imparten clases y cursos sobre la materia, se editan libros y revistas, existen foros activos en Internet, contamos con asociaciones locales y organizaciones internacionales, se hacen congresos e incluso la astrología está en algunas universidades, como ya hemos visto antes. Después de miles de años, la astrología sigue estando aquí, entre nosotros.

La consulta astrológica

Muchos de los que se acercan a la astrología lo hacen a través de un astrólogo consultor, generalmente un profesional a tiempo parcial o completo. También hay algunos astrólogos aficionados que interpretan el horóscopo a familiares, a amigos o a amigos de amigos. Sin embargo, mi recomendación es acudir siempre a un profesional con un buen currículum: con conocimientos certificados por una academia de astrología solvente, con experiencia suficiente, mejor si está afiliado a una asociación u organización astrológica —pues garantiza una praxis estándar y apropiada— y, si tiene obra publicada y asiste regularmente a los congresos de astrología, mejor aún. En verdad, los mejores astrólogos no se anuncian, pues mantienen su consulta a base de una clientela fija y estable, que a menudo les visita, y también por medio de las recomendaciones de dichos clientes, que les traen familiares, amigos o compañeros de trabajo para encargar sus respectivos estudios astrológicos. Siempre ha sido así, aunque es lícito al principio anunciarse, como lo haría un abogado o un profesional de cualquier campo antes de poder hacerse un nombre en su actividad y abrirse paso con mayor facilidad.

En algunos de mis libros ya he hablado de mi experiencia como astrólogo consultor. Verdaderamente podría escribir un libro sobre ello. Aunque esto solo es un decir, pues la confidencialidad entre astrólogo y cliente es absoluta. La cantidad de personas y circunstancias tan dispares que llegan a la consulta

El autor y la baronesa Thyssen[207]

---

206   Fotografía tomada a la salida del mítico restaurante Sandor, de Barcelona (España), en 2017.

es asombrosa. Aquí solo diré que en treinta años de consulta abierta al público he atendido a todo tipo de personas y casos. Desde pobres a ricos, y desde casos de vida o muerte a inversiones millonarias, pasando por las habituales sesiones de astrología grises, rutinarias y sin sorpresas. También he tenido la suerte de interpretar la carta natal a personas relevantes de diferentes campos: la escritora Isabel Allende, el actor estadounidense William Smith,[207] la cantante Romina Power, el cantante mexicano Pedro Fernández, el Dr. Eusebio Leal Spengler, el actor español Álex González o el financiero español Mario Conde, entre otros muchos personajes famosos y notables. En algunos casos la relación profesional ha sido larga e intensa, como en el caso de la baronesa Thyssen, que ha sido mi consultante durante casi veinte años, hasta hoy.

En ocasiones, el astrólogo se ve en la tesitura de tener que asesorar a un cliente con responsabilidades de gobierno; me refiero a un país, no a una empresa, que es más habitual. Aquí, la consulta se torna más compleja pues interviene el horóscopo del presidente, del primer ministro o gobernador, el del país o Estado al que representa y otras cartas astrológicas mundanas, añadiéndose una complejidad considerable al estudio astrológico en sí. En un capítulo anterior ya expuse los casos de Karl Ernst Krafft y de Louis de Wohl, entre otros astrólogos que asesoraron a mandatarios o a gobiernos. Pero en una época más reciente, y en relación a este tipo de asesoramiento elitista, podemos mencionar el caso de mi amigo y colega Boris Cristoff, que asesoró astrológicamente al presidente argentino Juan Domingo Perón en 1972, así como el de la astróloga Elizabeth Teissier, que hizo lo propio con el presidente francés François Mitterrand mientras este estuvo al frente de su país. Otro ejemplo, aunque no tan reciente, es el del astrólogo Carroll Righter, del que ya hemos hablado en otro capítulo, y su relación profesional con el célebre matrimonio Reagan. Righter fue el astrólogo de Ronald Reagan y su esposa Nancy mientras estos formaron parte de la industria cinematográfica hollywoodense, pero también durante la etapa en que Reagan fue gobernador de California.[208]

---

207 Muy popular en los años setenta por su papel como Falconetti en la serie de televisión *Hombre rico, hombre pobre*.

208 A nivel personal tuve una primera experiencia con la política de alto nivel allá por 2009. Como explico en una de mis obras, elaboré un estudio astrológico

En contraste con la inclinación de los Reagan hacia la astrología, tenemos al actual inquilino de la Casa Blanca: el presidente Joe Biden.[209] No se conoce relación alguna del actual mandatario estadounidense con la astrología, pero contamos con una anécdota que ilustra el limitado grado de conocimiento que tiene de esta disciplina y de sus raíces en su mismo país. La historia es esta: allá por mayo de 1974 el

Los Reagan y Carroll Righter

entonces senador Biden preguntó, de manera oficial, acerca de los símbolos astrológicos que se hallaban en el techo de la oficina de correos del Senado de EE. UU. La respuesta llegó por parte de una empleada de la sección de Arte e Investigación del Capitolio, contestando que dichos símbolos solo eran diseños decorativos utilizados desde siempre en este tipo de edificios oficiales. Pero la respuesta estaba al mismo nivel de ignorancia que la pregunta, pues estos símbolos se incluyeron con una motivación astrológica específica, y posiblemente con una finalidad que va más allá de lo que es la decoración de un edificio público. Así lo sugiere el investigador y escritor David Ovason en su estudio sobre la ciudad de Washington y sus símbolos esotéricos. [210]

para un miembro del gobierno de Bolivia, a raíz de uno de mis viajes por Sudamérica.

209   Presidente de los EE. UU. desde enero de 2021.

210   *La arquitectura sagrada de Washington*, David Ovason, Ediciones Martínez Roca (Barcelona, España), 2008, p.337.

Cómo funciona la astrología

En una obra como esta sería imperdonable no abordar cuestiones como la que encabeza este apartado e incluso otras.[211] Al fin y al cabo, nuestro siglo XXI nos demanda estar a la altura también en este nivel. Pero vayamos por partes: ¿Cómo funciona la astrología? Bien, es cierto que hoy por hoy no es posible determinar con certeza la causalidad relativa al fenómeno astrológico. No hemos determinado ni se conoce aún el mecanismo que explique por qué el carácter y el destino de una persona son influenciados por la posición y el movimiento de los astros. No obstante, la ausencia de un mecanismo conocido no puede invalidar el fenómeno astrológico en sí, ni tampoco podemos descartar la posibilidad de que exista un mecanismo desconocido.[212] Los astrólogos tenemos diferentes hipótesis para tratar de explicar el fenómeno astrológico: una de las más arraigadas es la que contempla un enfoque meramente causal, donde existe una relación física de causa-efecto. De esta manera, mediante un tipo de radiación cósmica específica o un desconocido efecto físico a nivel del Sol, la Luna, los planetas y las estrellas, se determinan los efectos en el mundo sublunar. Hoy por hoy, este tipo de relación física no puede detectarse ni medirse con ningún instrumento científico. También está fuertemente enraizado el concepto de correspondencia, que justifica la realidad astrológica a partir de una cierta idea de unidad global, holística, universal, donde todo está relacionado con todo. Aquí, macrocosmos y microcosmos están estrechamente unidos: los ciclos planetarios están relacionados con los ciclos biológicos, por ejemplo.

---

211 Otra cuestión recurrente es si la astrología es una ciencia. A mi juicio, es una ciencia-arte, pues se basa en una realidad astronómica incuestionable y el fenómeno astrológico ha podido ser validado en parte por la estadística. Sin embargo, el número de variables que entran en juego en una carta natal, por ejemplo, es tan alto que alejan a la misma astrología de lo que se entiende como ciencia exacta. Pero tampoco es una ciencia pura como tal la medicina; al menos, no en su función principal: la medicina clínica, es decir, la labor cotidiana del médico frente al enfermo. Aquí, como en la astrología, aunque haya una parte teórica y de investigación científica importante, entran en juego otros factores, como la intuición, el criterio subjetivo o la experiencia personal, entre otros elementos que desempeñan un papel importante.

212 Recordemos que cuando Alfred Wegener expuso en 1912 su teoría sobre la deriva continental, esta no fue aceptada por la comunidad científica al no poder ser explicado, por aquel entonces, el mecanismo de movimiento de la masa continental. Solo fue aceptada en la década de los sesenta, cuando ya pudo demostrarse.

Podríamos entender que existe un orden superior, a modo de reloj cósmico perfecto, donde señales celestes y sucesos terrestres son manifestaciones simultáneas de una misma realidad. Es una concepción acausal. Aquí encaja perfectamente lo que Carl Gustav Jung denominaba «sincronicidad».

PRUEBAS DE LA VALIDEZ DE LA ASTROLOGÍA

Es notorio que existen muchas pruebas que validan, aun parcialmente, el fenómeno astrológico. Desde las estadísticas de Michel Gauquelin de mitades del siglo xx se han sucedido los intentos para respaldar científicamente a la astrología. Y cuando se ha hecho bien, el resultado ha sido positivo.[213] Muchas de las estadísticas de Gauquelin se han replicado con éxito y no han podido ser refutadas.[214] Pero otros muchos investigadores han publicado estadísticas que confirman, aunque sea de forma parcial, a la misma astrología: el profesor Suitbert Ertel, T. Shanks o la del multimillonario suizo Gunter Sachs, que emprendió una gigantesca y múltiple estadística con el fin de determinar si la astrología tenía algún valor. Los resultados positivos sorprendieron al mismo Sachs y hasta el fin de sus días defendió la astrología y promovió nuevos estudios estadísticos. Pero dejando a un lado la herramienta estadística, otros científicos de este y del pasado siglo xx han aportado interesantes hallazgos, y de todo tipo: Svante Arrhenius (Premio Nobel de Física, además), E. Huntington, A. L. Chizhevsky, el profesor Giorgio Piccardi, John H. Nelson, Frank A. Brown... la lista es muy extensa y cada año se amplía. Pero no tenemos espacio aquí para hablar de las pruebas que avalan el conocimiento astrológico. Ni tampoco creo que una obra como esta deba recoger todos estos hallazgos e investigaciones

---

213 Como ejemplo, podemos recurrir a la investigación publicada en 2010 por la Universidad de Vanderbilt, de Nashville (TN, EE. UU.), donde diferentes investigadores de esa universidad demostraron que la posición de los planetas en el momento del nacimiento eran determinantes en cuestiones específicas de la vida de los seres vivos. No es difícil encontrar el rastro de esta noticia o incluso el de la investigación completa en Internet.

214 Véanse, como ejemplo, las repeticiones exitosas de algunas de sus estadísticas por el profesor Arno Müller, de la Universidad de Saarland, o las del profesor Suitbert Ertel, del Instituto de Psicología de la Universidad de Göttingen (Alemania), entre otras muchas.

exitosas que demuestran la validez de esta disciplina, por lo que no es necesario añadir nada más.[215]

Para acabar este capítulo y esta obra podemos detenernos aquí y mirar al cielo. No es necesaria más información, y no hay que convencer a nadie. Basta con sentirse parte del planeta, de nuestro sistema solar, del cosmos, para percibir que los astros y las estrellas nos influyen, y que todo en nuestro universo guarda una estrecha relación. Al igual que las mujeres y los hombres de hace miles de años, que en el cielo divisaron unas señales a modo de lenguaje cósmico y universal, descifrándolo y haciéndolo suyo para siempre. Hoy, los que en el siglo XXI habitamos este planeta seguimos mirando al firmamento para buscar una guía, una respuesta, nuestro camino, en definitiva. Porque la astrología es como un gran mapa de carreteras que nos permite orientarnos mejor a través de ese viaje que es nuestra propia vida, y tanto a nivel individual como a nivel colectivo. ¿No es maravilloso? De nosotros depende el perpetuar este conocimiento y valernos de él hoy, mañana y siempre. Como así ha sido desde hace miles de años...

---

215 Le recomiendo al lector mi obra *Astrología a su alcance*, pues allí incluyo una larga serie de estadísticas astrológicas y de otras investigaciones científicas. También abordo, *in extenso*, cuestiones como las referidas a si la astrología es una ciencia, pruebas astrológicas, la astrología en la universidad o una respuesta a los detractores de la astrología, en sus diferentes argumentos recurrentes, entre otros interesantes apartados en la línea de lo apuntado.

Bibliografía esencial

De Vore, Nicholas, *Enciclopedia astrológica,* Buenos Aires (Argentina): Editorial Kier, 1972.

Estadella, Juan, *Astrología a su alcance,* Barcelona (España): Ediciones Índigo, 2011.

Estadella, Juan, *Astrología mundial,* Barcelona (España): Ediciones Índigo, 2007.

Estadella, Juan, *Nuevo manual de astrología,* Barcelona (España): Sincronía Editorial, 2013.

Estadella, Juan, *Tránsitos y revolución solar,* Barcelona (España): Sincronía Editorial, 2014.

Gouchon, Henri-J., *Diccionario astrológico,* Madrid (España): Luis Cárcamo editor, 1987.

Holden, James H., *A history of horoscopic astrology,* Tempe (AZ, EE. UU.): AFA, 2006, 2.ª edición.

Santos, Demetrio, *Introducción a la historia de la astrología,* Barcelona (España): Edicomunicación, 1986.

Weiss, Adolfo, *Astrología racional,* Buenos Aires (Argentina): Editorial Kier, 1973.

Wilson, James, *A Complete Dictionary of Astrology,* Boston (MA, EE. UU.): A. H. Roffe & Co., 1885.

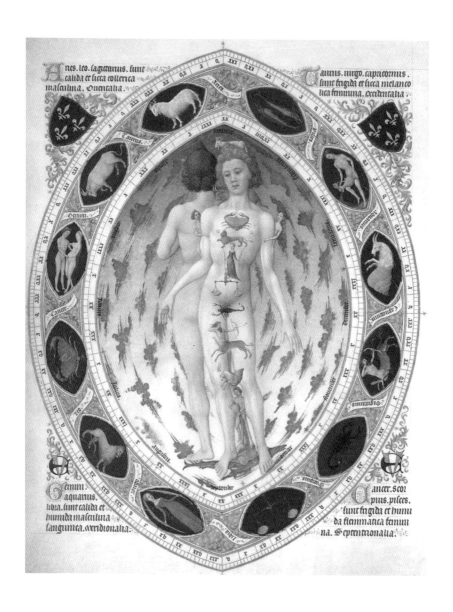

El hombre astrológico, *ilustración del libro* Las muy ricas horas del Duque de Berry *por los Hermanos Limbourg hacia 1410*

Los signos del Zodiaco

ARIES

Atributos: Fuego, Cardinal, Positivo.
Casa asociada: casa I.
Planeta regente: Marte.

Cualidades: valiente, con coraje, entusiasta, fe en sí mismo, empren-
dedor, con iniciativa, ejecutivo, enérgico, rápido, independiente,
pionero, decidido, espíritu constructivo, luchador, audaz, fuerte,
sincero, directo, franco, activo, don de mando, generoso, competitivo, apasionado.

Defectos: precipitado, dominador, individualista, impulsivo, insensible, temerario, mal genio, poco perseverante, confiado, egoísta,
irreflexivo, rebelde, intolerante, poco realista, brusco, agresivo, violento, aventurero, imprudente, inconstante, terco, impaciente, dis-
cutidor, rudo, desafiante.

Profesionalmente: empleos donde la iniciativa sea parte importante y
puestos donde pueda mandar y no tenga que obedecer. Cargos di-
rectivos, ejecutivos, capataces o profesionales independientes, preferiblemente. Favorable también para profesiones donde la actividad física sea importante, como en los deportistas, siendo además
muy competitivo. Evitará la rutina, el trabajo en equipo y las labores pacientes. Militares, deportistas, cirujanos, ingenieros, dentistas, carniceros, mecánicos, metalúrgicos, fundidores.

Tauro

Atributos: Tierra, Fijo, Negativo.
Casa asociada: casa II.
Planeta regente: Venus.

Cualidades: perseverante, tenaz, resistente, coherente, constante, fiel, leal, pacífico, tranquilo, estable, imperturbable, seguro, afectuoso, práctico, realista, espíritu constructivo, ahorrador, noble de sentimientos, con sentido común, ordenado, reservado, metódico, paciente.

Defectos: tozudo, terco, obstinado, lento, materialista, de ideas fijas, posesivo, celoso, tacaño, glotón, perezoso, sensual, voluptuoso, pesado, demasiado prudente, orgulloso, excesivamente conservador, dogmático, incrédulo, rencoroso, confiado, ingenuo, rutinario.

Profesionalmente: empleos en los que se precise de un trabajo continuado, estable, rutinario y seguro o bien puestos de confianza. Sectores como el arte, la construcción, las finanzas o la agricultura. Funcionarios, artistas, banqueros, comerciantes, granjeros, contables, joyeros, matemáticos.

Géminis

Atributos: Aire, Mutable, Positivo.
Casa asociada: casa III.
Planeta regente: Mercurio.

Cualidades: hábil, ingenioso, adaptable, versátil, comunicativo, elocuente, locuaz, estudioso, ágil, astuto, flexible, racional, activo, humano, asimila fácilmente, imaginativo, negociante, viajero, rápido, resistente a la fatiga, intelecto agudo, expresivo.

Defectos: inconstante, frívolo, demasiado curioso, dispersivo, errático, poco coherente, superficial, imitador, poco sincero, falta de continuidad, inquieto, charlatán, tramposo, dual, nervioso, oportunista, indeciso, variable, cambiante, desconfiado, poco concentrado, difuso.

Profesionalmente: empleos con mucho movimiento, trabajos intelectuales, de comunicación, de escribir y hablar o donde se precise una cierta destreza manual o habilidad física. Escogerá un empleo donde pueda moverse con libertad y viajar, conocer personas o cosas, o bien trabajos cambiantes. Comerciantes, hombres de negocios, profesores, escritores, periodistas, intermediarios, secretarios, traductores, viajantes, transportistas.

CÁNCER

 Atributos: Agua, Cardinal, Negativo.
Casa asociada: casa IV.
Planeta regente: Luna.

Cualidades: sensible, emotivo, bondadoso, compasivo, simpático, imaginativo, sentimental, idealista, receptivo, instinto protector, romántico, amable, conciliador, buena memoria, prudente, frugal, respetuoso, intuitivo, emotivo, familiar, hogareño, patriota, perseverante, tenaz, meticuloso, reflexivo.

Defectos: susceptible, inconstante, exagerado, pasivo, perezoso, introvertido, de encerrarse en sí mismo, soñador, humor cambiante, impresionable, variable, posesivo, cauteloso, inquieto, inestable, voluble, vulnerable, desordenado, olvidadizo, caprichoso, adulador, dependiente de los demás, demasiado tímido, nostálgico.

Profesionalmente: ocupaciones que le brinden seguridad y estabilidad, especialmente si tienen que ver con el hogar, las tareas domésticas o trabajar con la familia. También cuidar de los demás, servir y suministrar al prójimo alimento o cobijo. Historiadores, arqueólogos, anticuarios, políticos, artistas, tenderos, comerciantes de bebidas y alimentos, hosteleros, restauradores de obras de arte, cocineros, marineros.

LEO

Atributos: Fuego, Fijo, Positivo.
Casa asociada: casa V.
Planeta regente: Sol.

Cualidades: optimista, generoso, fe en sí mismo, don de mando, capacidad organizativa, valiente, creativo, noble de sentimientos, magnánimo, sin rencor, seguro, fiel, leal, idealista, voluntarioso, sincero, honesto, firme, activo, fuerte, vital, franco, afectuoso, compasivo, fuerte personalidad.

Defectos: orgulloso, arrogante, egocéntrico, autosuficiente, terco, desconfiado, dominador, soberbio, desafiante, déspota, mandón, ambicioso, vanidoso, excitable, histriónico, apasionado, altivo, cruel, exagerado, ampuloso, autocrático, arriesgado, jugador, despilfarrador, dogmático, ostentoso, intolerante, de ideas fijas.

Profesionalmente: todo lo que sea organizar o dirigir, donde pueda ser su propio jefe, sin rendir cuentas a nadie. Trabajos independientes, de confianza, o que demanden creatividad. Todo tipo de mandos: directores, jefes, presidentes o capataces. Artistas, deportistas, empresarios, joyeros, actores o actrices y organizadores de fiestas o grandes eventos.

VIRGO

Atributos: Tierra, Mutable, Negativo.
Casa asociada: casa VI.
Planeta regente: Mercurio.

Cualidades: trabajador, metódico, voluntarioso, humilde, ingenioso, intelecto agudo, versátil, concentrado, servicial, discreto, reservado, listo, aplicado, calculador, ahorrativo, meticuloso, práctico, realista, eficiente, adaptable, comerciante, analítico, lógico, detallista, estudioso, astuto, confiable, prudente.

Defectos: sumiso, excesivamente crítico, perfeccionista, exigente, temeroso, tímido, actitud servil, quisquilloso, charlatán, indeciso, superficial, incrédulo, escéptico, desconfiado, maniático, materialista, hipocondríaco, minucioso en exceso, rutinario, monótono, egoísta, frío, angustiado, inquieto, sarcástico.

Profesionalmente: trabajos intelectuales o manuales que requieran análisis, estudios o habilidad y atención a los detalles. Empleos relacionados con el servicio, rutinarios, metódicos y prácticos. Artesanos, camareros, ayudantes, secretarios, funcionarios, inspectores, contables, médicos, químicos, farmacéuticos, mecánicos, dietistas, relojeros.

LIBRA

Atributos: Aire, Cardinal, Positivo.
Casa asociada: casa VII.
Planeta regente: Venus.

Cualidades: diplomático, con tacto, sensibilidad social, equilibrado, refinado, suave, educado, amable, cortés, persuasivo, sociable, amistoso, juicioso, generoso, extrovertido, sentido de la justicia, cuidadoso, pacífico, bondadoso, altruista, conciliador, afectuoso, educado, sentido artístico, de apreciar lo bello y estético.

Defectos: confiado, perezoso, indolente, dependiente de los demás, pasivo, inconstante, indeciso, influenciable, maleable, poco voluntarioso, sensual, presumido, glotón, conformista, impresionable, indiferente, superficial, lento, blando, carácter débil, demasiado delicado, frívolo, acomodaticio, con escasa confianza en sí mismo.

Profesionalmente: empleos que demanden tacto, buenas maneras, armonía o un cierto sentido estético. Tareas refinadas, agradables, especialmente relacionadas con el arte o la cultura. Todo lo relacionado con la belleza, el arte o las relaciones sociales. Diplomáticos, abogados, asesores, peluqueros, masajistas, relaciones públicas, artistas, decoradores, diseñadores, pasteleros.

ESCORPIO

Atributos: Agua, Fijo, Negativo.
Casa asociada: casa VIII.
Planeta regente: Plutón (Marte).

Cualidades: astuto, combativo, voluntarioso, fiel, fuerte autocontrol, apasionado, perseverante, tenaz, sentido práctico, activo, realista, creativo, decidido, valiente, sincero, capacidad para regenerarse, orgulloso, abnegado, discreto, reservado, curioso, investigador, sacrificado, ingenioso.

Defectos: obstinado, desconfiado, rencoroso, vengativo, suspicaz, lento, cruel, sarcástico, orgulloso, incrédulo, dominador, sensual, falta de escrúpulos, libertino, envidioso, posesivo, celoso, crítico, violento, dominador, misterioso, de guardar secretos, extremista, visceral, destructivo, resentido.

Profesionalmente: actividades que demanden discreción, celo y una fuerte vocación. Empleos relacionados con todo tipo de investigaciones o estudios. Investigadores, científicos, detectives, policías, militares, médicos, cirujanos, dentistas, psicólogos, psiquiatras, ocultistas, financieros, agentes de seguros, carniceros.

SAGITARIO

Atributos: Fuego, Mutable, Positivo.
Casa asociada: casa IX.
Planeta regente: Júpiter.

Cualidades: optimista, activo, jovial, entusiasta, vital, espíritu positivo, progresista, abierto, franco, estudioso, filosófico, amante de la libertad, justo, leal, comprensivo, generoso, idealista, adaptable, cordial, respetuoso, sociable, amistoso, magnánimo, honesto, benevolente, extrovertido, audaz, sentido del honor, alegre, sincero, tolerante.

Defectos: exagerado, confiado, descuidado, desaliñado, demasiado independiente, especulador, vida errante, inquieto, impulsivo, difuso, disperso, impaciente, imprudente, errático, trotamundos, charlatán, hipócrita, rebelde, aventurero, fanfarrón, aficionado al juego, jactancioso, interesado, temerario, arriesgado, indisciplinado, extravagante.

Profesionalmente: empleos con libertad de acción, independientes o con autonomía, donde pueda viajar o estudiar con asiduidad. Científicos, religiosos, filósofos, jueces, abogados, procuradores, profesores, intérpretes, traductores, editores, exploradores, viajantes, exportadores o importadores, deportistas, reporteros, naturalistas, criadores de caballos, inversores, jugadores o apostadores profesionales.

CAPRICORNIO

Atributos: Tierra, Cardinal, Negativo.
Casa asociada: casa X.
Planeta regente: Saturno.

Cualidades: serio, prudente, responsable, sentido del deber, reservado, honesto, íntegro, paciente, sobrio, frugal, juicioso, práctico, realista, voluntarioso, perseverante, coherente, calculador, planificador, ahorrativo, metódico, ordenado, disciplinado, educado, astuto, trabajador, concentrado, motivado, influyente, con sentido común, puntual, esforzado, resistente, estoico, sensato.

Defectos: pesimista, materialista, demasiado ambicioso, interesado, aprovechado, crítico, poco expresivo, egoísta, desconfiado, incrédulo, duro, frío, solitario, lento, susceptible, rencoroso, fatalista, insensible, avaro, irritable, rígido, acartonado, poco afectuoso, tímido, poco espontáneo, dominante, exigente, triste, apagado afectiva y emocionalmente, gruñón, cruel, retraído.

Profesionalmente: trabajos de responsabilidad, que exijan planificación y control, orden, método, rutina o que sean prácticos. Todo empleo que demande organización, perseverancia y seriedad en el desempeño de su función. Políticos, administradores, directores, consejeros, altos funcionarios, agricultores, mineros, constructores, empresarios, ingenieros, científicos.

ACUARIO

Atributos: Aire, Fijo, Positivo.
Casa asociada: casa XI.
Planeta regente: Urano (Saturno).

Cualidades: humanitario, hospitalario, amistoso, vanguardista, original, idealista, sociable, leal, honrado, independiente, altruista, desinteresado, generoso, cooperativo, gentil, fraternal, sincero, extrovertido, simpático, respetuoso, intuitivo, vivaz, rápido, tolerante, liberal, progresista, capacidad inventiva, reformador, pionero.

Defectos: obstinado, fijo de ideas, rebelde, excéntrico, poco convencional, heterodoxo, errático, inconstante, imprevisible, superficial, poco emocional, demasiado curioso, inestable, brusco, extravagante, utópico, poco realista, desconfiado, caprichoso, exagerado, indeciso, escéptico, fanático, sensacionalista, cambiante, volátil, agitador.

Profesionalmente: empleos donde disponga de libertad, independencia y autonomía. Trabajos relacionados con todo lo moderno o vanguardista, con las nuevas tecnologías o donde las comunicaciones y el intercambio tengan un papel destacado. También profesiones relacionadas con la ciencia, la radio y la televisión, las computadoras o las telecomunicaciones. Científicos, inventores, fotógrafos, ingenieros, locutores, pilotos de avión, electricistas.

PISCIS

Atributos: Agua, Mutable, Negativo.
Casa asociada: casa XII.
Planeta regente: Neptuno (Júpiter).

Cualidades: generoso, compasivo, bondadoso, servicial, sensible, sensitivo, pacífico, alegre, sacrificado, hospitalario, modesto, reservado, idealista, sentimental, caritativo, sincero, adaptable, intuitivo, comprensivo, imaginativo, fraternal, con sentido artístico, comunicativo, espiritual, desprendido, locuaz, emotivo, honesto, desinteresado, humanitario, colaborador, receptivo.

Defectos: impresionable, indeciso, inconstante, lento, temeroso, perezoso, indolente, blando, pasivo, poco práctico y realista, influenciable, tímido, inseguro, inquieto, pesimista, fatalista, melancólico, carácter débil, confiado, dependiente de los demás, confuso, descuidado, teatral, exagerado, introspectivo, de poca ambición, cómodo, mentiroso, maleable.

Profesionalmente: empleos donde la sensibilidad, la entrega, el sacrificio y el servicio sean importantes. También donde no exista una rutina asfixiante, una fuerte presión o en profesiones donde la ambición sea menos importante que la necesidad de sentirse útil. Médicos, enfermeros, sacerdotes, veterinarios, marinos, ocultistas, ilusionistas, hosteleros, artistas, músicos, asistentes.

Los planetas

SOL

Características: Masculino, Positivo, Caliente, Seco.
Asociado: al signo de Leo y a la casa V.

Representa: la energía, la individualidad, la autoridad, el poder, el sexo masculino, la realeza, el éxito, la gloria, el gobernante, el patrón, el padre, el esposo, el día, lo brillante, lo majestuoso, la organización, la vitalidad, el calor, la luz, los honores, el héroe, lo divino, lo cálido.
Cualidades: brillo, nobleza, dignidad, autoridad, honor, organización.
Defectos: orgullo, egocentrismo, vanidad, arrogancia, altivez, despotismo.
Profesiones: donde se precise de una dirección o don de mando, y en carreras profesionales donde se pueda destacar y brillar, como presidente, director o artista.

LUNA

Características: Femenino, Negativo, Frío, Húmedo.
Asociado: al signo de Cáncer y a la casa IV.

Representa: la gente, el pueblo, la popularidad, la fertilidad, el sexo femenino, la madre, la esposa, los cambios y fluctuaciones, los líquidos, la infancia, la noche, la familia, el hogar, la patria, la maternidad, los famosos, las lenguas extranjeras, el instinto, el público, el pasado, el inconsciente, lo doméstico, el servicio, el humor, la sensibilidad.

Cualidades: imaginación, receptividad, memoria, sensibilidad, intuición, plasticidad.

Defectos: pasividad, ensoñación, timidez, indolencia, inconstancia, indecisión.

Profesiones: personajes públicos, alimentación y bebidas, relaciones públicas, servicio público, la educación o empleos en relación con la infancia.

MERCURIO

Características: Neutro, Convertible, Templado, Seco.
Asociado: a los signos de Géminis y Virgo, y a las casas III y VI.

Representa: los hermanos, los viajes, el movimiento, el comercio, el intelecto, el mensajero, el estudio, los medios de comunicación, los jóvenes, los escritos, los vendedores, los periódicos, los documentos, las charlas y debates, el aprendizaje, los vecinos, los ladrones y estafadores, los charlatanes, los personajes astutos, los libros, los camaradas, los primos, los colaboradores, la transmisión de información, los reflejos nerviosos, la razón.

Cualidades: inteligencia, elocuencia, adaptabilidad, destreza, agilidad, viveza.

Defectos: mentira, astucia, charlatanería, nerviosismo, cambios, inestabilidad.

Profesiones: donde hablar o escribir sea importante, comunicarse, desplazarse, intercambiar, la enseñanza, los idiomas, el comercio, viajantes, traducciones, secretarios, periodistas o locutores.

VENUS

Características: Femenino, Negativo, Templado, Húmedo.
Asociado: a los signos de Tauro y Libra, y a las casas II-VII.

Representa: la estética, el arte, lo dulce, el amor, los afectos, los sentimientos, el placer, el bienestar, la mujer, la amante, la hija, el ocio, la alegría, las asociaciones, las relaciones, el lujo, la moda, las flores, las cortesanas, las fiestas, los teatros y espectáculos, los artistas, la atracción, la juventud, los pasteles y dulces, la simpatía, lo femenino, los sentidos, la sensualidad, la seducción, la primavera, el refinamiento, la felicidad, la cooperación, la unión, la vida social, el dinero, la decoración, los adornos.

Cualidades: encanto, gracia, armonía, sociabilidad, afectuosidad, dulzura.

Defectos: frivolidad, pereza, sensualidad, vanidad, vicio, depravación, derroche.

Profesiones: los artistas, lo relacionado con la belleza y estética, peluqueros, maquilladores, perfumistas, poetas, la danza, pasteleros y reposteros, músicos, la pintura, las diversiones o la recreación.

MARTE

Características: Masculino, Positivo, Caliente, Seco.
Asociado: al signo de Aries y a la casa I.

Representa: la fuerza, el trabajo, la energía, el impulso, la iniciativa, lo masculino, la virilidad, el esposo, el amante, las peleas, la pasión, el sexo, la violencia, las guerras, la brutalidad, la conquista, la construcción, el deporte, la actividad física, la industria, las armas, el fuego, los explosivos, los obreros, las máquinas, las heridas, la muerte, la actividad, las fiebres, las agresiones, el adversario o enemigo, el deseo, la ambición, el coraje, la ejecución, la aventura, el combate.

Cualidades: energía, coraje, iniciativa, fuerza, valentía, entusiasmo.

Defectos: impulsividad, violencia, agresividad, rudeza, imprudencia, temeridad.

Profesiones: militares, cirujanos, dentistas, deportistas, carniceros, obreros, la industria, la metalurgia y los talleres mecánicos, la policía y los detectives.

JÚPITER

Características: Masculino, Positivo, Caliente, Seco.
Asociado: al signo de Sagitario y a la casa IX.

Representa: la generosidad, las leyes, la justicia, la riqueza, la filosofía, la expansión, el desarrollo, lo exagerado, los honores, los éxitos, la

suerte, la fortuna, la alegría, el optimismo, la prosperidad, el conocimiento, las exportaciones, los viajes, el extranjero, el lujo, los nobles, el comercio al por mayor, la banca, los palacios, el dinero, las
altas finanzas, los templos, la aristocracia, la especulación, lo liberal, el orden o legalidad, la religión, la metafísica, los juegos de azar,
las apuestas, la exploración, la búsqueda, la madurez, la glotonería,
la bondad, la benevolencia, la filantropía, la sabiduría, la libertad o
liberalidad, la moralidad, los estudios superiores, la tolerancia, la
jovialidad.

Cualidades: generosidad, jovialidad, franqueza, liberalidad, sabiduría,
tolerancia, filantropía.

Defectos: hipocresía, exageración, ostentación, especulación, arrogancia, orgullo.

Profesiones: los jueces, abogados, altos cargos, ejecutivos, ministros,
sacerdotes, filósofos, especuladores, inversores, banqueros.

SATURNO

 Características: Masculino, Negativo, Frío, Seco.
Asociado: al signo de Capricornio y a la casa X.

Representa: el tiempo, lo sólido y tangible, lo material, lo práctico, la
seguridad, los fracasos, la pobreza, la mala suerte, los problemas, la
fatalidad, la soledad, la muerte, la oscuridad, el frío, la cristaliza-
ción, la consolidación, el peso, la rigidez, la concreción, la rutina, la
melancolía, la tristeza, la construcción, la ciencia, la planificación,
el control, la perseverancia, la disciplina, la experiencia, la vejez, la
responsabilidad, las caídas, lo crónico, la parálisis, la atrofia, la precisión, el ahorro, la sobriedad, el método, el orden, la reflexión, la
profundidad, la previsión, la tranquilidad, los abuelos, la austeri-
dad, los cementerios, los subterráneos, las cárceles, la restricción, la
estructura, la concentración, la conservación, la moderación, el deber, los retrasos, los temores, la seriedad, la negatividad, las caren-
cias, la ambición, la renuncia, la frustración, la condensación.

Cualidades: prudencia, perseverancia, paciencia, frugalidad, responsabilidad, reserva.

Defectos: pesimismo, inhibición, egoísmo, frialdad, tristeza, descon-
fianza, avaricia.

Profesiones: agricultores, arquitectos, constructores, albañiles, mineros, trabajos aislados, empleos rutinarios, funcionarios, empleados de museos, coleccionistas, científicos, trabajos que requieran paciencia, orden y método.

URANO

Características: Neutro, Positivo, Frío, Seco.
Asociado: al signo de Acuario y a la casa XI.

Representa: lo súbito e imprevisto, la evolución, lo moderno, la técnica y la tecnología, los avances, lo inédito, los cambios radicales, las revoluciones y rebeliones, las reformas, lo excéntrico y diferente, la independencia, la electricidad, la aviación, lo poco convencional, lo brusco y chocante, la agitación, el nerviosismo, los descubrimientos, la libertad, la anarquía, lo fraternal, los inventos, la astrología, los trastornos, la heterodoxia, el individualismo, la radio y la televisión, los robots, la carrera espacial, el futurismo, la excitación, el altruismo, lo errático, lo inestable, la alteración.

Cualidades: originalidad, modernidad, inventiva, amistad, progresismo, independencia, humanidad.

Defectos: excentricidad, rebeldía, revolución, obstinación, brusquedad, cambio, libertinaje, anarquía.

Profesiones: las poco comunes y las relacionadas con la tecnología en general, la informática, la ciencia, la electricidad, la aviación o la radio y televisión.

NEPTUNO

Características: Femenino, Negativo, Frío, Húmedo.
Asociado: al signo de Piscis y a la casa XII.

Representa: lo espiritual, lo trascendente, lo elevado, lo artístico, lo refinado, lo sutil, el agua, el genio artístico, la música, la poesía, lo caótico, la confusión, el engaño, el misticismo, las drogas, las traiciones, los malos entendidos, las estafas, el vicio, la metafísica, los sueños, el psiquismo, las toxicomanías, el alcohol y las drogas, los gases, la depravación, el yoga, el mar, el romanticismo, la ilusión, la demagogia, las alucinaciones, el visionario, las quimeras, los espejismos, la percepción extrasensorial, la religión, la disolución, la desintegración, la alucinación, el escapismo, la fantasía, la imaginación, lo intangible, la evasión, el sacrificio, el ocultismo, los sueños, el idealismo, la pasividad.

Cualidades: espiritualidad, refinamiento, intuición, inspiración, receptividad, trascendencia, sensibilidad.

Defectos: confusión, engaño, desorden, pasividad, degeneración, desorganización, depravación, caos.

Profesiones: relacionadas con el arte, la música, la danza, con el mar y con todo tipo de disciplinas y terapias modernas.

Plutón

Características: Masculino, Positivo, Caliente, Seco.
Asociado: al signo de Escorpio y a la casa VIII.

Representa: lo oculto, lo subterráneo, lo profundo, lo complejo, lo denso, la destrucción de lo viejo para construir de nuevo, la renovación, la destrucción, la descomposición, la regeneración, la muerte, la violencia, la intensidad, la transformación, los cambios profundos y drásticos, la metamorfosis, la rebelión, la energía atómica, las crisis, la resurrección, el poder, los plutócratas, el infierno, el sexo, la oscuridad, lo raro e inusual, el misterio, la cirugía, la agresión, las ruinas, las epidemias, la desintegración, la obsesión, las aleaciones, la alquimia, la fusión, la transición, el poder, la corrosión, la explosión, los delincuentes.

Cualidades: adaptación, transformación, renacimiento, cambio, apasionamiento, renovación.

Defectos: brutalidad, intransigencia, destrucción, obsesión, explosión, sensualidad, agresividad.

Profesiones: relacionadas con empleos en los que la transformación y regeneración tengan un papel importante. Cirujanos, agentes del servicio secreto, espías, ingenieros nucleares, constructores, mineros, poceros, oficios que trabajan con explosivos, financieros, psicólogos y psiquiatras.

Las casas

Casa I

El cuerpo físico, el organismo en general, la apariencia y el carácter externo, la manera de ser y de comportarse en un primer nivel o toma de contacto, la condición física en general, el potencial físico, la persona en conjunto.

Casa II

La economía de la persona, el dinero, especialmente el obtenido por medio del trabajo, las propiedades y recursos personales.

Casa III

Los viajes cortos, los hermanos, las comunicaciones de todo tipo, transportes, escritos y lecturas, estudios básicos, conversaciones, conferencias, burocracia, desplazamientos, los vecinos, el entorno físico, la mente concreta, aprendizajes diversos, noticias, elecciones políticas.

Casa IV

El hogar, la casa física, los bienes inmuebles, la familia, la tradición familiar, las raíces (familiares o nacionales), el último periodo de la vida, los padres (especialmente el padre).

Casa V

Los hijos, las creaciones, lo que emana de uno, aficiones, placeres y diversiones, las relaciones sentimentales libres, juegos de todo tipo, actividades lúdicas, juegos de azar y especulaciones, inversiones, empresas, deportes, la enseñanza.

Casa VI

El trabajo cotidiano, las tareas domésticas, el servicio, los empleados del nativo, los animales domésticos, la salud, la dieta y el acondicionamiento físico, las enfermedades agudas.

Casa VII

Los demás, las relaciones en general, la pareja, el socio, el público, la vida social, contratos y acuerdos, pleitos, enemigos declarados.

Casa VIII

La economía compartida, con la pareja, socios o terceros, los recursos económicos ajenos, créditos, finanzas, dividendos o rentas diversas, donaciones, herencias o legados, impuestos, el sexo, las operaciones quirúrgicas, actividades ocultas, investigaciones, la muerte propia o de los demás.

Casa IX

Los viajes largos, estudios superiores, exploraciones físicas o mentales, intereses espirituales, religiosos o filosóficos, la mente abstracta, el extranjero, publicaciones.

Casa X

Actividad profesional, proyección social, crédito y reputación profesional y social, la carrera, la madre (o el padre, según algunos astrólogos).

Casa XI

Amigos, relaciones sin un vínculo afectivo profundo, protectores, conocidos y seguidores, grupos sociales, clubes, deseos y esperanzas, intereses impersonales, los hijos adoptivos (según algunos astrólogos).

Casa XII

Enfermedades, especialmente las crónicas, hospitalizaciones, reclusiones voluntarias o involuntarias, enemigos secretos, sufrimiento físico o mental, impedimentos físicos, escapismo, robos o engaños, actividades ocultas, delitos.

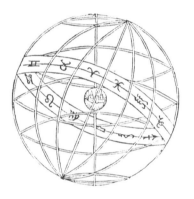